图解服务的细节
115

"新零售战略与大趋势"系列

スーパーマーケットの近未来戦略

如何规划超市未来

[日] 水元仁志 著

姜青菊 译

人民东方出版传媒
People's Oriental Publishing & Media
东方出版社
The Oriental Press

总序／001
中文版序言／007
前言　唯一能幸存下来的，是那些能适应变化的人／011

第1章
百年一遇的大变革期！
美国的"现在"就是日本的"未来"

令美国零售业闻之色变的亚马逊效应／023
排名世界第一的零售企业，沃尔玛对抗亚马逊的策略／030
亚马逊对全食超市的收购，将带来怎样的变化？／035
从"商品"的差异化向"服务"的差异化转型／038
美国超市采用了怎样的差异化战略？／044

第2章
日本的超市也正面临巨浪袭来
——观点一转变，方法无限多

因为日本的网上超市不成功，所以亚马逊就行不通吗？／063

在哪里买都一样的商品将从超市消失？／065
生鲜和熟食类商品的销售占比低于50%的企业将面临淘汰？／067
千禧一代会促使超市的品类结构发生改变吗？／068
从UNY（生活创库）变为唐吉诃德，销售额竟增长2.5倍！
　　秘密是什么？／071
日本超市业界惊现"优衣库"！／076
日本也诞生了像乔氏超市那样的生鲜专卖店！／082
在药妆店崛起的日本，也将出现硬折扣零售商！／086
10年后的超市版图将会发生怎样的巨变？／089

第3章
人才的"招聘"和"教育"决定企业十年后的发展

公司只依靠现有的人才，10年后有望持续发展壮大吗？／097
招不到年轻的兼职员工竟是因为没有进行
　　"正确的招聘"？！／107
以想工作却找不到工作的高龄者为招聘目标／112
为何对外籍员工如此反感？／120
为了能使超市成为年轻人喜爱的行业／127

第4章
生鲜食品与熟食部门的近未来战略

水果／141

蔬菜 / 151

水产 / 163

畜产 / 184

熟食 / 206

第 5 章
杂货部门的近未来战略

将单纯的上下游的"交易关系"升华为双赢的"制贩同盟"
　　合作关系 / 229

与本地制造商、批发商的可持续性战略关系 / 234

摆脱"返点制"恶习！/ 239

具有理念和哲学的 PB 时代已经来临 / 242

日配品 / 246

杂货 / 254

零食 / 262

酒类 / 269

第 6 章
店长的近未来目标

今后的店长要成为提高"人时销售额"的最高负责人！/ 284

今后的店长要成为"教育者"！/ 286

今后的店长要成为"有创造性的破坏者"！/ 288

今后的店长要成为"沟通达人"！/ 291

今后的店长要成为"艺术家"！/ 293

今后的店长要加强超市和地域社会的关系！/ 298

今后的店长要实行超越行业常识的"逆向战略"！/ 301

今后的店长要和"气温"做朋友！/ 315

第7章
超市的五维定位战略法

通过什么来"突出优势"，通过什么来实现"差异化"/ 323

价格（低价）/ 325

服务 / 334

购买途径 / 343

布局上应从"商品视角"调整为"购物视角"/ 350

商品 / 356

经验价值 / 371

通过五维定位战略来审视自己的公司 / 386

后记　学习正确的东西，并正确实践 / 389

总 序

1953年，日本第一家自助式服务超市开始营业。

此后，从1970年到1990年，日本迎来了"高速成长期"，衣食住等各类商品一应俱全的综合超市（general merchandising store）实现了飞速发展。

然而，自1980年持续至1991年的"泡沫经济"破灭后，日本经济开始陷入低迷，与综合超市相比，连锁专卖店逐渐赢得了民众的支持，日本零售业的势力版图彻底发生了改变。

从20世纪80年代开始，24小时营业的便利店也迅速发展，并演变为一种改变日本人生活习惯的零售业态。

与此同时，超市也抓住了高速成长期的机遇，龙头企业遍布日本各地。

但在经历了2008年的"雷曼事件"之后，日本经济陷入严重衰退，价格竞争愈演愈烈。

"充满血腥的厮杀"席卷了整个行业。

正当大家竭力尝试摆脱这场"充满血腥的厮杀"时……

2008年，《超市新常识1：有效的营销创新》一书开始销售。

这本书基于具体事例，以浅显易懂的方式阐述了如何从"充满血腥的厮杀"中脱身，一经问世便大受全日本零售行业人士的青睐，掀起了畅销热潮。

据说这本书甚至改变了"日本超市的历史"……

《超市的蓝海战略：创造良性赢利模式》于2009年开始发售。

正值日本进入"人口减少、少子高龄化"的严峻时代，这本书作为介绍"低价格"以外的"差异化竞争"方法的"战略书籍"，面对人口持续下降的"少子高龄化"时代危机，在读者忠实践行本书的创意和策略的基础上，帮助日本各地的零售业经营者构筑起全新的超市业态。

之后，日本与美国一样，除了超市之外，药妆店也开始经营食品，成为超市行业新的竞争对手。

而此时，从根本上改变现有的"采购""物流""销售"等整体"机制"的时机已经成熟……

《超市未来生存之道：为顾客提供新价值》一书应运而生。

除了店铺运营、销售方法之外，本书还对采购（供应）、物流等看不见的环节进行了深度解读，作为创造了日本零售业新价值的书籍而广受关注。

然后，时间来到了"2011年3月11日"。

日本发生了"东日本大地震"。

受此次灾害的影响，日本人的生活方式和价值观念发生了极大的变化。

与此同时,"发挥女性力量""女性进入社会"等呼声也在日本此起彼伏。对于零售业而言,"新战略"同样迫在眉睫。

当时,日本很多企业都将《超市新常识2:激发顾客共鸣》奉为"圣经"。

这本书围绕企业要如何应对全新的社会秩序进行了具体阐释,获得了读者的压倒性支持。

而到了现在……

日本的零售业即将迎来"百年一遇的大变革期"。

迈入这个时代,过去的"常识"已经完全行不通了。

怎样应对"AI化"及"网上超市"等电子商务的发展?

如何面对"SDGs"或"可持续发展"的时代要求?

对于"少子高龄化"造成的人才短缺应采取何种对策……

在这个前所未有的时代即将来临之际,我们需要一本"指南"……

那便是《如何规划超市未来》。

与日本一样,中国未来或许也要面临经济方面出现的各种变化。

如此一来,零售业也必须做出改变。

在不久的将来,中国也可能出现"人口下降""少子高龄化"等问题。

为此也需未雨绸缪。

相比于中国，日本已然经历了这些变化，并积累了一定的经验。

对于中国零售业的诸多从业者而言，现在可谓是学习日本的"应对变化"经验的关键时期。

零售业本就是"不断应对变化的行业"。

必须顺应时代的变化，持续改变战略或战术。而"知识与智慧"是改变的必备条件。

笔者坚信，在时代的变迁中，被日本零售行业人士奉为"圣经"的上述五本书，定能让大家掌握所需的"知识与智慧"。

若按照笔者介绍的顺序阅读本套书籍，想必大家便能全面把握"时代所发生的变化及应采取怎样的策略"。

衷心希望这套日本零售行业人士眼中的"圣经"也能成为中国零售业的"经典"。

希望大家能按顺序阅读这五本书。

在此深表谢意。

水元仁志

中文版序言

近年来，零售业迅速向 IT 化或 AI 化转型，涌现出"网上超市"等新型业态。

在世界范围内，IT 化或 AI 化发展最快的当数中国。

可以毫不夸张地说，日本在这方面至少落后了中国 10 年。

不过，日本虽然在 IT 化或 AI 化程度上相对滞后，但这股发展潮流同样来势汹汹。

那么，我们为什么决定在有零售业 IT 化或 AI 化"世界第一"之称的中国出版本书呢？

因为我们希望读者能从日本的超市行业（零售业）中学到 IT 化或 AI 化以外的内容。

作为超市行业发源地的发达国家，美国有许多值得借鉴之处。在过去的 60 多年里，日本一直在学习美国各方面的先进经验。

正因为如此，才催生了"便利店"等享誉世界的零售业态。

此外，在安全、准确地将商品由生产者提供给消费者的系统构建方面，日本也达到了世界一流水平。

这一长达"60 多年的努力"是无法靠自我努力来缩短的。

那应该怎么办呢？

答案是只能"模仿"。

"模仿"具体是指"从思维方式到战略、战术进行全面仿效"。

为此，本书涵盖了通过店铺实地考察无法得知的所有内在……

比如日本现在想从美国的超市行业（零售业）学到什么？

比如日本的超市行业（零售业）未来究竟想进行怎样的尝试？

以及在全球引以为豪的"日本商品企划（产品结构）"目前是基于怎样的想法来开展的？

不仅如此，本书还囊括了在以"店长"为中心的"店铺运营方面"应采取何种策略等内容。

通过这一本书，读者便可尽数掌握日本超市行业的最新"战略"。

事实上，本书刚在日本出版时，除了超市行业（零售业）之外，大批生产商、制造商和批发商也蜂拥而至，纷纷咨询大量购买事宜。

本书的创新性和轰动性由此可见一斑。

此外，作为在与"电子商务"的竞争中实施的差异化战略，我们坚信"五维定位策略"对于中国的超市行业（零售业）也能充分发挥作用。

在IT化和AI化飞速发展的中国，若进一步融入领先于世界的"日本商品企划"的技术诀窍，或许会创造出超乎想象的强大企业。

本书在中国超市行业（零售业）的受欢迎程度或将不亚于在日本。抱着这样的期望，我们坚定了在中国出版本书的决心。

今后，中国的差异化竞争将从"看得见的部分"向"看不见的部分"转变。

从这个意义上说，本书也值得一读。

无论是美国在超市行业的先进经验，还是日本"最新的商品企划"或"店铺运营"等无法在实地考察中获知的策略，通过阅读本书便可尽收囊中。

本书的厉害之处着实令人感叹……

"畅销商品"因国家而异。

但"思维方式"或"战略""战术"却是世界共通的。

从有"百年一遇的大变革期"之称的美国的发展变化，到迎来"第二次流通革命"的日本的战略或战术……

衷心希望读者们尽早学习、尽快掌握本书的精髓，并迅速掀起"革新"的浪潮。

唯一能幸存下来的，
是那些能适应变化的人

10.5兆日元

上面这一数据显示的是日本超市行业的市场交易规模,但根据行业统计(2017年版超市白皮书),交易规模正呈现逐年减少之倾向。

另一方面,便利店的市场交易规模,却在2018年12月底就已达到了10兆9646亿日元之多(参考日本连锁加盟协会的调查数据)。这成为超市行业将日本食品销售业老大的地位,拱手让给便利店的历史性时刻。而且,那之后便利店依旧在以每年约13%的增长速度持续发展,这也意味着超市行业与便利店之间的差距将会越来越明显。

与此同时,药妆店行业也保持着强劲的增长势头。继2018年市场规模达到7兆2744亿日元之后,药妆店每年都在以5%以上的速度持续增长(参考日本连锁药妆店协会的调查数据)。

基于以上数据,超市行业必须尽快建立起危机意识。在销售额(市场规模)方面,超市已被便利店超越,后者又面临药妆店的紧追不舍。鉴于这种紧迫的情况,超市需要制订全新的企业战略计划。

前言 | 唯一能幸存下来的，是那些能适应变化的人

此外，以 amazon.com 为代表的电商行业也呈现出抬头趋势。电商巨头亚马逊甚至引发了"亚马逊效应"这样一种社会现象，给各行业及市场造成了混战。

而我们超市行业，在这种冲击下也难以置身事外。2017 年亚马逊在日本也推出了"亚马逊生鲜服务"，最短仅需 4 小时即可实现生鲜食品的送货上门。此服务旨在实现顾客一键轻松下单，直接享受送货上门的完美购物体验。不难看出，亚马逊正在试图改写一直以来的购物规则。因此，我们必须与这个"怪物"展开竞争，才能存活下去。

在超市领域已达到世界先进水平的美国，将这一时期称为"百年一遇的大变革期"。美国也正在通过反复不断的试行错误，积极推出诸如"懒人提货（Curbside Pickup，即线上购物，停车场取货）""App 购买、支付""代购服务（Instacart）""净菜套餐（Meal Kit）的商品开发"等各类服务，可以说，他们在竭其所能地推出各式各样的服务，以应对未来零售业的变革。

与美国相比，日本的超市行业几乎还没有任何危机意识。殊不知此刻若未能及时进行改革，未来将很有可能被电商抢占先机，彻底夺走市场份额。作为"商人传道师"、面向日本全国超市提供咨询服务的我，时刻都抱有深刻的危机感。

面对这种危机，本书的第 1 章将以美国为例，为大家介绍美国的零售业和超市，在面对"百年一遇的大变革期"，如何积

013

极采取应对措施。以此为鉴，或许大家可以找到今后努力前进的方向，以及需要采取的对策。

尤其是世界排名第一的零售巨头"沃尔玛"，一直都在拼命执行着抗衡亚马逊的竞争策略。他们这种顽强对抗的姿态简直可以称得上是令人畏惧，而他们将自己迄今为止的成功经验全盘否定的姿态，也着实令人钦佩，称霸世界当之无愧。另外，全美排名第一的超市连锁企业"克罗格（Kroger）"也是丝毫不逊于沃尔玛，同样在不断的试错中努力推动着变革。

相信这场变革必将掀起一场滔天巨浪，也定会波及日本。到那个时候，超市是否已经做好迎接变革的准备，将左右企业未来的命运，这种说法一点都不夸张。

在第2章中，我将为大家介绍日本正在兴起的"各种新动向"。类似"全食超市（Whole Foods Market）"那样，销售有机食品、特殊栽培农作物，以及不使用合成色素和防腐剂等食品添加剂的商品的企业，因为得到消费者的认可，销售业绩呈现出上升的态势。

另外，日本还出现了类似"乔氏超市（Trader Joe's）"那样，积极开发自有品牌（PB）商品的企业。除此之外，日本也很有可能出现类似德国的"奥乐齐（Aldi）"和"历德（Lidl）"那样的低价折扣超市。而且，超市行业将会有企业像"优衣库"那样，致力于成为制造型零售业的企业。通过对这些超市的介绍，我想向大家传达一种信息，那就是在日本，新的潮流趋势也在逐步兴起。

在第3章中，我提出了针对人才不足的解决对策。在劳动人口持续减少的日本，这已成为一大重要经营课题。这个问题如果不能得以合理解决，甚至会造成公司有"劳务倒闭"的潜在风险。因此，我们需要将招聘策略作为企业战略的一大支柱。针对如何解决人才不足的问题，以及是否需要招聘优秀人才等方面，我会给出相关的建议。

另一方面，外籍员工的招聘也是企业无法避免的经营课题之一。如何使外籍员工最大限度地发挥出战斗力，我也会提出一些建设性的建议。

第4章我会针对生鲜和熟食，分部门为大家介绍超市近未来的战略。我想重点强调的是，若不能将目前固化的"订货"思维转变为"采购"思维，超市将无法实现差异化及独有的特色。为了在激烈的市场竞争环境下存活下来，超市在采购方面进行变革将是当务之急。

另外，我还会针对不断涌现的新生市场与需求，为大家进行介绍。唯有勇于向那些尚未开拓的领域进行挑战，企业才能迈向还鲜有竞争对手的蓝海市场。若能让大家领悟到我所提倡的近未来战略概念的精髓所在，我将深感荣幸。

第5章，我将会为大家介绍食品杂货部门的近未来战略。

目前很多超市存在的问题，就是无法跳出"以商品为中心"的货架陈列的观念与方式。这是超市首先需要改善的部分，对这一点若不加以改善，就没有未来可言。

作为超市，最重要的莫过于处理好与供应商之间的关系。超市必须将两者单纯的"交易关系"，升华为相互扶持、积极的"合作关系"，以双赢的关系来实现商品开发以及发掘新的商品。如不能与当地企业（制造商、批发商）建立紧密的信任合作关系，超市将无法以"本土化"为切入点，实现商品的差异化。第5章在为大家列举具体的商品与成功案例的同时，我也会阐述一些个人建议。

第6章，我将以"店长的近未来目标"为题，为大家介绍今后的店长应具备的特质。当然，我会细化到具体需要做到哪些方面。

虽然受日本人口减少、少子老龄化等问题影响，市场呈现萎缩的局面，但是超市行业的商战竞争却是越发激烈。如何在这场战役中成功突围，存活下来？我认为超市的出路就在于跳出"销售额"至上主义的思维模式，转而改为"人均销售额"至上主义的思维模式。我将以此为中心，向大家介绍今后的优秀店长应具备的特质。

第7章，我将为大家介绍超市的近未来战略的精髓，也就是我所提倡的"五维定位战略"。即超市需要针对"价格（低价)""购买途径""服务""商品""经验价值"这5个方面，明确经营战略，确定以哪一项作为"拔尖优势"来突出，以哪一项来实现"差异化"特色。

如今我们已经进入到了一个若没有明确战略，就无法生存的时代。例如亚马逊就是紧紧围绕"价格（低价）""购买途径""服务""商品"这四个方面将优势最大化，因此在与实体店的较量中，占据了较大的优势。也正因为如此，亚马逊甚至引发了名为"亚马逊效应"的社会现象。

所以，我将会为大家传授，作为超市企业，如何运用五维定位战略来制定明确的战略方针、如何付诸实践以及多个成功事例。希望大家能够意识到，五维定位战略正是"近未来战略"的精髓所在。

本人作为商人传道师，已经坚持连续10年以上，每年至少2次飞到美国视察，我也坚持每年200天以上，在日本全国各地考察。因此，我能体会到最新的国际趋势，了解到最新的日本国内变化。我将这一切的亲身感悟，以及所积累的知识和经验，都汇总在此书中。我相信：

10年后，零售业的版图会发生翻天覆地的变化。

10年后，超市的版图同样会发生巨大的变化。

而令日本超市行业梦寐以求的"年销售额达1兆日元的企业"也可能即将诞生。

相反，如果超市方面不思进取，超市行业的市场规模将会出现逐年递减的趋势，市场份额也将遭受便利店和药妆店的快速侵蚀，甚至会出现相当多的企业面临倒闭的危机。

然而，若一个国家的零售业态仅存留便利店及药妆店的话，恐怕日本的传统料理和乡土料理将无法得以传承。因为对于未来美食的可持续发展这个重任，只能由超市行业来承担。

众所周知，日本在世界范围内拥有引以为豪的美食文化。所以我们在某种程度上肩负着传承传统美食文化的使命。正因为如此，我们需要在不惧变化、果敢挑战、不断试错的过程中，构建新的未来战略，如今是这样一个必须求变的时代。

2019年，我们从"平成时代"进入到了"令和时代"①。而且2020年（原计划），时隔56年，日本再次举办东京奥运会、残奥会。2025年，时隔55年，日本将再次举办大阪万博会。日本在高度经济成长期中，曾举办过这两大盛会。

回想1962年，在林周二先生的著作《流通革命》出版问世之际，曾引起众多流通行业的年轻领袖的共鸣及感慨，进而引发了流通行业各位同人向美国学习诸多知识经验的潮流，使得今天的流通行业发展成为日本的一大产业。到了今天，我们可

---

① 平成时代，是日本上皇明仁在天皇位时使用的年号，自1989年1月8日明仁继位开始使用，至2019年4月30日明仁让位于德仁后结束。
令和时代是日本现任天皇德仁的年号（日本称为"元号"），该年号于日本时间2019年5月1日零时正式启用，取代前任天皇明仁的"平成"年号。

以说,"第二次流通革命"的时代即将到来。

"最终能幸存下来的人,既不是强者,也不是智者,而是能适应变化的人。"

这句话是借用著名进化论的奠基人,查尔斯·达尔文的一句经典名言。

在日本,正在兴起一场新的流通革命。我们需要觉醒,并鼓起勇气,必须敢于比任何人都行动更快,并勇于挑战新的事物。

若本书能成为您迎接挑战的一个契机,我将深感荣幸。

那么,让我们一同开启"超市近未来战略"之旅吧。

商人传道师　水元仁志

百年一遇的大变革期！

美国的"现在"就是日本的"未来"

因为尝试过,即便失败,也不会后悔。

但如果试都没试,才会真正后悔吧?

(amazon.com 创始人　杰夫·贝佐斯)

令美国零售业闻之色变的亚马逊效应

各位读者朋友大概都听说过"亚马逊效应"这种说法吧？它指的是网购平台"amazon.com"迅速发展，给各行各业的市场造成颠覆性冲击，进而引发市场的混战、变革等社会现象。这种因商业形态转变，而带来巨大的社会外溢效应被称为"亚马逊效应"。

那么，为什么"亚马逊效应"会令美国的零售业闻之色变呢？答案是这种效应的冲击，导致迄今为止我们所熟悉的购物规则，发生了天翻地覆的变化。

一直以来，为大家所熟知的购物规则，是顾客直接去实体店，亲自挑选一番，遇到感兴趣的试吃或试穿一下，最后决定购买的话，就去收银台付款。然而随着亚马逊等电商的普及和发展，现在即使不去实体店，顾客也可以在家里或公司轻松搜索想要的商品，并在网上直接支付。完成支付后，还会有专人送货上门。这种全新的购物模式逐渐扎根发芽，受到越来越多人的关注与追捧。

特别是在 2000 年以后步入成年的"千禧一代"，由于他们从小开始就接触网络，所以可以说他们对这种新形式的电商购物毫不排斥、没有感到有任何不适。

对零售商家而言，迄今为止都是实体店之间的竞争，各商家只需在门店及宣传海报等方面进行竞争。然而若想抗衡电商，这种传统的对策，完全行不通。于是实体店只能在"束手无策"的情况下，被电商不断侵蚀市场份额。这种"看不见的恐怖"席卷了整个美国零售行业。

为证实这种恐怖，我来给大家分享一个令人记忆犹新的案例，对象是曾经以品类杀手著称的"玩具反斗城"。"玩具反斗城"于2017年9月，根据美国联邦破产法第11条（相当于日本的民事再生法）的规定，提交了破产申请。至今我依然清晰记得，由于之后没有出现合适的赞助方，"玩具反斗城"最终于2018年放弃重建，关闭了美国国内的735家店铺。紧接着，创始人查尔斯·拉扎勒斯在94岁的高龄与世长辞，这一事件发生在关闭店铺仅一周后。

虽说电商的出现给零售行业带来了巨大冲击，但目前以亚马逊为中心的电商销售额尚未达到美国零售业整体销售额的10%（见图1-1）。而且，在那些通过电商购物的顾客中，生鲜食品仅占其购买比例的23%，与其他商品分类（业态）相比，占比依旧处于相对较低的状态（见图1-2）。

然而，电商的增长速度却是非常迅猛、不容小觑。鉴于

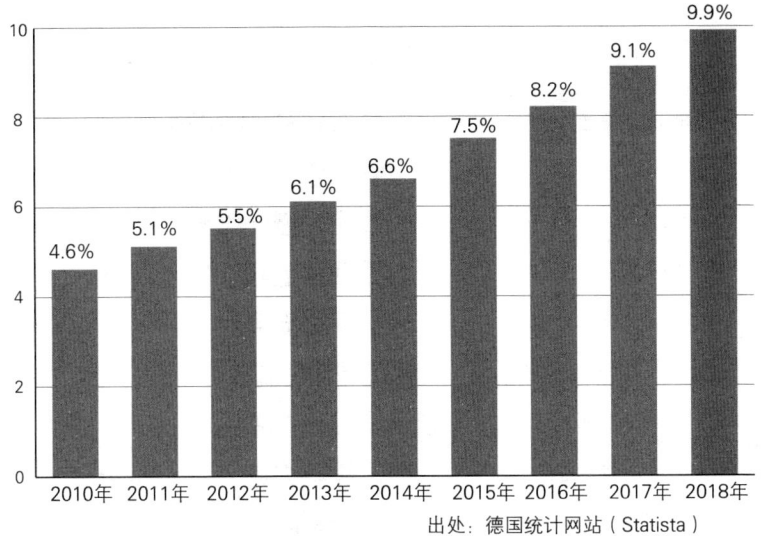

出处：德国统计网站（Statista）

图1-1 电商在美国零售业总销售额中的占比

"若此时依然无动于衷，购物的规则可能会被改写"的这种危机意识，美国零售业的各家企业都在积极推进各种各样的"亚马逊（电商）对策"，以应对亚马逊的这种颠覆所带来的变化。

那么，日本的情况又如何呢？请大家看表1-1。2018年我们主要销售的"食品、饮料、酒类"的EC化率（电商化的比率）为2.64%，与其他品类相比并不算高。

这并不代表我们可以就此掉以轻心。因为我们在表1-1中可以看出，"办公用品、文具"品类占比高达40.79%、"家用电器、音响设备、PC、周边设备"品类占比达到32.28%、"书籍、

出处：美国尼尔森调查「WHAT'S IN-STORE FOR ONLINE GROCERY SHOPPING」

图1-2 网购消费群体在线上以及实体店购买商品的比例

表1-1　日本商品销售领域的BtoC电商的市场规模

分类	2017年 市场规模（同比）（亿日元）	EC化率（%）	2018年 市场规模（亿日元）	EC化率（%）
1 食品、饮料、酒类	15,579 (7.4%)	2.41%	16,919	2.64%
2 家用电器、音响设备、PC、周边设备	15,332 (7.4%)	30.18%	16,467	32.28%
3 书籍、视频、音乐软件	11,136 (4.2%)	26.35%	12,070	30.80%
4 化妆品、药品	5,670 (7.6%)	5.27%	6,136	5.80%
5 杂货、家居、软装	14,817 (9.8%)	20.40%	16,083	22.51%
6 服装、服装配饰	16,454 (7.6%)	11.54%	17,728	12.96%
7 汽车、摩托车、配件等	2,192 (7.4%)	3.02%	2,348	2.76%
8 办公用品、文具	2,048 (8.2%)	37.38%	2,203	40.79%
9 其他	2,779 (8.1%)	0.80%	3,038	0.85%
合计	86,008 (7.5%)	5.79%	92,992	6.22%

出处：经济产业省"2018年关于电商交易的市场调查"

视频、音乐软件"分类的占比也达到了30.80%。这些数据充分说明，电商已经在各品类中确保了较高的市场占有率。

也有人认为，"从商品的特性来看，显然办公用品、文具、家用电器和书籍等商品比较适合从网上购买，食品类好像并不太适合。尤其是那些生鲜类食品，属于最不适合从网上购买的商品"。

的确，生鲜食品的网购服务尚处于起步阶段，不可否认，在技术等各方面并未成熟，消费者们也可能并未适应。但是，5年后、10年后，我可以保证，商品的品质会更加稳定，性价比等方面也会得到显著的提高。那时的消费者会不会抱有这样的想法呢："虽然最初觉得'看不到实物就购买商品，是否会出现问题呢？'，但真正尝试过后，发现商品货真价实，而且最主要是省时省事，有了网购，就不必再花费时间与精力，专程跑到实体店去购物。而且用因便利省下来的时间，还可以做许多别的事情。"

不管怎么说，电商最大的优势就在于送货上门的"服务"，以及一键购买的便利"购买途径"。只要能进一步提高"商品"的品质，相信电商转眼间就能凌驾于实体店之上。现在大家应该多少能理解，美国零售行业对电商闻之色变的原因了吧。

接下来请大家看图1-3。这是亚马逊的年度决算情况。从图

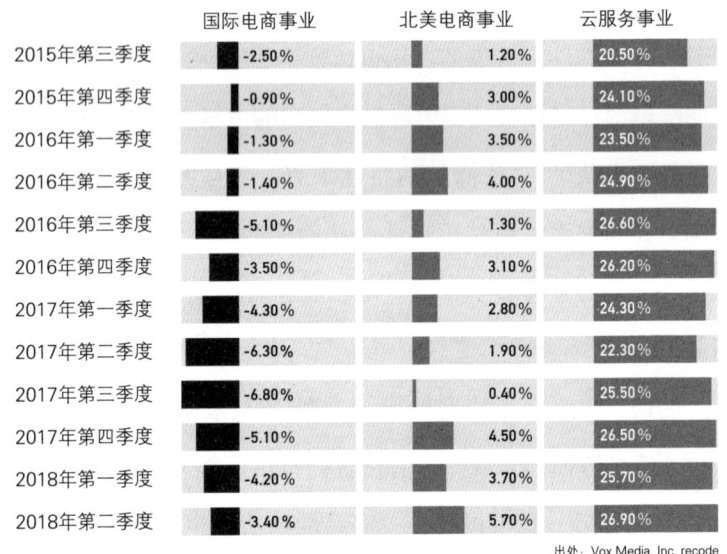

图1-3　亚马逊各部门的经营利润率

第1章 | 百年一遇的大变革期！

1-3中我们可以看出作为亚马逊主营业务的商品销售方面，其实完全处于没有盈利的状态。

即便如此，请大家继续看表1-2。从评估企业价值的市值方

表1-2 世界市值排名

排名	名称	市值（美元）
1	微软（Microsoft）	943,752,65千
2	亚马逊（amazon.com）	851,438,57千
3	苹果（Apple Inc.）	826,583,12千
4	脸书（Facebook）	402,401,90千
5	阿里巴巴	399,533,36千
6	字母表（Alphabet Inc.）	366,707,54千
7	摩根大通（J.P.Morgan Chase & Co.）	356,155,79千
8	强生（Johnson & Johnson）	355,618,19千
9	字母表（Alphabet Inc.）	315,905,00千
10	埃克森美孚（Exxon Mobil Corporation）	311,768,18千
11	沃尔玛（WalMart Inc.）	294,052,30千
12	维萨(Visa)	282,220,36千
13	伯克希尔·哈撒韦(Berkshire Hathaway Inc.)	275,701,06千
14	美国银行（Bank of America）	265,659,19千
15	宝洁（Procter & Gamble）	262,321,12千

※2019年6月5日

029

面来看，亚马逊的市值竟然达到了沃尔玛的约3倍之多。顺便提一下，日本7-ELEVEn的市值为3兆9349亿日元（亚马逊相当于其23倍之多）、永旺为2兆407亿日元（亚马逊相当于其34倍之多），通过这样直观的数据对比，相信大家能够体会到，亚马逊的市值可以说是非常之高。

在主营业务没有利润的情况下，企业市值还能达到如此之高，这意味着亚马逊作为有高成长性的企业，将利润不断地投资在设备及信息系统方面，以满足其未来快速成长之需。

据说这正是亚马逊效应最令人恐惧之处。

排名世界第一的零售企业，沃尔玛对抗亚马逊的策略

接下来，我为大家详细介绍美国的零售企业都采取了怎样的对策来与亚马逊进行抗衡。这里我以世界排名第一的"沃尔玛"为例，为大家进行介绍。

据统计，沃尔玛的销售额为5144亿美元，排名第二的克罗格的销售额为1212亿美元。由此可见，沃尔玛拥有绝对的优势，在零售行业中是当之无愧的巨头企业。然而，正是这个行业翘楚沃尔玛，如今竭尽全力地推行着各种抗衡亚马逊的对策，

以面对电商的猛烈冲击。

首先请大家看图1-4。这是2016年以来,沃尔玛并购的、与电商相关的企业数量。从图1-4中我们可以看出沃尔玛正在持续地大量收购各种电商型企业。

2016年
Jet.com(网购网站)
Hayneedle (Jet.com子公司)

2017年
Moosejaw(户外用品网络销售公司)
ModCloth(女装网络销售公司)
ShoeBuy(鞋类网络销售公司)
Bonobos(知名线上服装品牌)
Parcel(电商送货公司)

2018年
Flipkart（印度最大电子商务零售商）
ELOQUII(女装品牌)
Bare Necessities(女装品牌)
Art.com（最大的绘画、墙壁装饰网络销售企业）

出处:https://corporate.walmart.com/our-story/our-history

图1-4 沃尔玛2016年以来收购的11家IT企业

到了2018年,沃尔玛竟然超越苹果公司,一跃跻身成为美国第三大线上零售企业（见图1-5）。与此同时,亚马逊也实现了更加快速的增长,已坐拥零售行业近50%的市场份额。

除了大量并购之外,沃尔玛还积极推出了能凸显实体店优势的"懒人提货"服务。具体来说,是指顾客在网上订购下单

2017年	
1.亚马逊	**43.1%**
2.eBay	7.6%
3.苹果	3.8%
4.沃尔玛	**3.3%**
5.家得宝	1.4%

2018年	
1.亚马逊	**48.0%**
2.eBay	7.2%
3.沃尔玛	**4.0%**
4.苹果	3.9%
5.家得宝	1.6%

出处：调查公司eMarketer(2018年11月)

图1-5 美国排名前5的零售电商公司的销售额占比

后，可到超市的停车场直接取货的一种服务。

懒人提货也被称为 Click and Collect（线上购物、线下提货），这项服务很受顾客欢迎，尤其适合顾客购买那些对鲜度要求较高的生鲜类食品。消费者认为与其在家等待收货，直接去店铺取货更为快捷，取回家后就可以马上使用新鲜的食材进行烹饪。"懒人提货"就是在消费者这种强烈的愿望背景下，诞生的一项服务。

不仅是沃尔玛，克罗格等各家超市也都积极推出懒人提货服务。这是缺乏实体店铺支撑的亚马逊所无法提供的服务。不过亚马逊也不甘示弱，在收购美国全食超市公司后，亚马逊也迅速推出了懒人提货服务。

另外，沃尔玛还致力于打造"无缝一体化的购物服务"。这种服务是指通过消除实体店铺与网络购物之间的屏障，实现线下与线上的有机结合，最终为顾客营造出没有任何负担，轻松便捷的购物环境。

例如，沃尔玛的很多实体店铺往往存在体量过大的情况，有时顾客为了寻找一件想买的商品，会耗费许多时间和精力。万一出现商品缺货的情况，顾客更将面临白跑一趟的尴尬。

为了解决这一问题，沃尔玛推出了这样一种便捷服务。即顾客在自家或办公室时，用电脑或智能手机提前订购商品，店铺按订单分拣后，将商品打包并发送电子邮件通知顾客，顾客即可直接去店铺取货。此服务也被称为"店内打包服务"。因为顾客所买的商品已经被分拣并打包，所以除了需要在专设柜台完成支付外，顾客几乎不需要花费任何额外的时间成本。由此，沃尔玛成功为顾客营造了轻松方便的购物环境。

沃尔玛的 CEO（首席执行官）道格·麦克米伦这样强调："我们的目标既不是打造实体店，也不是网上店，我们只考虑如何为那些在沃尔玛购物的消费者，营造出良好的购物环境及体验。"

除上述经营策略外，沃尔玛在不断地实践着表 1-3 中总结出的各种策略。所有这些策略都是抗衡亚马逊的一环,也可以说是为了应对今后购物规则的变化,沃尔玛所提前做好的万全准备。

表1-3 沃尔玛针对亚马逊的各种对策

创立线上自营的床垫品牌	沃尔玛充分利用并购企业的专业优势,创立了Allswell品牌。旨在成为床上用品行业的领军企业。
强化商品配送	沃尔玛将5352个门店作为"仓库"和"送货据点",以加强商品的配送服务。为了建立完善体系,积极聘用各种相关技术人员。
与谷歌(Google)合作	沃尔玛入驻谷歌的即时快递服务"Google Express"。据说从谷歌家居(Google Home)也可以直接订购沃尔玛的商品。

我们说今天的零售业正处于"百年一遇的大变革期"。当然不仅仅是沃尔玛,克罗格、好市多(Costco)、沃尔格林(Walgreens)和家得宝(Home Depot)等,不论是哪种业态,所有拥有实体店铺的零售企业都在积极筹备之中。目前美国的零售业在IT和AI方面,可以说是毫不吝啬地加大投资的力度,以应对这场巨大的变革。

亚马逊对全食超市的收购，将带来怎样的变化？

2017年6月6日，一则"亚马逊将以约137亿美元收购全食超市"的爆炸性新闻火速传遍全球。

谈及其劲爆的程度，从股价的变化上也有体现。当时这则新闻一经报道，各家超市的股价瞬间纷纷暴跌，沃尔玛暴跌4.7%、好市多暴跌12.7%、克罗格更是暴跌8.0%。

为什么亚马逊会收购全食超市？市面上众说纷纭，我们很难捕捉其真正的原因。

但是，有一点我们可以断定，那就是美国食品零售业的总销售额已经达到了近1兆美元。可以说美国的食品零售业是一个极具魅力的巨大市场。

而且，亚马逊现有的主打品类和商品，大多属于购买频率不高的品类。所以也许亚马逊希望借此机会，将原来的低频购买商品，转换成日用品及生鲜食品等高频商品。作为企业的经营活动，这也是顺理成章的发展趋势。

但是，生鲜食品在采购和商品开拓方面需要高度的专业知识和技巧，若亚马逊仅靠自身从零开始摸索，可能需要耗费相当多的时间及成本。鉴于这种制约,亚马逊不如直接收购像全食超市那样的企业。因此我们可以推测出,亚马逊可能是基于"直接收购成熟品牌才能发展更快"的观点,而做出的收购判断。

不过,亚马逊做出收购全食超市的决定,并不仅仅是基于全食超市的客群收入高、对 IT 的适应性强、与亚马逊 Prime 会员的客群相近这些原因。我之所以敢这样断言,是因为亚马逊已经开始面向低收入客群,推出了仅收取 Prime 会员一半会费的策略,由此我们可以明确得出以上结论。

在美国,有一种发放"食物券"的福利,类似日本的低保福利政策,据说目前领取的人数已经超过了 4000 万。事实上,在沃尔玛的总体销售额中,来自这部分客群的销售额已占据了相当大的比例。

通过以上分析,我们可以推断出亚马逊在生鲜、食品及日用品领域,也与沃尔玛同样定位覆盖了从高端至低端的全部客层。收购全食超市只不过是亚马逊作为进军"购买频率较高的生鲜、食品及日用品"领域的一个跳板而已。据推测,今后亚马逊很有可能会继续收购全食超市以外的企业。

市面上虽然出现了这样的论调,"亚马逊收购全食超市的行为,是否过于'盲目'?"(美国经济杂志《福布斯》2018 年 12 月 26 日发行)但其实对亚马逊来说,收购全食超市的行为可能只是一次试水的市场行为而已。原本只有实体店铺才能做到的无缝式购物体验和懒人提货等服务,亚马逊通过对线下店铺的收购,同样可以实现。我们不得不做出这样的推测,亚马逊瞄准的是总销售额已达到约1兆美元之多的、美国食品零售业这个巨大市场。这才是亚马逊的真正目标。

正因为如此,沃尔玛、克罗格等主打实体店的企业,才纷纷急于进军电商行业、加速构筑线上线下相结合的无缝式购物体系。而我们也必须正视发生变化的市场,并提前做好相应的准备。

目前,日本的零售商非常热衷于对无人店铺"亚马逊GO"的考察活动。然而,美国的零售业正在用事实告诉我们,尽快消除实体店与网购之间的屏障,为顾客打造出没有任何购物负担,轻松愉快的购物体验才是当务之急。所以比起热衷于讨论"无人店铺""AI""电商"这样一个接一个的热门话题,切实探讨"究竟如何才能消除实体店与网购之间的屏障",以及"如何才能实现线上线下的一体化购物"才是今后的重点任务。

从"商品"的差异化向"服务"的差异化转型

关于亚马逊的话题,先阐述到此,接下来我们谈谈美国各大超市推出的"差异化"服务。

在亚马逊效应横空出世之前,各大零售商主要通过有机、本土化、品玩战略(Eatertainment,由 Eat 和 Entertainment 合成的单词)这样的定位策略来实现在"商品"方面的差异化。虽然现在依然存在这样的倾向,但自从亚马逊收购全食超市后,整个零售行业逐渐由"商品"向"服务"的差异化方向转型升级。

目前,美国的各大超市正在通过以下四项服务与其他竞争对手进行差异化的较量。

■懒人提货服务

前面我已经为大家介绍过懒人提货的机制,这里我来具体阐述一下对商家而言,这项服务的益处。

首先,懒人提货与以往的送货上门服务的不同之处,在于懒人提货的"最后一公里"的环节是由顾客来完成的。具体来说，顾客通过 App 订购商品后，超市员工从接到订单到店内集中打包这一过程，由超市方面负责，但是从店铺到顾客住址的最后一公里，则交由顾客来负责，换句话说，需要顾客亲自到店取货来完成交易。

对于最后一公里的送货成本较高的日本，这种懒人提货是我非常想在日本推进的服务形式之一。日本的线上超市之所以一直难以步入正轨，很大一部分原因是日本的送货成本过于高昂。但若能将这项成本转由顾客来承担，超市就能确保成本上的合理性，进而促进线上超市的发展。

其次，懒人提货所需要的应用程序，并不需要投入太多的开发成本。我曾对最热衷于研究懒人提货服务的克罗格总部（位于美国俄亥俄州辛辛那提）进行过访问视察，意外发现他们并没有在自动化处理数据的系统开发方面投入过多，他们还在使用传统的"人海战术"。就目前的状况而言，也许这是最节约成本的运作方式。

目前，懒人提货服务已经为很多店铺贡献了 10% 以上的销售额。从消费趋势来看，考虑到日本今后会有更多的女性走向职场，需要应对千禧一代的消费理念等，我认为日本也很有必要考虑引进懒人提货的服务，以应对时代的发展需求。

■代购服务

也许有很多读者对这项服务还不太熟悉，这是在美国"共享经济"发展背景下迅速兴起的一种新型服务。

所谓共享经济,根据一般社团法人日本共享经济协会的定义,是指借助网络平台这一媒介,来实现陌生人之间物品使用权的共享(包含租赁、买卖或提供服务),这样一种新型经济动向。主要是用户通过提供场地、交通工具、物品、人和技能,以这五种形式来换取相应报酬的行为。

而这里所提到的"代购服务",2012年始于旧金山,目前已遍布美国各大城市。它是一种以提供特定服务为内容的新兴经济。简单概括,就是陌生人"代替顾客购物"。也就是说,顾客通过App等程序从网上下单后,由那些希望有效利用自己空余时间的人,代替该顾客购买商品的一种服务。

与懒人提货的区别在于,使用代购服务的顾客可以按自己的喜好,指定商品的购物地点。例如顾客可以提出类似"蔬菜请去这家超市购买""日用品请去那家药妆店购买"等这样的要求,代购服务的特征是为顾客提供了更多样的选择。

这项服务是借助网络的媒介,为那些"希望节省时间""希望购物能更省心"的人们与那些"希望利用自己业余时间来赚些钱"的人们搭建基础平台,从而满足彼此需求的服务。可以说,这是一种创造双赢关系的服务。

对于那些在商品方面具有竞争力的超市来说,由于被消费者选择的概率很高,所以代购商品的服务可直接带动销售业绩的提升。因此，韦格曼斯（Wegmans）、好市多、克罗格和奥乐齐等超市企业都在有效利用这种代购服务。

日本也开始推出名为 Twidy 的代购服务，虽然目前还没有完全步入正轨，但随着越来越多的女性走入职场，我想，在不久的将来这项服务可能会得以普及。因此，目前这个阶段，商家需要对代购服务展开深入研究，以应对未来的市场需求。

■App（手机）支付

目前日本也在大力发展 App（手机）支付。那么这种新的支付方式和已经在日本普及的电子货币支付相比，存在哪些区别呢？

另外，App 支付在美国的普及速度为何如此迅猛？答案只有一个，那就是 App 支付为顾客提供了极大的方便。

例如，采用 App 支付，收据也实现了"电子化"。在电子收据的基础上，其他服务诸如优惠券的并用及打折，或者 Savings Catcher（线上比价）等返现操作均得以实现。

Savings Catcher 是沃尔玛导入的一款比价用 App。具体来说，与顾客在沃尔玛购买的商品价格相比，如出现其他超市的折扣价格更低的情况，沃尔玛会以发放优惠券的形式，将这部分价格的差额，返还给顾客。

此外，如果顾客将平时常用的购物清单在线上保存下来，用App再次下单时，可以省去再次选择商品的麻烦。像这样，能够为顾客带来如此多益处的App支付，是其他电子货币等支付方式所无法企及的。

App支付对商家而言也有很大益处。例如商家可借助后台的大数据，分析出消费者以什么频率、购买什么商品等消费倾向；还可在恰当时机适当发放优惠券或提供折扣服务，使得所谓"一对一营销"的个性化服务成为可能。

正是因为App支付能够为顾客及商家带来如此多的益处，所以才在美国得到了快速、广泛的普及。而App支付在中国的普及速度更为迅猛，据悉，已有九成以上的用户选择用手机中的支付宝（Alipay）和微信支付（WeChat Pay）来进行日常支付。

我认为未来在日本，App支付也会得到普及。届时，顾客很可能将不再需要各门店自行发放的专用卡（积分卡）。这是因为积分以及优惠券都可以在App上完成操作。

而且，如果还能配备支付功能，顾客将彻底不再需要一直以来使用的门店专用卡（积分卡）了。希望大家意识到这样的新时代已经到来。

■便利厨房（Grocerant）

最近在日本有很多地方出现了"便利厨房（Grocerant）"，

这是由"食品杂货（Grocery）"和"餐厅（Restaurant）"两个单词结合组成的新词。便利厨房指的是，在超市中专设餐区及堂食区，使用超市所销售的"食材"，为顾客现场制作美食。

以亚马逊为代表的各大电商虽然可以提供"食材"，但却不能为顾客提供在家庭以外的"享受美食"的愉快体验。因此，便利厨房的开设，令超市能够更加凸显实体店的好处，不仅满足了顾客"购买食材"这一购物"活动"需求，同时成功转换成为顾客带来"享受美食"的愉快体验。

总之，便利厨房令超市实现了从"卖东西的场所"到"与顾客建立'关系'的场所"的升级转换。虽然超市不是星巴克，但依然需要将自身打造成顾客心目中的"第三空间"，今后的超市需要这样的存在感。

今后，只有将超市的角色从"提供食材的场所"转变为"地方社区的中心"，才是实体商家抗衡亚马逊等电商的真正对策。所以在美国的超市中，除了布局餐厅之外，还会设置咖啡吧、红酒吧、啤酒吧等。超市在方便顾客购物之余，还有其他可以放松心情的各种设施，这样的多业态超市，呈现出逐渐增加的趋势（见照片1）。

我一直在反复强调的是，便利厨房的精髓在于打造一个"与顾客建立关系"的场所，而并非简单地在超市中设置一个餐厅或者堂食区就能实现与顾客的互动。希望今后不要有过多的

照片1　美国的超市正在逐渐从单纯的"购物场所"向"社交场所"转型。越来越多的超市开始在店内增设啤酒吧、红酒吧等设施。

企业陷入这种形式上的误区。

美国超市采用了怎样的差异化战略？

众所周知，日本的超市最初是由"蔬菜店""鱼店""肉店""干货店"等不同业态的专卖店发展而来，而美国的超市完全不同，是直接从"超级市场"这样一种全新的业态开始并发展至今的。因此，美国的超市商家更擅长从"购物层面"考虑营销的战略，思考如何打造与其他店的差异化及个性化特色。

相比之下，日本商家因习惯关注于"商品层面"，因而比起差异化和个性化，很多商家往往会采用同质化战略。"配合别家的价格"等做法就是典型的同质化现象。

从这一点上，美国超市善用的差异化战略及战术对日本商家来说，非常具有借鉴意义。接下来我将从六大方面，详细为大家介绍美国超市如何利用差异化，实现从竞争中脱颖而出。

■顺应健康需求

在美国，单纯的有机农产品已经不再能成为差异化的重要因素。全食超市曾采用市场缝隙战略，推出了"健康、安全、放心"的理念并创造了有机市场，之后各家超市纷纷开始推出有机产品，而现在，我们从沃尔玛到折扣超市奥乐齐，均可买到品类丰富的有机食品。

时至今日，商家们除了农产品，在对应健康、安全、放心需求的其他品类上，也在积极寻求差异化的竞争策略。例如，他们扩充了"非转基因（NON-GMO）类食品"和"无麸质类食品"的品类，提供各种有机酸奶和有机牛奶等品类商品。

这些品类的目标客户是具有较强健康意识的千禧一代。为了招揽这一类消费群体，超市竭力扩充那些主打"健康、安全、放心"的商品品类，以应对顾客的健康需求。

请大家参考照片 2，该商品的标签上，除了强调"本地特产",还添加了"有机""非转基因""无麸质"的说明。超市在强调商品特性的差异化上,实现了"可视化"。

照片2 在商品价签上清晰标注出了,该商品作为"有机商品""非转基因""当地特产""无麸质"的各种特性。

像这样,商家针对每一个商品,都在向顾客传递着"如何满足健康需求""如何能带来安全、放心"等信息。如今这种"可视化"的价签(展示牌),在卖场中日益增多。作为商家,如果所有品类的商品均无法应对顾客的健康需求,将失去健康意识较强的千禧一代客户的支持。

同样在日本,作为差异化战略的一环,主推"健康、安全、放心"理念的超市也在逐渐增多,但是由于很多超市还没有跨越部门间的壁垒,形成统一战略,所以部门的各自为政,导致门店在整体上不足以形成满足客户诉求的形象。

尽管这样,时代的潮流势不可当。今后,致力于满足消费者健康需求的商家只会增加而不可能减少。最终可能有超市打造出极具优势的差异化战略。所以商家应认识到时代的发展趋势,致力于迎合消费者不断升级的健康需求。

■本土化战略

自从 2001 年 9 月 11 日发生"9·11"恐怖袭击事件后,美国各地消费者对"食品里程(Food Mileage)"的关心度与日俱增。食品里程,意味着"食品的运输距离",是指将食品的运输数量和运输距离以定量形式来进行把握的一种指标或是一种思维方式。

简而言之,一旦发生恐怖袭击,大家会担心是否无法从距离较远的产地成功运来食物(农产品、畜产品、水产品)。因此,作为解决方案,超市通过积极推进食品运送里程相对较短的农产品、畜产品和水产品的采购战略,既可以培养出本土的生产者,同时万一发生意外情况,也能确保食品的供应。这场运动可以说奠定了美国超市"本土化战略"的基础。

时至今日,本土化战略已经进一步升级为"超级本土&溯源战略"。也就是说,同样是本土化,现在美国的超市进一步将重心从"产地"转向"特定的生产者(超级本土化)",强化只有本地才能买到的商品品类,以凸显"超级本土"的战略。

借助这种"超级本土＆溯源战略",美国的超市成功实现精酿啤酒的热销就是一个典型的案例。这种啤酒用日本的说法就是"地啤酒"。商家通过扩充"地啤酒"的品类,拓宽商品线,以实现与其他商家的差异化,这种动向成为目前美国超市的流行趋势(照片3)。

照片3　作为超级本土化的战略之一,美国的超市重点强化那些当地特产的精酿啤酒的品类,而不是像日本那样,经营NB(全国品牌)啤酒的品类。

　　当然,若将这种战略应用于日本市场,同样能发挥效力。正是因为那些本土的小规模调料厂家、日用品厂家、零食厂家具有丰富的商品优势,超市重点强化商品品类,才能成为真正有效的"超级本土＆溯源战略"。

　　然而,遗憾的是很多本土的小规模工厂,近年来面临缺乏接班人、劳动力不足以及老龄化等诸多问题,导致陆续关张停业的严峻形势。若长此以往,商家将无法活用"本土化"的优势来展开差异化竞争。所以说，今后商家有必要建立这样的观念，那就是进一步强化与本地企业的密切合作，以"超级本土&溯源战略"实现共同成长。这一点我将在第5章为大家进行详细解说。

■**可持续发展战略**

可持续性发展，从字面可理解为"使持续发展成为可能"。也就是说，我们要以保护地球环境和不损害子孙后代的利益为大前提，推动社会的长期的持续性发展。

这也是一种强调差异化的战略方法。请大家参考照片4。全食超市和总部位于美国俄勒冈州波特兰市的新季节超市在展示商品时，就采用了一种"可持续性水产品"展板的形式。

展板中，"红色"表示继续捕捞的话会濒临灭绝的鱼类；"黄

照片4　POP中"红色"表示继续捕捞的话会濒临灭绝的鱼类；"黄色"表示虽然目前问题不大，但长期不加以保护就可能面临灭绝的鱼类；S"绿色"表示目前可以继续捕捞的鱼类。

色"表示目前虽然问题不大，但长期不加以保护就有可能面临灭绝的鱼类；"绿色"表示目前可以继续捕捞的鱼类。消费者可参照这个标识，来选购心仪的商品。

　　在日本也出现了同样的环保潮流。日本对那些以保护水产资源和环境为前提捕捞的天然水产品，颁发认证标志"MSC（海洋环保标志）"，对那些将对环境和社会的负面影响降到最低的养殖类水产品，颁发"ASC标志"。像这样印有环保标志的标签和贴纸，近年来在卖场中越来越常见（照片5）。

照片5-1　这是针对那些符合国际非营利组织MSC（Marine Stewardship Council：海洋管理委员会）认可的渔业环境标准而捕捞的水产品，所颁布的一种认证。因为当下在日本，环境问题引起社会的关注，所以MSC认证今后在日本将备受瞩目。

照片5-2　ASC（Aquaculture Stewardship Council：水产养殖管理委员会）是一种在水产养殖行业中，与MSC相同的认证制度。被称为养殖版的海洋环保标志。在养殖鱼类繁多的日本，会成为一种备受瞩目的认证。

　　而且，"关爱动物运动"在美国已经发展成为一种大型的社会运动。以千禧一代为中心，出现了喜欢购买"散养鸡"的鸡蛋、"牧草饲养牛"的牛肉等热潮。

　　因此，超市卖场会像照片所示意的那样，贴上"清洁标签（Clean Label）"（见照片6）。标签上会标注出"喂了什么样的饲料""采用了怎样的散养形式、饲育条件如何""是否打过激素"

照片6　全食超市的精肉卖场中的一种肉类清洁标签。从阶段1（未放在笼子或围栏内等狭窄的环境中饲育）到阶段5+（关爱动物，一生只在同一农场内饲养），共分成6个阶段，数字越大表示其安全性越高。

"是否喂过抗生素""是否存在虐待动物的行为"，并以此作为评价标准，对商品划分出明确的等级。

通过POP，我们可以清晰地看出，在数字上超市采用了非常大的尺寸。数字的含义是在"安全、放心"的方面，肉类商品达到了怎样的等级。相信日本今后也一定会呈现出这样的趋势。

众所周知，人类所处的地球环境一直处于不断变化之中。虽然日本的人口在逐年减少，但是从全球范围来看，世界的人口仍在持续增长。这样一来，消费者会越发意识到，以环保和有效利用资源为前提的社会发展，是非常重要的课题。从现在开始致力于可持续发展战略的企业，必然会赢得消费者的大力支持。

■开发优质的 PB 商品

接下来我为大家介绍开发优质的 PB 商品的重要性，请大家参考图 1-6 及图 1-7。这是美国著名的市场调研公司尼尔森（Nielsen）对"畅销商品"总结出的一份数据资料。

从图 1-6 中我们可以看出，PB 增长了 3.2%。此外，无论是 PB 还是全国品牌（NB），高价格带的商品的销售额占比都呈现出大幅度增长（见图 1-7）。

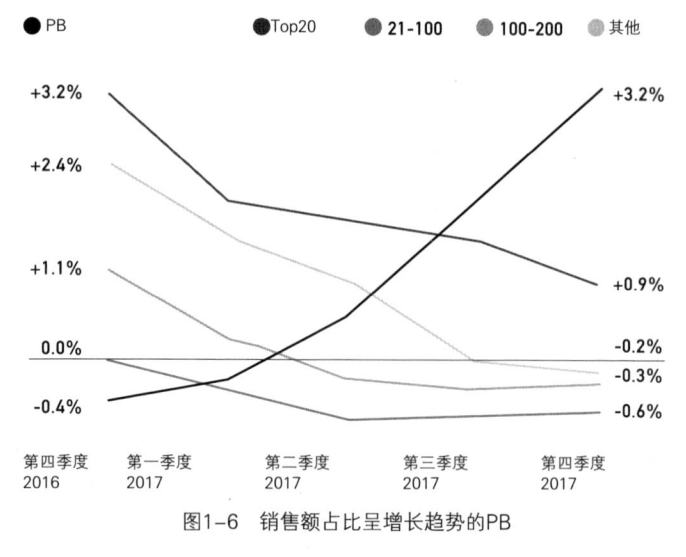

●PB　　●Top20　　●21-100　　●100-200　　●其他

	第四季度 2016	第一季度 2017	第二季度 2017	第三季度 2017	第四季度 2017
PB	-0.4%				+3.2%
Top20	+3.2%				+0.9%
21-100	+2.4%				-0.2%
100-200	+1.1%				-0.3%
其他	0.0%				-0.6%

图1-6　销售额占比呈增长趋势的PB

由此我们可以推断，如今美国超市的 PB 商品，正在从原来的"低价"导向，向以美味、高质量、安全、安心、本土化的"品质"和"理念"为导向的 PB 商品转变。

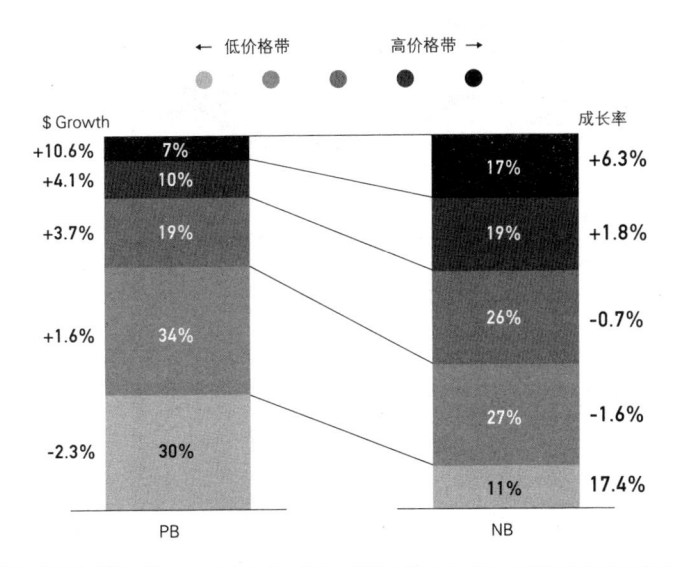

	低价格带 ←	高价格带 →	
$ Growth	PB	NB	成长率
+10.6%	7%	17%	+6.3%
+4.1%	10%	19%	+1.8%
+3.7%	19%	26%	-0.7%
+1.6%	34%	27%	-1.6%
-2.3%	30%	11%	+17.4%

出处：美国尼尔森调查 "Nielsen Analytic Product Attribute(APA) database by Nielsen Advanced Solutions Group，52 weeks ended July 22,2017 vs. year-ago"

图1-7 销售额占比呈现增长的高价格带商品

其中最成功的案例是"乔氏超市"的 PB 商品。在位于加利福尼亚州的乔氏超市的总部中，常驻有"味觉专家"，他们有一套严格的新商品开发标准，如果商品不能通过他们的认可，就不能进入商品化的程序。由于在 PB 商品研发上获得成功，乔氏超市赢得了那些重视地球环境保护及健康、秉承乐活（Lohas）理念的消费者们和职业女性的高度信任与支持（见照片7）。

在 PB 方面，若要以欧洲的成功企业为例，那么法国的冷冻食品专卖店"Picard"也位列其中。我相信日本的零售商也必然会迎来 PB 商品的发展，特别是冷冻食品方面的 PB 商品会不断

照片7-1　乔氏超市的肉类和日配类商品多用真空包装来实现保鲜，考虑到忙碌的职业女性的需求，会尽量延长商品的保质期。

照片7-2　我经常会被问道："乔氏超市不经营熟食吗？"其实，乔氏超市的熟食商品全部是冷冻食品。而且每一种商品都是高品质，所以经常被顾客买回家当作晚餐享用。

照片7-3　照片所示为乔氏超市的各种美味巧克力。从日本去视察的超市同行们几乎人人都会买来当作伴手礼。

涌现。

迄今为止，日本的冷冻食品通常是"放在盒饭里的小菜"这样一种角色。而且由于商家一直以来都将冷冻食品定位为半价促销和招揽顾客用的商品，所以，比起美味，大家更重视价格上的便宜。但是，今后随着更多女性走入职场，大家在家的料理时间减少，美味、安全、放心的冷冻食品必将受到消费者的关注与喜爱。我认为冷冻食品将成为上班族们喜爱的"冷食晚餐"。

今后，如果日本的超市能开发出像乔氏超市那样优质PB商品的话，就能以绝对的差异化优势，超越竞争对手，同时能将PB商品作为与亚马逊等电商抗衡的有效对策。我们可以预想，日本的PB商品会迎来巨大的改变。

■品玩战略（Eatertainment）

品玩（Eatertainment）是由"吃（Eat）"和"娱乐（Entertainment）"组合而成的新词，是将"购物体验的价值"最大化所不可欠缺的理念。

目前，总部位于纽约州的"卫格门"、总部位于伊利诺伊州的"Mariano's"以及全食超市（见照片8）等零售商都将品玩战略作为差异化战略，在积极地推行。

今后的消费者去实体店，不再仅是进行传统的购物，更是

照片8　图中所示是Mariano's超市的熟食（半加工食品）卖场情景，体现出真正的"品玩"概念。通过在顾客面前现场演示烤制比萨、烤肉等美食，Mariano's超市成为将享受美食与娱乐体验完美集于一身的卖场。

期待着通过逛店，感受非日常的生活，所以"打造体验型店铺"这一课题，变得尤为重要。究其原因，是消费者的体验不断升级，时代已经从"物质消费"逐渐转变为"体验消费"。对零售商家而言，也在从传统的销售商品（物）的时代向销售体验（事）的时代过渡。发祥于意大利的综合食品市场"Eataly"就是销售体验的经典案例（见照片9）。

由此我们可以判断，在日本，品玩战略作为商家的差异化战略，同样行之有效。为此，超市需要将传统的"堂食区（Eat-in corner），打造成带给顾客舒适体验的"店内美食区（In-store dining corner）"，甚至进一步塑造成顾客喜爱的"第三空间"，这是商家必须着手进行的改变。

照片9　Eataly，与其说是一家超市，不如说更像一家餐厅。是一家令人身处其中就会充满期待的体验型店铺，也是将食材与就餐完美融合的便利厨房。

而且，超市能够为顾客提供现场制作的美食，这一点非常必要。为突出现场刚刚做好的氛围，员工需要在顾客点餐后再开始制作，因此必须在售卖现场导入现做现卖（To order）的体制。

我们只有将现有的超市打造成这样的"体验型超市"，才能作为新一代的超市，跟上时代的步伐。

■净菜套餐的商品开发

据说，美国的"净菜套餐"在 2016 年的市场规模约为 4 亿美元。高盛集团（Goldman Sachs）曾预计到 2020 年，其市场规模将达到 30 亿美元。

所谓净菜套餐,是指将加工调味好的食材和食谱放在一起打包销售的商品(见照片10)。为什么净菜套餐会潜力巨大呢?据说是根据以下五个原因。

照片10　照片所示为克罗格超市的净菜套餐类商品。超市特意将其摆放在店铺的黄金位置,将其定位成今后具有成长性的商品种类。

①顾客可以省去购物的时间(网购的情况)

②顾客不需要纠结于什么菜谱

③烹饪省事,顾客按照菜谱即可做出与餐厅同样水准的美食

④顾客可以体验从未尝试过的新料理

⑤不会浪费食材

基于以上原因，高盛集团预计美国在今后约 4 年时间内，净菜套餐会实现 10 倍以上的快速增长。在日本，净菜套餐也同样已受到各业界的关注。食材配送服务公司及各家便利店已成为行业的领头羊（见照片 11）。

照片 11　Oisix 在日本也推出了名为 "kit Oisix" 的净菜套餐。日本的净菜套餐市场潜力巨大。

在日本，今后选择外出工作的女性将越来越多，因此，想要缩短做饭的时间并不仅仅是某些顾客的需求，而是整个社会大环境的需求。但同时，女性们又不希望被认为给家人提供省事的套餐，只是为了敷衍了事。

基于以上社会背景，净菜套餐这种附带食谱、经过处理的食材必然会赢得顾客的支持与喜爱。相信日本也将与美国一样，在今后的 4~5 年内，净菜套餐的市场规模或将达到 10 倍以上。但是，如果超市行业不马上行动，这个巨大的市场份额将面临被食材配送服务公司和各家便利店瓜分的局面。

对超市行业而言，若出现上述局面，事态将非常严重。我认为很有必要由整个超市行业共同推进这一领域的发展，因为目前没有比净菜套餐更有前途的市场，超市商家必须努力创造出一个能更方便家庭主妇使用的、净菜套餐的新市场。

正如前面所述，美国的超市因为正身处"百年一遇的大变革期"，所以在所有层面上，美国的超市都在反复试错的过程中，以日本无法想象的速度持续进化成长。而这个潮流会形成一股惊天巨浪，必将波及日本。

零售商家是否做好准备迎接这一巨大的变化，决定了其能否在惊涛骇浪中存活下来。

正如提出进化论的查尔斯·达尔文那句名言：最终能幸存下来的人，既不是强者，也不是智者，而是能适应变化的人。

这句话同样适用于竞争激烈的零售行业，唯有那些能够迅速响应市场变化的敏捷型企业才能存活下来，并成功突围。

从这个层面来看，美国超市在变革浪潮中所采取的各种举措，对我们具有非常重要的借鉴意义。希望大家就今后的发展展开深度讨论，衷心地期待各位，哪怕从以上介绍的其中一个方法开始也好，积极行动起来。最重要的是行动起来以迎接变化。

第 2 章

日本的超市也正面临巨浪袭来

——观点一转变，方法无限多

通往明天的大门不会自动打开!

我们必须主动去开启!

(商人传道师)

因为日本的网上超市不成功，所以亚马逊就行不通吗？

诸多业内资深人士都提出："在日本，因为网上超市难获成功，所以亚马逊想走网售食品的路线，肯定也行不通。"其实，这种观点可谓是大错特错，因为网上超市与亚马逊根本不可同日而语。那么两者之间有何差别呢？

首先，两者在"经营商品的种类"方面存在根本性的差异。

仅"亚马逊生鲜"这一项服务提供的商品种类就多达1.7万种以上（截至2018年4月的统计数据），如果将厨房用品、健康美容用品、母婴用品及宠物用品等日用品都涵盖在内，亚马逊的商品种类多达10万种以上。而且亚马逊网售的生鲜食品品类极其丰富，从"Oisix（日本生鲜电商品牌）"的有机蔬菜到专卖店的特色食品，一应俱全。除此之外，亚马逊还售卖一些在超市无法买到的商品。

其次，两者在"购物的便利性"方面存在差距。

当消费者想要购买食品时，只需打开亚马逊的App，即可马上下单，随时随地都可购买。消费者还能顺便选购食品以外的其他商品，可以说，使用亚马逊的App购物十分便利。相比之下,若选择从网上超市购买,消费者需要先从搜索该超市的App及网站开始,同亚马逊相比,消费者会感到相当烦琐。

除此之外,亚马逊在下单操作上变得越发简单便捷。今后如果"Alexa"(Alexa Internet公司是亚马逊公司的一家子公司。亚马逊公司开发的人工智能助手Alexa,具备自动识别用户声音的功能)等语音识别功能进一步发展,消费者不需再看电脑或智能手机的画面,而是通过声音就可完成购物流程。而且,随着AI的不断发展、IoT技术的逐渐进化,系统会实现为消费者智能推送"这个家庭需要哪些商品"的购物建议,相信未来这一技术的普及应用,也只是时间问题。总之,亚马逊在"方便顾客购物"这一点上,一直不断精进、致力研发,以求做到极致。

最后,两者在"进化"的能力上,也是相差悬殊。

今后,亚马逊在彻底消除消费者"不便"的方面,可能会加强系统开发,对于导入新技术也会加大投资力度。所以说,如果在现阶段就妄下结论,断定"亚马逊生鲜服务难以推行",不免有些武断。如前所述,实现语音购物只是时间问题,而且有朝一日我们应该可以通过IoT技术的应用,来时刻掌握自家冰箱的食材存储状况,并得到购买食材的提醒、建议。反观网上超市,在智能技术开发方面很难具备这样雄厚的投资实力,因此也就无法实现技术上的持续进化。

通过以上三个方面的对比，我们不难看出网上超市与亚马逊在实力上的差距很大。而且，如果真的可以实现"Alexa"的语音技术，对老年人来说，购物将会变得非常便捷。同时，职场女性因为可通过手机，借助 IoT 智能技术，实时查看家中食材的存储状况，并自动下单，这也将为她们省去不必要的购物时间和精力。消费者只需轻松的一键操作，就可买到各种有机食材和特色商品。

线上购物照这样发展下去的话，不知不觉消费者将会懒得再去线下超市购物，不知大家是否也有同感呢？

在哪里买都一样的商品将从超市消失？

像 NB 商品，属于消费者不用亲自确认也能放心购买的商品，在亚马逊等电商网站上购买即可。特别是对于千禧一代的消费群体，这种倾向尤为明显。

千禧一代也不会抵触在药妆店购买食品、酒类和零食等商品。他们顶多会认为药妆店不过是"同时销售药和化妆品的超市"而已。

由于购物的途径较多，消费者越来越找不到去超市购物的理由。而且如果是在哪里买都一样的商品，消费者肯定首选价格便宜的店，而绝不会在价格高的店购买。何况选择在亚马逊等电商网站购买，还可享受直接送货上门的服务，可谓方便至极。如果价格也比其他地方便宜，那就更是必选无疑了。

现如今，要想在实体超市备齐全品类的商品，并设置堂食区的话，至少需要500坪（1坪约合3.3平方米）的店铺面积。消费者对于那些在哪里买都一样的商品，就会选择在亚马逊等电商网站上购买；而对于那些任何时候都能保持低价的商品，就会选择在实施每日低价策略的药妆店购买。一旦消费者形成这样的购物习惯，相信业内会出现这样的讨论："超市还有必要销售同样的商品吗？"再或许像今天的中国一样，网购将成为一种必然的购物形式，到那时说不定一般食品、日用品、休闲食品等，会从超市的商品分类中彻底消失。

如果今后超市的商品结构发生这样的改变，超市的"最佳规模"也必然随之发生改变。到了那个阶段，超市商家该如何应对，我会在第6章给出建议。这些问题已经迫在眉睫，我们必须精研深思。

生鲜和熟食类商品的销售占比低于 50% 的企业将面临淘汰？

即便是相同的水果，产地不同，味道也会不同。肉类也一样，不同厚度和切法也会导致其口感大有不同。同样是金枪鱼，蓝鳍金枪鱼和大眼金枪鱼，在味道和喜好上，也会因人而异。所以说，基于生鲜类商品的特性，即便今后消费者从电商网站上进行网购的形式成为消费方式的主流，但在生鲜和熟食类商品的选购上，消费者依旧还是相信亲眼所见，也更倾向于在实体店购买自己精心挑选的商品。这种购物意识很难被改变。

也正因为如此，超市在经营策略上，必须强化生鲜和熟食类商品的运营。这类商品在超市的整体销售占比上，不止需要超过 50%，若达不到 60% 以上，恐怕今后超市很难存活下来。但需要注意的是，超市若提高生鲜和熟食类商品的销售占比，人时产能①方面可能出现下降的风险。

另一方面，一般食品类商品的毛利率虽然较低，但人时产能与毛利润相对较高。可以说超市大部分盈利都来自一般食品部。如果该部门的销售额下降，将可能导致超市整体的盈利结

---

① 指每位员工每小时的产能。

构发生变化。

总之，在今后市场白热化竞争下，生鲜和熟食类商品的销售占比在50%以下的超市企业将难以继续存活，而且即使占比达到50%以上，倘若人时产能出现下降，企业的生存仍会受到威胁。因此，超市的当务之急是考虑如何在提高生鲜和熟食类商品的销售占比的同时，确保不降低人时产能。

千禧一代会促使超市的品类结构发生改变吗？

图2-1是美国调研机构针对各年龄段人群，关于消费支出占比的调查结果。从图中我们可以看出，千禧一代对食品方面明显更为关注。这是因为与其他年龄段相比，这一代消费者在食品方面的支出相对较高。大到食材，小到调料，他们都非常讲究，喜欢亲自下厨。这也可能是受当今美食网站的影响，因为我们可以很方便地查阅到各式各样的美食制作方法。我们称这种执着于美食的消费者为"FOODIE"。

这一代人也被称为"花钱买时间"的一代人。他们共通的特点是，对网购完全没有抵触感，宁可减少购物时间，也愿意把省出来的时间用来陪伴家人或愉悦自己，且这种愿望非常

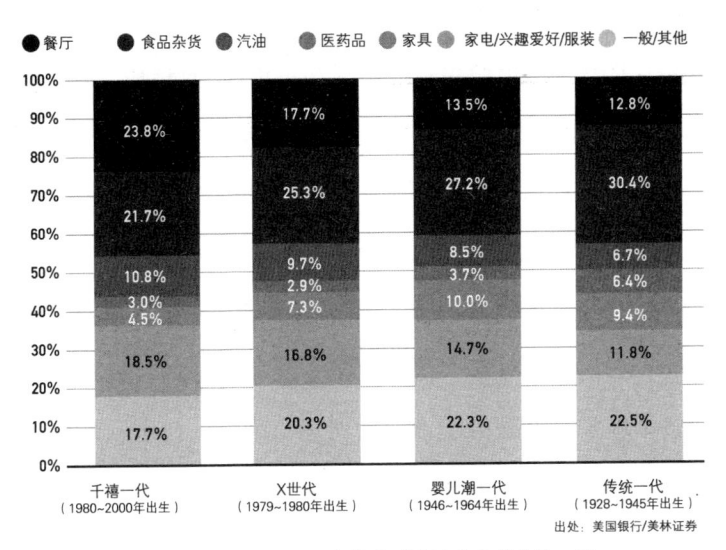

类别	千禧一代(1980~2000年出生)	X世代(1979~1980年出生)	婴儿潮一代(1946~1964年出生)	传统一代(1928~1945年出生)
一般/其他	23.8%	17.7%	13.5%	12.8%
家电/兴趣爱好/服装	21.7%	25.3%	27.2%	30.4%
家具	10.8%	9.7%	8.5%	6.7%
医药品	3.0%	2.9%	3.7%	6.4%
汽油	4.5%	7.3%	10.0%	9.4%
食品杂货	18.5%	16.8%	14.7%	11.8%
餐厅	17.7%	20.3%	22.3%	22.5%

出处：美国银行/美林证券

图2-1 美国不同年代人群的消费支出占比一览

强烈。

另外，他们对"浪费"问题的关注度也很高。他们希望能够尽量避免时间以及食材方面的浪费。基于这一消费特征，净菜套餐等商品今后在销售业绩上会呈现出良好的增长态势。

除此之外，到目前为止，在日本一直以冷藏形式销售的甜点、比萨、饺子等冷藏鲜食，今后可能也会逐渐转变为冷冻食品。这是由于千禧一代的消费倾向是不喜欢保质期过短的商品，而且，他们没有"冷冻食品＝不好吃"的固有观念。相反，由于受到网上知识的影响，他们反而认为"把刚做好的美食瞬间冷冻起来更好吃"，所以他们更愿意购买冷冻食品。

此外，我还经常听到有人说，千禧一代"不喜欢买鱼"，但我并不这样认为。他们并非"不喜欢买鱼"，而只是"不喜欢做鱼"。如果超市卖场能配合将鲜鱼加工到熟食的最后一道工序，相信他们一定会乐于购买。因此，今后超市必须强化"鲜鱼熟食"的销售，以迎合这一代消费者的需求。

再举一例，如同在蔬果卖场已经随处可见的"水果拼盘"一样，今后消费者对于"蔬菜沙拉"和"切好的食材"的需求也会逐渐增多。这是由于如前面所述，千禧一代不喜欢食材上的浪费。这样看来，千禧一代对于由各种蔬菜加工而成的"蔬菜沙拉"和"切好的食材"的需求，必然会越来越高。也就是说，切好的食材或沙拉会越来越受欢迎。

时代的快节奏发展，必然会向高压社会演变。社会的便利程度越高，人们的压力反而越来越大。因此，诸如营养保健品、作为自我奖赏的香槟（发泡性葡萄酒）、品牌零食等，大家对这些能够起到缓解压力作用的商品需求将会与日俱增。

基于以上原因，千禧一代的种种消费需求，可能会促使超市在品类结构上发生改变。那些在哪里买都一样的商品，消费者大概会选择从亚马逊等电商网站直接购买。而超市如何在商品品类组合上，让大家形成一种"只有在这家店才能买到这种商品"的印象，无疑将成为决定各大超市能否存活下来、成功突围的未来战略。

从 UNY（生活创库）变为唐吉诃德，销售额竟增长 2.5 倍！秘密是什么？

2016 年 9 月成立的 UNY FamilyMart Holdings，在短短 2 年时间，便声明放弃 UNY 的自主破产再生计划。2019 年 1 月，UNY 成为唐吉诃德有限公司（现 Pan Pacific International Holdings Corporation）旗下的全资子公司。在全盛时期的销售额曾达到 1 兆 2162 亿日元（2008 年度）之多、素有"中部之雄"称号的 UNY，何以沦落到今天的局面？

当然，业绩低迷的不仅仅是 UNY 公司，各大 GMS（大型综合超市）企业的业绩也均跌入低谷。请大家分别看一下伊藤洋华堂和永旺在过去 5 年的销售业绩（见图 2-2）。

曾经风靡一世的 GMS 业态何以落得今日这般境地？

唐吉诃德有限公司的 CEO 大原孝治先生对此做出了如下分析：

"尽管当今消费者的生活方式在以极其迅猛的速度发生变化，但零售行业依旧延续着传统的习惯，采用目光短浅的经营方式。零售行业中的佼佼者，也还停留在只考虑如何让今天来店的顾客，明天也继续光临，如此这般日复一日，循规蹈矩地

伊藤洋华堂销售额推移表

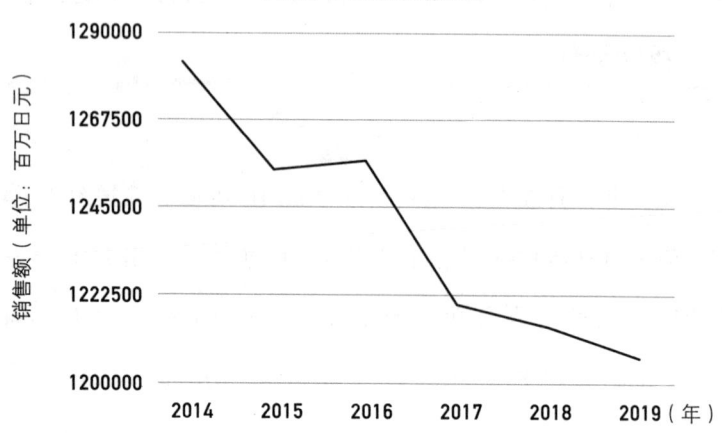

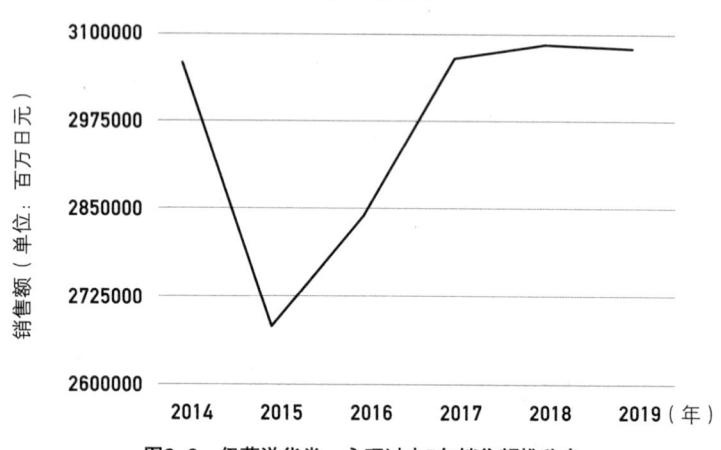

销售额（单位：百万日元）

永旺销售额推移表

销售额（单位：百万日元）

图2-2　伊藤洋华堂、永旺过去5年销售额推移表

经营,即便到了5年后,与今天相比依然不会有什么变化。也正是零售业一直以来不主动求变求新,才会导致今天30~40岁客群的生活方式与门店的经营方向产生巨大偏差,这就是造成GMS业态经营不振的一大重要原因。"

为了阐述得更加清晰,他进一步说:"30~40年前日本进入经济高速增长时期,同时期也是流通行业,特别是GMS业态快速扩张的时期。当时年龄在二三十岁的年轻家庭的顾客群体,现如今都已进入六七十岁的年龄段。而由于GMS长期以来一直都以这部分客群为主,其服务也随着客群的年龄增长而不断调整,因此GMS目前更多是对六七十岁顾客群体的服务进行重点强化,所以导致与当今的新一代年轻家庭客群的需求产生了偏差。"

那么,为什么UNY将业态升级转变成"MEGA唐吉诃德"后,销售额就能实现近2.5倍的增长呢?对此,UNY的市场宣传负责人做出了如下诠释:"首先,UNY旗下的APITA超市和PIAGO超市,在地方商圈中与顾客建立了良好的信赖关系(尤其是在生鲜食品方面)。凭借这份信赖,再加上MEGA唐吉诃德的商品实惠、充满乐趣(商品种类众多,拥有绝对优势,且价格超低)的特点,我们打造出了这个创新型店铺,吸引了以前从未光顾的20~40多岁的年轻家庭。此群体的大幅度增长,是我们开店成功的最主要原因。"

那么究竟 UNY 和唐吉诃德有什么区别呢?

区别在于两者的食品和非食品商品的销售占比截然不同,甚至可以说是"正好相反"。其中,UNY 的食品销售额占比(截至 2017 年 2 月)达到了 72.2%,而唐吉诃德的食品销售额占比(截至 2017 年 6 月)仅为 35.7%(见图 2-3)。

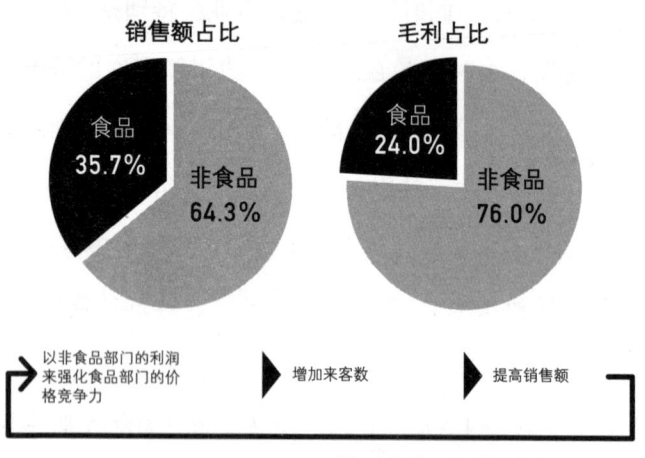

销售额占比：食品 35.7%，非食品 64.3%
毛利占比：食品 24.0%，非食品 76.0%

以非食品部门的利润来强化食品部门的价格竞争力 ▶ 增加来客数 ▶ 提高销售额

出处：唐吉诃德2017年6月期的财务会计决算报表

图2-3　唐吉诃德的食品与非食品部门的销售额占比

如果再从毛利率的角度来分析,两者的差异会更加明显。唐吉诃德的毛利润中,四分之三(76.0%)都来自非食品商品的贡献。如果能保持住非食品商品的利润,就可以借助非食品商品的利润来强化食品方面的价格竞争力,也就是说,以低价优势的食品来吸引并增加来店顾客数,从而提升销售额的新商业模式就能成立。

的确，考察 MEGA 唐吉诃德的卖场时，大家会发现一个现象，那就是食品和非食品在卖场打造方面呈现出截然不同的氛围。

首先在食品卖场中，我们并没有看到唐吉诃德一贯乐于采用的"压缩陈列"的方式。相反，卖场呈现出令人意外的清晰整洁，摆放着大包装的商品、POP 广告上写有二三十多岁的年轻人常用的流行语，以吸引顾客眼球。整体上打造出了一种价格便宜的卖场氛围。陈列货架方面，他们利用端架的位置强烈渲染店内商品价格便宜的特色。

然而，虽是同一家店，当你走到非食品商品卖场时，就会发现，琳琅满目的商品遵循着唐吉诃德著名的"压缩陈列"的方式，被混乱地摆放在迷宫般的店内，等待着顾客们的发掘。比起价格便宜，这里更注重打造一种令人兴奋、期待的寻宝氛围。

如果说食品卖场是作为顾客"消费商品"的场所，那么非食品商品的卖场就是顾客"消费情感"的场所，且店铺在二者平衡关系方面的处理十分巧妙，可以说唐吉诃德的销售策略在卖场得到了完美的实现。

MEGA 唐吉诃德这样别出心裁的"布局"，赢得了当今新生家庭群体的高度喜爱与大力支持。店里在情感表达的运用上尤其富有特色，能触动顾客的心弦，瞬间拉近与顾客的距离。比如这样的语言：

"便宜得令人吃惊（而不是特别便宜）"

"薯片儿（而不是薯片）"

"哈喽（而不是您好）"

"感谢你朋友（而不是谢谢您）"

可以看出，与其说他们是在"销售商品"，不如说是在"销售情感"。

对于今后的新一代年轻家庭群体，若想赢得其喜爱与支持，商家必须同时在消费商品和消费情感这两方面令他们得到满足。从这个意义上说，唐吉诃德是不是将成为新时代的引领者呢？

日本超市业界惊现"优衣库"！

提起优衣库，大家首先会想到"SPA"；提到 SPA，大家的第一反应也是"优衣库"。

所谓 SPA 模式，是"Specialty store retailer of Private label Apparel"的简称，是指由零售商自身主导生产制造，并自主进行销售的一种零售模式，因此 SPA 也被称为"制造型零售业"。

在日本，迅销集团（优衣库）、良品计划（无印良品）和NITORI控股公司（NITORI）都被称为SPA模式的代表企业。

首先，我们从这3家公司的财务决算状况上来看一下经常利润率这一指标。

优衣库：11.1%（2018年8月数据统计）
无印良品：11.2%（2019年2月数据统计）
NITORI：16.9%（2019年2月数据统计）

从超市行业的角度来看，这简直是令人"梦寐以求"的数字。不过，难道只有服装、家具和日用品行业才能引进SPA模式，并达到如此之高的利润吗？

放眼世界，我们可明白并非如此。美国的"乔氏超市"和德国的"历德超市"等企业都正在采用SPA模式。

即便在日本，大黑天物产（店名"LA MU""DIO"等）和神户物产（店名"业务超市"）也是围绕食品杂货这个中心，在实行SPA模式。接下来让我们来看看这两家公司的毛利率和经常利润率。

大黑天物产：毛利率为23.3%，经常利润率为3.29%（2018年5月数据统计）

神户物产：毛利率为14.9%，经常利润率为5.93%（2018年10月数据统计）

尽管毛利率方面低于其他上市超市企业，但我们可以看出这两家企业的经常利润率相对较高。

像这样"以价格取胜"的企业，在日本也在推进SPA模式。但是，那些不主打价格优势的企业，在SPA方面毫无进展，这一点也是不可否认的事实。另外，即便是大黑天物产和神户物产，也没有在毛利润率较高的生鲜食品方面，导入SPA模式。

今后，随着亚马逊等电商企业的兴起、药妆店不断进军食品部门以及各种开店热潮，"食品行业的SPA模式"将会越来越受到重视。这里，也许有些读者会急于否定："我们只有10家门店，年销售额也不足100亿日元。所以，在食品方面导入SPA模式简直是无稽之谈！"

那么，接下来我会通过实际案例来证明，即便小规模企业也同样能够实现食品的SPA模式。

总部位于日本岛根县出云市的Ushio株式会社（店名"Good Day"）拥有7家店铺，年销售额为57亿日元，属于小规模超市。然而，由于这家企业一直致力于推进食品的SPA模式，毛利率一直高于行业平均水平。下面我以几种食品为例来为大家进行介绍。

首先是味噌。在该公司的调料品类中，味噌的销售额占比最高，达到了20.9%。于是该公司决定从味噌类商品着手，导入SPA模式。

具体来说，他们在原料的选材上，为发挥本土超市的优势，100%选用了岛根县当地特产的大米和大豆作为原料。并且，原料的调度及采购成本谈判的环节均由 Ushio 超市亲自掌控。

接下来，Ushio 超市决定主推无任何添加剂的味噌。这是由于如果是含有添加剂的味噌，将与其他品牌没有任何不同，也就无法形成差异化的竞争优势。虽然是不含任何添加剂，但从口味上依然做到了接近岛根县当地居民所熟悉的味道。

实际上，能做到这一程度的零售企业出乎意料地多。但是这一步之后的举动，才是 Ushio 的真正卓越之处。

在推出了无任何添加剂的味噌之后，Ushio 又在其基础上进一步开发了新商品。随着越来越多的女性选择步入职场，Ushio 推测速食领域的需求会与日俱增，于是他们利用该味噌开发出了新商品"速食味噌汤"。他们还以此味噌为汤底，开发出了"含有米味噌的生姜火锅用味噌"和"烧生姜佐料汁"。生姜也使用了当地特产——出西生姜。

由于在味噌类食品中销量增长最快的品类是"配料味噌"，Ushio 又使用前面提到的出西生姜开发出了新商品"生姜味噌"。他们甚至还使用本地特产奥出云辣椒，开发出了"辣椒酱"。至此，味噌类别的所有商品均实现了 SPA 模式。

那么为什么 Ushio 超市开发出的新商品不称为"PB 商品"而被认为是"SPA 模式"呢？这是由于从原料采购到成本价格

的谈判都是由 Ushio 超市亲自主导完成。而且，请大家看一下各种商品的售价。

"用岛根县产的大米和大豆制作的无添加味噌"（750 g／380 日元）

"100%使用岛根县大米和大豆的大米味噌"（10 袋／237 日元）

"出西产生姜火锅用味噌"（180 g／298 日元）

"出西产烧生姜佐料汁"（160 g／348 日元）

"出西产生姜味噌"（160 g／298 日元）

"奥出云辣椒味噌酱"（180 g／298 日元）

令我们感到惊讶的是，这几款商品在保证价格实惠的同时，加价率均达到了 30%以上。

此外，该公司还对冬季必吃的奶油浓汤这一商品也实行了 SPA 模式。奶油浓汤 92%的原材料使用了当地有名的木次乳业的乳制品，名为"无化学调味料、乳化剂、香料的奶油浓汤"。Ushio 超市通过直采当地特产的原料，同时不添加任何化学成分的特点，来彻底追求食材本身的味道。商品容量 110g（4 人份）售价仅为 348 日元。而且加价率依旧确保在 30%以上。

从 Ushio 超市推行食品 SPA 模式的结果上看，在人口大约只有 17 万人的出云市，且 5 年之内又出现另外 15 家竞争店的背景下，Ushio 超市不仅在销售额方面没有降低，反而毛利率保持稳步增长。由此可见，导入 SPA 模式，企业规模大小并不是问题。

顺便提一下，新季节超市（New Seasons Market）所采用的方式是，通过积极引入当地的小规模厂商及个体企业所开发的商品，来加强与当地厂商的密切合作、最终实现与其他超市企业的差异化经营。与当地的小规模厂商的合作被称为"超级本土化（Uber Local）"，其商品通常被称为"合作品牌（Partner Brand）"，最终目标是打造成超市的 PB 商品。

这里希望大家千万不要混淆概念，我们这里所说的食品 SPA 模式并不是指一般意义上的留型商品开发模式（留型商品开发，是指由零售商与制造商或供应商共同设定条件，共同制造只能由该零售商出售的商品）。从采购原材料、进行成本谈判、打造差异化的要素、进行口味的测试，到掌握商品的市场定价权，只有以上全部流程都由零售商主导并把控，才能称为真正实现了食品的 SPA 模式。

只有那些能真正用心推进食品 SPA 模式的企业，才能成为超市行业的"优衣库"、"NITORI"和"无印良品"。然而，令人遗憾的是，到目前为止，在超市领域，包括各家大型公司在内，几乎没有公司能够独自完成所有这些生产工序。要知道，只有能够实现这一目标的企业，才能成为今后的行业领军者。

081

日本也诞生了像乔氏超市那样的生鲜专卖店！

在美国，根据超市布局的区别，超市大致划分为以下三类：生鲜食品的卖场布置较为紧凑，食品杂货的卖场相对宽敞的超市，被称为"食品杂货店"；在布局规划上完全统一，外观像盒子一样规规矩矩的超市，被称为"箱型商店"；与前面两类形成鲜明对比，将生鲜食品和熟食（在美国称为"半成品食品"）的卖场区扩大，在布局上不做统一规划的超市，被称为"食品专卖店（拥有明确的理念与独创性的商店）"。全食超市和乔氏超市均属于食品专卖店的范畴。

在日本，若单从布局上来看，呈现出从食品杂货店和箱型商店向食品专卖店转型的迹象。然而，就商品本身而言，还远未达到上述食品专卖店的概念与品类的规模。例如，LIFE 集团（Life Corporation）旗下的"Bio-Ral"超市和永旺（Aeon）旗下的"Bio c'Bon"超市，这两家超市虽然都是致力于打造有机和天然食品的超市，但要达到"全食超市"和"乔氏超市"的水准还有相当长的距离。

不过，如今日本的消费者也开始关注有机和天然食品，相信今后一定会有像全食超市和乔氏超市那样高水准的食品专卖店应运而生。

目前，在日本最接近全食超市的公司，可以列举出爱知县的"渥美食品（Atsumi Foods）"、山梨县的"Ichiyama Mart"和兵库县的"Yamada Store"等超市。然而，若从在日本全国范围扩张及掀起市场变革的能力水平上来看，令人遗憾的是，这些企业尚处于力量薄弱的阶段，任重道远。

那么，日本的土壤就注定无法诞生像美国全食超市那样的食品专卖店吗？不，完全可以。我对此坚信不疑。为什么我如此肯定呢？因为市场存在需求。而有需求就意味着有市场。因为有这样的需求市场，作为商家只要坚持深耕市场，就能够成为行业的"领军者"。

那么，我们应采取怎样的行动呢？首先，商业模式的搭建必不可少。

例如，像全食超市那样，在商品结构中，80%的商品都是有机和天然产品。在此基础之上，我们可以以熟食和有机食品为中心，通过扩充这部分品类在食品杂货中的比重，以创造出确保毛利率超过30%的商业模式。或者采取像乔氏超市那样的经营策略，提高冷冻食品和葡萄酒这类具有竞争优势的品类（商品）在商品构成中的占比，同时对蔬果类及日配商品采用低加价率的设定，凭借绝对低廉的价格优势来达到集客的效应，进而确立出加价率不超过25%的"高品质、低价格"经营战略。今后我们要像这样，搭建出以往传统超市无法想象的新型商业模式。

其次，在选址上我们可以选择存在利基市场（利基市场是指被市场上有绝对优势的企业所忽略的某些细分市场，此市场虽尚未完善供应服务，但有前景、有利润，且专业性极强）的位置，同时要选择在竞争对手较少的地方集中开店（集中化战略）。在日本，"成城石井"超市就依靠这种经营战略获得了成功。"成城石井"超市特意选择租金较高的位置，选址看准竞争相对较少的利基市场，在短时间内创造绝对优势，以获取大量市场份额。

我们回到全食超市和乔氏超市，这两家超市大多选择在居民收入水平较高、注重"LOHAS生活"理念的位置开店。也正因为如此，才能与沃尔玛的选址形成差异化竞争，我认为这是它们实现快速增长的重要原因之一。

接下来就是需要我们大力推进食品的SPA模式。如前所述，SPA是指零售商亲自参与从采购原材料、成本谈判、打造差异化的要素到口味测试的全部环节，直到拥有市场定价权的一种PB商品开发模式。从结果上看，因为注重商品的品类聚焦，最佳卖场的面积应该控制在 300 坪左右。这样的话，我们可选择在高收入和健康意识较强的客群居住的地区开店。由于市场缺少竞争，所以能够盘下大量的店铺，集中开店。

即便在日本，我相信也一定会出现像全食超市及乔氏超市那样的超市企业。虽然从目前看，成城石井超市比较符合这一形象，但我衷心地希望能有一个彻底追求食品的安全和放心、年销售额达 1000 亿日元以上的企业出现。为什么这样说，因为我听说未来这个大健康市场的潜在规模可达近 10 万亿日元。

此外，日本政府也积极推出了各种健康政策，以帮助实现国民的"健康长寿"，进而达到减轻政府医疗费用方面的财政负担的目的。顺便说一句，2020 年政府为 65 岁以上的老人所支付的医疗费用，每天就达 700 亿日元。按年度统计，这个数字高达 25 兆 5000 亿日元。照这样下去，日本可能会因财政支出不足，面临破产的危机。

众所周知，今后的大健康市场将会呈现出不断增长的趋势。只有占领这一非常有潜力、具有成长性的市场的企业，才能成为未来的领军企业。

在药妆店崛起的日本，也将出现硬折扣零售商！

令人遗憾的是，在日本，最接近硬折扣业态的不是超市，而是药妆店，甚至可以说其是以"药妆店"为名的超市。

让我们以 Cosmos 药妆店为例来说明。总部位于日本福冈县的 Cosmos 药品株式会社（店名为"Discount Drug Cosmos"），其食品的销售额占比已达到 56.3%（截至 2019 年 5 月的数据）。尽管店内几乎没有销售生鲜类食品，但销售额的一半以上都来自食品类商品。

而药妆店与超市作为两种不同的业态，从根本上存在成本结构的差异。在药妆店内，因为经营的品类几乎不含生鲜食品或熟食，所以在制冷设备以及仓库设备方面的投资成本远低于超市。

再加上药妆店普遍采取密集开店的战略（这里指在一个地区集中开店的战略），可以非常有效地压缩物流成本。另外，由于药妆店不主营生鲜食品，人时产能方面也高于超市。由此可见，药妆店业态充分具备低价销售的条件。

在这些优势条件的基础之上，药妆店把食品作为吸引顾客的有效手段，全面实施低价策略（商品加价率低于15%），以绝对的低价优势，令超市无法与其展开价格上的竞争。

据说在食品销售额占比较高的Cosmos药妆店中，食品的毛利率大约为12.3%，这一数字对于超市是指香肠等畜产加工肉制品、休闲食品类、日配品、冷冻食品以及面包类商品等的总和。这就使得在超市一直奉为行业常识的综合加价率，诸如"加工肉制品的加价率需要设定在30%以上""休闲食品的加价率需要设定在30%以上""冷冻食品的初始价格设定，要保证即使以半价出售，也可以获利"等，类似这样的定价策略根本无法成立。

而且，伴随药妆店行业的企业的不断并购，导致垄断程度不断加剧，最终各家企业必然会在食品方面积极开发PB商品。那样的话，由于药妆店拥有规模效益，必然在单品的销售数量上，远超各家超市企业，供应商方面也会竭尽全力来配合其扩张发展。

虽然目前在药妆店行业，还未能出现年销售额高达1兆日元的企业，但随着各药妆店企业之间并购的进行，一旦出现年销售额达到1兆日元的企业，相信接下来他们会以迅雷不及掩耳之势加快扩张的步伐。到那时，药妆店在日本将成为名副其实的硬折扣业态的代表企业。

目前，药妆店行业的销售总额已达到约 7.3 兆日元，且行业整体准备将市场规模进一步扩大到 10 兆日元。顺便提一句，目前超市行业的销售总额为 10.5 兆日元。虽然据说在巅峰时期曾达到过 16 兆日元的规模……

如果有朝一日，药妆店真能创造出超过 10 兆日元的市场规模，那么超市行业恐怕不得不让位，只能将"食品商业王国的王者之冠"拱手相让。尽管超市行业的各位都希望避免这种事情的发生，但是在日本的超市行业中，直到今天，还未出现过一家年销售额能达到 1 兆日元的巨头企业。

在这里顺便提一下，根据美国超市行业中排名第一的克罗格的 IR 财务决算信息，该公司的销售额在 2018 年就已达到 1212 亿美元，也就是说克罗格早已成功跨过 10 兆日元的分界点。

假设在日本的超市中，能出现凌驾于药妆店之上的硬折扣店，那很有可能出自大黑天物产、神户物产、Trial 公司中的一家，我之所以这样说，是因为这些企业正在积极探索并推进食品的 SPA 模式。

10年后的超市版图将会发生怎样的巨变?

首先,请大家看表2-1和表2-2。这两张表分别列出了这十年间全球范围与日本全国、销售额排名前10位的零售企业的排序变化。

表2-1 零售企业世界排名TOP10的变迁

2007年	排名	2018年
沃尔玛	1	沃尔玛
家乐福	2	亚马逊
乐购	3	克罗格
麦德龙	4	好市多
家得宝	5	Schwarz
克罗格	6	沃尔格林
Schwarz	7	家得宝
塔吉特	8	奥乐齐
好市多	9	CVS
奥乐齐	10	乐购

从表中我们可以看出,在过去的十年中,企业在全球范围内的排名发生了很大变化,例如好市多的排名大跃进、亚马逊

表2-2 日本零售业TOP10的变迁

2007年	排名	2018年
7-ELEVEn HD	1	永旺
永旺	2	7-ELEVEn HD
山田电机	3	迅销公司
三越伊势丹 HD	4	山田电机
UNY	5	日本亚马逊
J.FRONT RETAILING	6	三越伊势丹 HD
大荣	7	Pan Pacific International HD
高岛屋	8	H2O RETAILING
爱电王	9	高岛屋
友都八喜	10	Bic Camera

跻身前十等。日本国内的排名虽然也发生了变化，但远不及世界范围的变动大，不过我相信今后日本也可能会发生巨大变化。

首先让我们来分析一下好市多。目前，好市多在日本虽然只有26家门店，但他们已经对外宣布，预计到2030年将门店数量增加至50家。若一家门店的销售额能达到200亿日元的话，那么按照"年销售额=50家门店×200亿日元=1兆日元"进行计算，好市多的年销售额将会突破1兆日元。如果他们能够顺利达成计划，好市多的排名可能会进一步提升。

让我们再来看亚马逊。虽然我们目前无法判断其未来将会飞跃发展到何种程度，不过在2015年，亚马逊的销售额就已经与日本纪之国屋书店（日本最大的连锁书店之一）比肩，而且它依旧在以惊人的速度保持增长，在2018年已经达到了相当于日本零售业排名第五的销售总额。

接下来，让我们再看看超市行业。表2-3中的企业排名在今后又将会发生怎样的变化呢？多位评论家认为："随着人口减少、少子老龄化现象的不断加剧，在市场不断萎缩的外部环境下，零售企业增加销售额的唯一途径就是借助企业的并购行为。"对此观点我也赞同，不过我认为要以销售额达到1兆日元为目标，来进行并购扩张。

这是由于，连好市多的目标也都设定在销售额1兆日元，而未来药妆店能否成为销售额1兆日元的企业，应该也只是时

表2-3　日本超市销售额TOP10的变迁

2009年	排名	2018年
永旺零售	1	永旺零售
伊藤洋华堂	2	伊藤洋华堂
UNY	3	IZUMI
大荣	4	UNY
西友	5	LIFE集团
IZUMI	6	York Benimaru
LIFE集团	7	平和堂
平和堂	8	八百幸
泉屋	9	OK
Valor	10	丸悦

间问题。最近 Cosmos 药妆店发表声明，于 2020 年 5 月，在关东地区开始拓展其作为主打业态的"郊区型门店"。通过这份开店声明，我们可以看出，Cosmos 药妆店即便不借助并购行为，仅靠自身实力，也能突破 1 兆日元的销售额。

面临这样的形势，超市行业若不具有 1 兆日元以上的规模，恐怕未来很难保持"竞争优势"。所以说，企业并购将是捷径，也是最现实的方法。

除此之外，未来排名靠前的企业也将发生大的变动吧。我为什么会做出这样的判断呢？这是因为单店销售额越高，必然会促使企业的排名靠前。而且实际上，由于人口不断减少、少子老龄化等种种问题，在适合开店的选址方面也变得越发困难。在这种情况下，如果单店的销售规模少于 20 亿日元，销售额的增长幅度将会变缓。

图 2-4 就是现实中的数据。这是超市行业中的翘楚企业，在过去五年的销售增长率一览表。通过此表我们可以看出各家的增长都明显呈现出放缓的趋势。

若照这样的趋势发展下去，那些单店销售额居高的企业将可能崭露头角，排名靠前。

比如，下面这些正备受瞩目的企业：

Lopia 超市（神奈川县川崎市）

OK 超市（神奈川县横滨市）

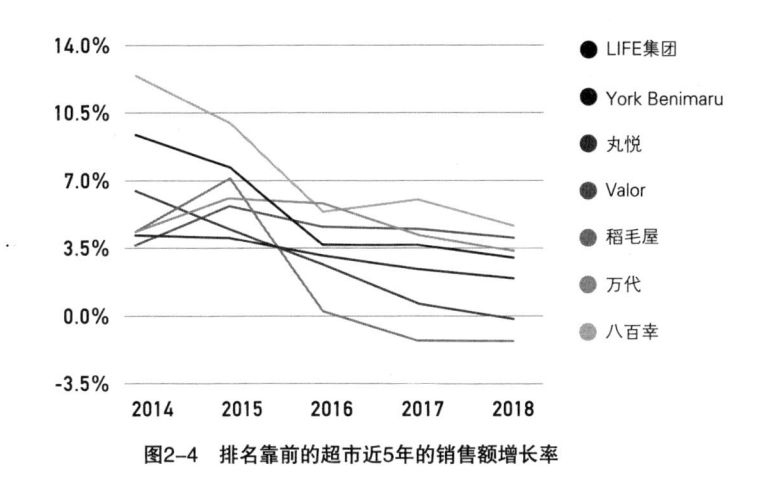

图2-4 排名靠前的超市近5年的销售额增长率

万代超市（大阪府东大阪市）
Every 超市（广岛县福山市）

其中，Lopia 和 OK 超市尤为受到行业的关注。因为这两家企业都具备不断扩张开店的经营实力，且每家企业的单店销售额都能够突破 40 亿日元。

这两家企业的不同之处，在于各自扩张开店的经营思路上的差异。具体来说，OK 超市计划在未来，加速拓展 150 坪左右的小型门店，以实现在东京范围的 23 区内密集开店的战略。与其相反，Lopia 超市始终坚守卖场相对较宽敞、年销售额必须突破 40 亿日元的商业模式。如果每家门店的年销售额均能达到 40 亿日元，且以每年 10 家新门店的速度进行扩张的话，未来 Lopia 超市必将提升企业在排名榜上的名次。目前 Lopia 超市的年增长率达到了115%—120%，这一数字非常说明问题。由于受人口减少以及少子老龄化问题的影响，众多超市企业竭尽全力也仅能将年增长率勉强维持在3%左右，在其中，OK超市实现了110%左右的年增长率，且保持着持续增长的态势。由此可见，十年后，超市行业的势力版图必将发生巨大的改变。

Pan Pacific International Holdings 在销售额方面超越 GMS 业态各大企业，也将指日可待。我相信，十年后，零售行业的势力版图也将发生翻天覆地的变化。

在时代巨变的浪潮中，我们作为超市企业，需要量体裁衣，思考适合自身发展的成长战略，并对战略进行深入挖掘，然后贯彻执行到底，这才是企业真正意义上的存活之道。在今天的日本，"百年一遇的大变革期"即将来临。

第 3 章

人才的"招聘"和"教育"决定企业十年后的发展

当所有人都认为"这种梦想简直疯狂,不可能做到"时,你才能创造出独一无二的事业。

(谷歌创始人　拉里·佩奇)

公司只依靠现有的人才，10年后有望持续发展壮大吗？

如今我们正处在前所未有的招聘难的时代。即使企业不断发布招聘信息，也依然是无人问津。于是企业只能一边苦于人手不够，一边勉强依靠现有员工苦苦支撑。这是如今很多企业都面临的现实问题。

也许正是这个原因，在超市工作的临时工、钟点工的平均年龄，在逐年上升。另一方面，由于很难招到20岁至40岁出头的所谓千禧一代，企业只能不断加强高龄员工的招聘力度，这是一个不争的事实。

接下来请大家参考表3-1。这是一般社团法人、全国超市协会所做的一份调查。由此表我们可以看出，在临时工、钟点工中，60岁以上的高龄劳动者占比已高达25.6%（2018年平均值）。现在仍有不少企业，依然起用那些70岁的高龄员工，并且将他们作为企业的中坚力量，继续在工作岗位上发光发热。

虽说伴随"人生百年时代"的到来，70岁或许已不算高龄，但如果考虑到企业10年后的发展状况，这样下去，恐怕企业也将和员工们一起面临经营老化的风险。那么，为了避免这

表3-1　60岁以上的临时工、钟点工雇用比例、上限年龄（行业预估值）

平均值	60岁以上的临时工、钟点工雇用比例		60岁以上的临时工、钟点工上限年龄	
	平均值	平均值	平均值	平均值
2018年	25.6%	25.3%	70.1岁	70.0岁
2017年	23.3%	23.3%	69.4岁	70.0岁

出处：一般社团法人全国超市协会（2018年超市统计调查）

种情况的发生，我们该采取怎样的对策呢？

■持续加强应届毕业生的招聘

虽然大企业理所当然地每年都会招聘应届毕业生，但一些中小企业往往会由于各年的经营状况不同，录用人数也会出现波动。而且很重要的一点是，很多公司并没有全力重视应届毕业生的招聘工作。

顺便提一下，在零售行业中，最重视应届毕业生招聘的企业，要数NITORI（日本最大的家具连锁品牌）。在创始人似鸟昭雄会长提出的"公司需要不断招聘人才，才能够得以发展壮大"的感召下，整个公司都非常重视应届毕业生的招聘工作。

各位读者知道该公司究竟有多少员工专门负责招聘应届毕

第3章 | 人才的"招聘"和"教育"决定企业十年后的发展

业生的工作吗？答案是竟有40人之多。他们每个人都在不分昼夜地努力思考着，如何将那些本来打算进入金融行业、制造业、商社等所谓"热门行业"的人才，全部揽入NOTORI，并以此为目标积极开展各种招聘活动。

请大家看照片12。在就职合同说明会上，NITORI会将印有"究竟如何选择职业？看行业？看工作？还是注重企业品牌？""终究还是要选自己想做的工作吧！"等文字的职业选择流程图的宣传袋，尽可能多地发给到场的毕业生们，以强化企业品牌的宣传。

照片12 在就职合同说明会上，企业发放给大学生们的购物袋。以此来贯彻NITORI的品牌宣传战略。

更值得一提的是，NITORI的招聘工作采用的是全年开展的

099

形式。

这是由于经常会出现这样的情况：有些从国外留学归来的毕业生可能无法赶上日本传统的求职期；还有一些想考公务员的学生，也会选择在公务员考试结束后，才开始求职活动。所以实际上会有相当一部分优秀的毕业生，由于赶不上传统的求职期而无法开展求职活动。基于这种情况，NITORI决定采取"欢迎随时来应聘"的全年招聘制度。

我认为，今后日本传统的"应届毕业生一次（统一）招聘制度"有必要顺应时代做出改变。

应该将传统的"一次（统一）招聘"形式改为"随时招聘""应届毕业生随时都可以求职"的自由招聘形式。

实际上，当今主流的应届毕业生的"统一招聘"形式，是由于受到1923年关东大地震的影响而开始形成的。当时受地震的影响，经济非常不景气，学生们纷纷涌向企业寻求工作。在当年供大于求的特殊背景下，形成了直到今天依然被企业沿用的笔试加面试的统一招聘形式。

顺便提一句，日本企业长期以来所奉行的终身雇用制和年功序列制（日本企业按照员工的年龄、员工工龄、学历等条件，逐年给员工增加工资的一种员工基本报酬制度和晋升制度），则是以1950年朝鲜战争为契机形成，一直延续到今天的制度。由于当时经济呈现一片繁荣，这两项制度是企业为了长期留住优秀人才而施行的制度。

从以上情况，我们可以看出，招聘的规则随着时代的变迁，在不断地被调整、不断地变化。而在今后，企业方面应当继续增加负责招聘应届毕业生的员工，也应多起用与学生年龄相近的人事专员，以便他们能够更好地去关注新员工的工作情况与心理状态，避免这些优秀人才流入其他行业或企业。

前面曾提到 NITORI 的似鸟昭雄会长所说的一句话，"公司需要不断招聘人才，才能够得以发展壮大"，这句话实在是意味深长。如果各位今后依然不注重人才的招聘，恐怕 10 年后的贵公司将没有希望与未来可言。

■ 加强对年轻员工的教育

由于人手不足和工作时间的问题，近年来关于年轻员工的教育问题可以说一直在被严重忽视。让我们用著名的"马斯洛需求层次理论"来理解一下现状（见图 3-1）。

在"马斯洛需求层次理论"中，处于第一层次的"生理需求"，是指为满足人生存的基本需求，也被称作本能需求（例如吃、喝、睡觉等生理需求），人们只要有工作、有报酬，这些需求就能得到满足。

处于第二层次的"安全需求"，是指人们为回避风险，需要稳定、安全、安心的生活，由于这属于最低限度的生活需求，

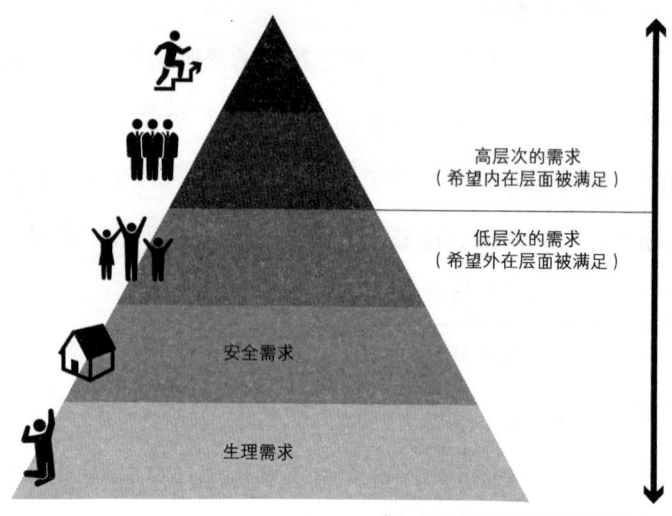

出处：内阁府（2015年版男女共同参与企划白皮书）

图3-1　马斯洛需求层次理论

即使不接受企业的培训教育，员工也能得到满足。

到了第三层次的"社会需求（归属需求）"，是指人们希望归属于社会集体，寻求同伴的需求。当这种需求得不到满足时，人就容易产生孤独感和社会性的焦虑不安。对于周末上班较多的超市行业，很多年轻员工都是由于这种社会需求得不到满足，而选择离开公司，这也是不争的事实。

当社会需求（归属需求）得到满足之后，人们开始寻求第四层次的"尊重需求（认可需求）"。这是人们渴望得到他人的认同与尊重的需求。如果这个阶段企业疏于培训教育，优秀人才将会因为这层需求得不到满足而离开公司。这是由于，没有企业的培训，认可也就无从谈起。

作为最高层次的"自我实现需求"，是指人们想要发掘自己的能力，进行创造性活动的需求。实现这一层次的需求后，他们不再向他人寻求关注，而是将目光聚焦在自己身上，更加关注自己的行动与成长。处于这一层次的人才由于能做到自主学习，所以与企业培训教育的优劣并没有直接的关系。

通过以上马斯洛理论在各层次的应用，我们可以看出，从第三层次的社会需求（归属需求）开始，以"即便在这个公司尽心工作，也无法满足自身的需求"为由，选择离职的年轻员工逐渐增多。换一种更严格的说法，正是企业平时疏于对员工的培训教育，才导致优秀的人才认为在社会需求（归属需求）这一低级需求方面得不到满足，转而选择离职。因此我们应该认真地思考这一事实，并在今后致力于加强年轻员工的培训教育。

事实上，由于超市企业不注重培训，在实际的运营现场中，经常出现以下问题。比如越来越多的年轻员工对超市行业非常实用的"数据管理"一窍不通。不，不只年轻员工，连主管级别的管理层也出现了这样的倾向。这在以前是绝对无法想象的情况。

再加上，随着超市业务的"生鲜加工中心化"的工业化不断发展，越来越多的年轻员工，虽然在超市工作，却"不会三枚切（将鱼切成三片）""从未使用过肉类切片机""从未使用过制作熟食的蒸汽对流烹饪器"。这显然是由于很多企业完全忽视了对员工的技能培训教育。

这样一来，他们的尊重需求（认可需求）始终得不到满足，才造成越优秀的员工越会选择离职的情况。因此超市应该进一步加强对年轻员工的教育。否则，10年后的贵公司将失去希望与未来。

■ 重新审视对临时工、钟点工的培训方法

在超市这个行业，直到今天，大部分操作手册都还仅停留在"纸面上"。而且，新入职的临时工、钟点工的培训重任往往会落在经验丰富的临时工身上。也难怪许多员工刚入职没多久，便选择辞职离开。

想象一下如果我们自己身处这样的工作环境：本来就面临着人手不足且工作繁忙的情况，有经验的老员工还要带徒弟，负责新入职员工的培训。而作为学习的一方，新员工因为是初次工作，难免不得要领。但是，看到周边其他员工都处于忙碌之中，且因为是受教于人，难免会不敢提问。好不容易鼓起勇气向别人请教，又会看到人家一脸不耐烦的表情，"就这点东西，还记不住吗"？

作为新人，会厌恶这种情况，于是渐渐变得即使不懂也不想开口去问，逐渐陷入了"负循环"，压力越积越多，最后，导致企业千辛万苦招来的临时工及钟点工，就这样轻易地流失了。而且，这种情况并非个例，从全国范围的超市来看，是经常发生的情况。

如果企业继续采用老一套的OJT（现场培训）形式，就无法长期留住那些千辛万苦才招来的人才。那么，作为企业究竟该如何解决这一问题呢？下面我来为大家介绍一个标杆案例。

总部位于日本山梨县甲府市的ICHIYAMA超市企业，在新人培训的形式上，废除了企业传统的纸质标准操作手册，升级成为视频培训的形式。这样一来，新人就可以通过视频教学展开自学，无须再向经验丰富的老员工反复请教，便可提高自身的技能。

而且，由于新人能够通过视频自学，在现场自己尝试演练，可以更大程度地满足其自身的尊重需求（认可需求）与自我实现需求，所以这也会令工作本身变得无比愉快。

尤其需要提的是，采用视频培训的形式，对在网络和动画世界中成长起来的千禧一代来说，效果尤其好，简直是立竿见影。他们虽然对纸质版的操作手册完全提不起兴趣，但对视频版的教学可以看得津津有味。他们在反复观看后，会在现场尝试实际动手操作。而通过这样的反复学习与实践，一方面，他们的技术会得到飞跃性的提升，另一方面，他们的尊重需求

（认可需求）和自我实现需求能够同时得到满足，所以他们会对自己所从事的工作产生更多的自信与自豪感。

实际上，如今超市的离职率之所以居高不下，其实就是因为针对临时工、钟点工的培训体制相当落后。作为公司的管理者，在向部门负责人问责"为什么新员工这么快就辞职了？"之前，应该先展开自我检讨，要意识到企业在教育体制上未做到与时俱进，问题出在了企业自身，企业才是最应该进行深刻反省与改善的一方。

为此，应该让新员工在家里放松的环境下，通过反复观看教学视频来学习技能，这样员工会自然而然地萌发出："真想得到领班、店长的表扬和认可啊！""真想在技术上超过其他临时工和正式员工！"只有像这样能够满足员工高层次需求的培训体系，才能使得贵公司在10年后依然充满光明与希望，贵公司也必然会蓬勃发展，拥有美好的未来与发展前景。

现如今，超市员工的平均年龄之所以逐渐升高，形成临时工、钟点工高龄化的局面，其实并不仅仅是年轻人很难招进来这一单方面的原因。如果不重视录用应届毕业生，对年轻职员教育不充分、对临时工和钟点工的教育方法陈旧化等问题不得到解决，招聘难的问题就不会从根本上得到解决。只有当职场上都是充满活力在工作的年轻人，且临时工、钟点工和年轻员工也都能够掌握高水平的技术时，公司才会成为人才的聚集之地。

我们经常会听到这样的说法,"店铺的经营老化常常与顾客的老龄化呈正比"。那么,我们大概也可以说"店铺的经营老化与招聘难同样呈正比"。

为了10年后公司能继续生存发展、为了成为有发展前景和希望的公司,希望大家能够意识到重视应届毕业生招聘工作,加强对年轻员工的培训力度,改善对临时工、钟点工的培训方法已经刻不容缓,必须尽快加以改善与变革。

如果依旧放任不管,也许10年后贵公司会不复存在。

招不到年轻的兼职员工竟是因为没有进行"正确的招聘"?!

通常来说,对于那些孩子年龄尚小的年轻主妇来说,必须把孩子送去保育园或幼儿园后才能去工作。她们还要按时去接孩子放学回家。在超市比较需要人手的时间段(例如8点~13点、13点~18点),由于刚好和年轻主妇接送孩子的时间有冲突,所以根本没有人来应聘。

那么,是不是可以把其他行业常见的做法——可选择在任意时间段工作的"弹性工作制",也引入超市这个行业中呢?可采用诸如"每周1天，每天1小时以上工作即可""兼职（副业）也可商量"等方式，如果不能提供一定的自由度，那么相比于工作，更注重家务和育儿的年轻主妇们就不会来应聘超市的工作。

然而，可能有人认为"如果对兼职员工这样宽松，那么那些被软磨硬泡后，勉强答应周末来加班的正式员工肯定会表示强烈的不满"。这个时候就需要店长来发挥其实力进行调节了。

■将短时间工作的临时工看作"未来的人才宝库"

通过弹性工作时间制招聘来的年轻的临时工们，虽然一开始出勤的时间较短，但在不久的将来可会聚为"可以长时间工作""周末也可以上班"的"人才宝库"。这是因为随着孩子不断成长，渐渐不再需要长时间的照顾，妈妈也就有更多的时间可自由支配。作为店长如果不能理解年轻主妇的这一情况，就无法招到年轻的临时工。

若经常和这些临时工主妇交流沟通，关系融洽的话，在委托她们"能否每月一次周末出勤"时，由于她们已经对工作有所适应，就很可能会答应店方的请求。所以企业方面，首先要"创造更多的机会（降低招聘门槛），给员工充分的自主选择权"，这份诚意可以说非常重要。

另外，不仅是年轻的临时工，很多家庭主妇相比于"正式员工",更希望成为"临时工"。日本内阁府发表的《平成二十七年版(2015年)男女共同参与企划白皮书》显示,在303万名女性就业希望者中有72.6%的人,希望以临时员工的身份就职(见图3-2)。她们选择成为临时员工的理由如表3-2所示,竟然有43.5%的人是因为"成为临时员工的话,可以按自己的意愿,选择在方便的时间工作"。

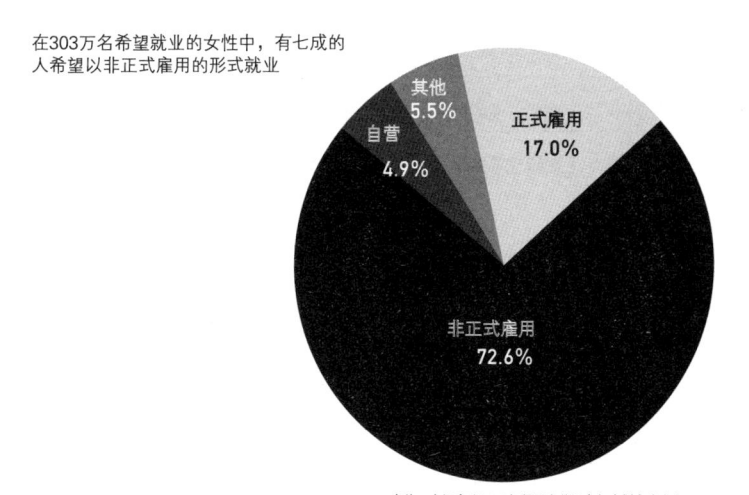

在303万名希望就业的女性中,有七成的
人希望以非正式雇用的形式就业

其他 5.5%
自营 4.9%
正式雇用 17.0%
非正式雇用 72.6%

出处:内阁府(2015年版男女共同参与企划白皮书)

图3-2 女性希望的就业形式

今后的工作形式应该会变成这样,企业需要考虑到临时工方便的时间,来决定如何合理分配工作。我们经常听到这样的说法,为了提高工作效率,不是"按人分配工作,把工作交给员工",而是应该"把工作分配给合适的员工"。然而,由于家庭主妇们"方便的时间"过于集中在同一时间段,所以企业方

表3-2 希望就业的女性选择非正式雇用形式就业的理由

	第一位	第二位	第三位
~34岁	可以平衡工作与家务	选择方便的时间工作	贴补家用
35~39岁	选择方便的时间工作	贴补家用	可以平衡工作与家务
40~44岁	贴补家用	选择方便的时间工作	可以平衡工作与家务
45~49岁	贴补家用	选择方便的时间工作	上班时间
50~54岁	贴补家用	选择方便的时间工作	可以平衡工作与家务
55~59岁	选择方便的时间工作	可以平衡工作与家务	上班时间
60~64岁	选择方便的时间工作	贴补家用	上班时间
65岁以上	选择方便的时间工作	工作天数少	上班时间

出处：内阁府（2015年版男女共同参与企划白皮书）

面必须想法设法，在人员能够集中起来的时候，合理分配工作。

也就是说，今后的工作形式，既不是"按人分配工作"，也不是"把工作分配给合适的员工，而是在大家集中上班的时候，安排合适的工作供大家集中处理。正因为我们处在这个招聘异常艰难的时代，所以更需要确保"能够把人集中起来的时候"，集中开展工作。

■夹在报纸里的招聘启事根本无人问津

在今天这个互联网、SNS以及App盛行的时代，企业若依旧通过"报纸夹页的招聘启事"进行招聘，结果必然是无人问津。甚至还有企业只提供电话咨询的形式,可想而知,更不会有人来应聘了。

要知道,如今已经是智能招聘时代,当招聘者通过智能手机搜索时,如果招聘信息的搜索排名无法保持在前几名,且不能被顺畅点击进入招聘页面,就几乎不会有人来应聘。作为世界最大的搜索网站,谷歌也从 2018 年开始,推出了招聘搜索网站"Google for Jobs",可见未来的招聘,将越发朝着智能招聘的方向全速迈进。

我们可以设想这样的场景,当家庭主妇们用过晚餐,收拾好餐桌后,她们有了空闲的时间。这时,希望找份临时工作的主妇们,会打开"Google for Jobs"的网页,开始检索"〇〇县〇〇市的超市招聘启事"。在那一刻,若贵公司的招聘启事排名并不靠前,就必须接受几乎无人应聘的现实。另外,招聘的网上咨询方式也要与时俱进,例如采用短信或 LINE(类似于国内微信的聊天软件)的便捷方式,可满足应聘者随时咨询的需求。将来,也许"视频面试"也将变成面试的主流形式,要知道已经有行业开始采用视频面试的形式。

总之,如今已经进入了一个在所有方面都灵活运用到互联网和 App 的时代。大家知道这一事实吗?如今的千禧一代竟无法使用纸质地图来找到目的地。这是因为他们已经习惯了使用谷歌地图等 App 来找寻目的地。而且,原本在城市中各车站的

"绿色窗口"人工售票处摆放的纸质列车时间表,也开始逐渐退出人们的视线。在这样的时代环境下,若超市还采用报纸夹页的招聘形式,并只提供电话咨询的传统做法,结果会是无人来应聘。

因此,要想实现顺利招聘,必须对现有的应聘方法及咨询方法从根本上重新审视。而且刻不容缓,应该立刻开展大刀阔斧的改善活动。

以想工作却找不到工作的高龄者为招聘目标

在日本,有一个特殊的群体,是那些虽然想工作(也能工作)却找不到工作的人。没错,就是60岁以上的高龄群体。

对于这些高龄的劳动者群体,有些企业很早就开始关注了。那就是麦当劳。要知道,麦当劳一直在大规模招聘"高龄员工"。在日本一些大城市的麦当劳,高龄员工和外国员工的比例甚至高达七成以上。

而且到了今天,这些高龄员工已经完全不会给人以不协调的感觉。不如说,高龄员工反而比年轻的员工更加细心、更加贴心,他们的服务也令人"感觉非常舒适"。

请大家看表3-3。根据日本的招聘信息服务商"an"所发布的"an报告",他们曾面向60岁以上的高龄者,做过一次名为"你最想从事哪个行业的兼职工作?"的市调工作,结果显示,对女性而言,超市竟然在她们最想从事的兼职排名中,居第7位(男性则是第9位)。我们通过调研竟可意外发现,超市这一职业很受高龄者的欢迎。

况且今后也只能积极录用这些高龄员工。因为根据预测,约30年后,到2050年,适龄劳动者(15岁以上65岁以下)的人口将比现在减少2130万人。而且据说人口动态变化及未来趋势预测比天气预报还要准确。

不过,不可否认的是高龄员工在体力上的确会有一些限制。

表3-3 老年人最想从事兼职工作的行业排名

		男性	女性	全年龄段的人
第1位	事务、打字、前台	第2位	第1位	第1位
第2位	轻松工作(打包,分拣)	第1位	第4位	第2位※
第3位	有专业、技术方面的资格证	第3位	第6位	第3位
第4位	清扫工作	第4位	第5位	—
第5位	医疗、福祉、护工	第8位	第2位	第7位
第6位	讲师、培训员	第7位	第8位	第5位
第7位	超市	第9位	第7位	第17位
第8位	厨房	第13位	第3位	第6位
第9位	配送、物流(搬家员工、送货、邮局等)	第6位	第15位	第9位
第10位	警卫员	第5位	第18位	第23位

※所有年代的人的轻作业中都包含"清扫工作"
出处:招聘信息服务[an]/[an报告]

因此，即便要求他们和年轻人去做同样的工作，他们也会由于体力有限，而无法胜任某些工作内容。

接下来请大家看图3-3。在总务省发表的"劳动力调查"答卷中，这是一项面对65岁以上的回答者，就"找不到工作的理由"这一问题的调查。可以看出在列出的理由中，年龄（40.0%）和工作内容（26.7%）占了多半。

因此，企业若想招聘到高龄群体的人才，首先在招聘阶段，要做到"不问年龄"。况且现在的高龄者中，看上去比实际年龄年轻得多的人比比皆是。因此，招聘时不应该以年龄设限，而应该先与应聘者"尝试见上一面"，再做判断，这点至关重要。

实际上，麦当劳就没有设定年龄限制，而是采取先见面、再择优录取的招聘形式。由于超市行业在高龄者中也是出乎意

出处：总务省"劳动力调查（详细合计）2018年"

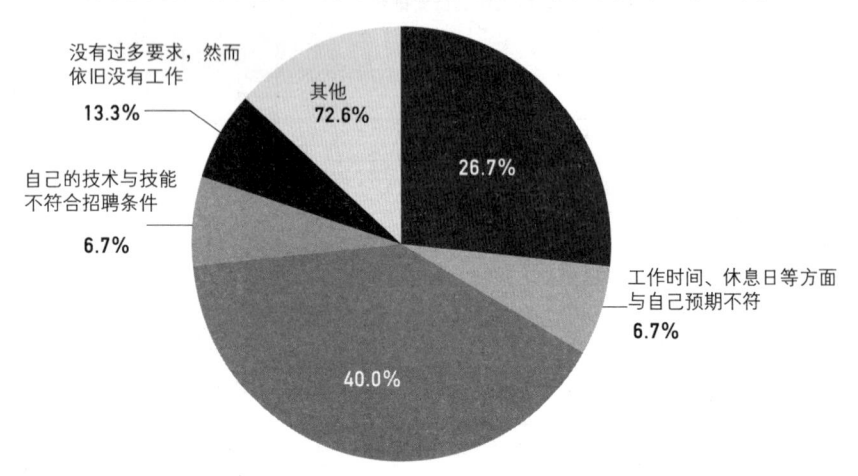

图3-3　65岁以上的老年人"找不到工作"的理由

料受欢迎,所以招聘的关键在于"不问年龄",先见一面看看,再做决定也不迟。

接下来要考虑的是"工作内容"。企业应该为高龄员工准备一些合适的工作内容。今后,以高龄群体为对象将会成为招聘市场的一大特点,所以到了企业为高龄员工重新考虑工作内容的时候了。如果能够为那些高龄员工提供与其体力相匹配的工作内容,那么他们必然会充分发挥出战斗力。

因此,企业在招聘时,不应持有先入为主的观念,而应该降低招聘的门槛,并消除高龄员工在工作上的"各种不便"。这样一来,应聘的人数必然会增多,届时会有更多的人能够作为超市的重要战斗力,在自己的岗位上发光发热。

■吸引高龄员工的招聘方法

如今,依旧有一部分高龄员工会通过"报纸夹页的招聘广告"和"店内的招聘信息",前来应聘。其实,我们只要在招聘内容上稍加改进,招聘效果就会截然不同。

Smile Lab Co. Ltd. 的董事长赤沼留美子提到,仅需改一个插图,就可令招聘效果完全不同。请大家看照片13。这是某医疗中心的招聘宣传广告。在最初发放招聘广告时,人们来应聘的都是白天的工作时间段,早间和傍晚后的时间段竟无一人来应聘。

照片13 由于插图所表现的人物形象是年轻女性，所以前来应聘的都是和插图人物同一年龄段的年轻人。导致尽是来应聘白天工作的人，所以需要探讨如何才能让更多的人来应聘早晨和傍晚以后的工作。

于是，他们对传单内容做了一些调整，像照片14所示的那样，首先将文字调整得更大。包括插图，也为方便高龄群体观看，做了一些改进。同时，在广告中突出了作为"县内最大、最新"的企业的品牌效应，并强调"所有员工都从零开始工作"的安心感。于是，原本计划招聘50人，最后却有200多人前来应聘。像这样，在招聘时稍加思考，应聘者的数量就会大增。希望大家能够以这个案例作为参考，在今后的招聘中多下一些功夫。

■招聘的基本方针是"多管齐下！"

招聘作为企业的战略之一，正变得越来越重要。今后的招

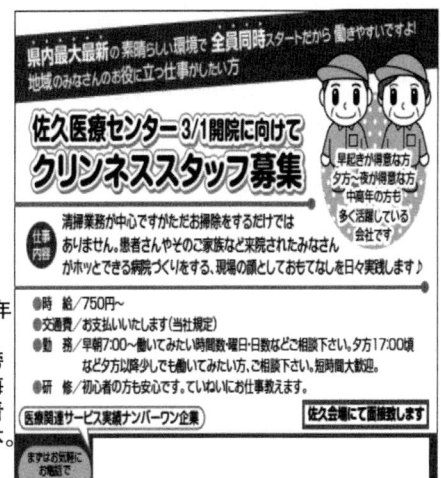

第 3 章 | 人才的"招聘"和"教育"决定企业十年后的发展

照片14 将插图人物更换为老年人的形象，再度进行招聘后，很多老年人前来应聘早晨和傍晚以后的工作。另外，招聘海报上的文字为了能让老年人看得清晰，特意调整为大号字体。

聘工作不应仅局限于高龄群体，而必须从多个角度展开，以实现多管齐下。

前面提到过的赤沼留美子女士认为，实现成功招聘的方式可谓多种多样。请大家看表3-4。这是赤沼女士开发设计出的"成功招聘的7步检查表"。

首先，第一步是需要"改善职场的形象"。这算得上是最重要的一步吧。因为如果来应聘的人不想在这里工作，那么招聘广告做得再好也无济于事。

第二步是"有效活用离职人员、曾面试过的应聘者名单"。这一步据说效果非常显著。尤其是与那些近几年因为要照顾父

117

表3-4 成功招聘的7步检查表

步骤	举措	步骤	是否实施（划勾）
第一步	改善职场的形象	构建让人想在此工作的职场形象	
第二步	有效活用离职人员、曾面试过的应聘者名单	给曾经以正当理由离职的人打电话；给曾经不符合招聘要求的人打电话	
第三步	委托现任员工介绍熟人	朋友、熟人的介绍 ※介绍费用（3000日元即可，马上支付）	
第四步	请店内顾客帮忙提供资源、介绍信息	顾客的推荐、介绍熟人 店内海报（入口、卫生间、收银台前、购物篮）	
第五步	有效利用当地的人脉	现任员工的毕业学校、大学的俱乐部、文化教室等	
第六步	在社区举行宣传活动	在当地张贴海报、宣传单（车站、店门口、学校周边、大众浴池、美容院、社区告示栏、公交车站等）	
第七步	有效利用招聘杂志、报纸广告页和公司官网	招聘杂志、网页→年轻人 招聘杂志→年轻人、主妇 报纸招聘→老年人	

出处：Smile Lab Co.Ltd.

母、结婚、生子而辞职的员工定期进行联络。总之，我们不能对那些曾经以正当理由辞职的员工不管不顾。今后招聘的重点其实就在于"人与人之间的联系"。通过定期保持联系，一旦他们想再次回归职场，就可成功将他们再度纳入公司。幸运的是，这些年由于智能手机等通信设备已经相对普及，通过短信等就可以直接与他们取得联系。

第三步，"委托现任员工介绍熟人"。介绍的关键在于，不仅要奖励介绍人，也要奖励加入公司的被介绍人。否则，被介绍进来的员工之后可能产生"这个人介绍我来这工作，只是为了拿介绍费"的想法。因此，为了让员工之间保持良好的人际关系，建议企业同时对双方进行奖励。

届时，企业方面不能有"等介绍来的人工作满三个月后，再支付你介绍费"这般吝啬小气的说法，而是要做到"马上支付"。当然，介绍费可以不必支付过多。

第四步，"请店内顾客帮忙提供资源、介绍信息"。要知道在我们的顾客当中，必然会有一些乐于助人的顾客，还有一些顾客，掌握着很多人脉资源和信息，例如："那家人的女儿好像已经从东京的公司辞职，要回来工作了呢！"如果能做到与这些客户进行定期交流，请他们介绍资源，将会收到意外的效果。

另外，从经常与超市有来往的公司那里，也很容易得到诸如"在某某超市精肉部门做的特别好的临时工辞职了哟！"之类的信息。因此我们应该委托他们尽可能多地提供这样的有利信息。可以说，利用这种口头相传信息的方法，也正在成为企业的一大重要招聘战略。

第五步，"有效利用当地的人脉"。公司在雇用小时工时会经常采用这种方式。比如通过俱乐部活动的前辈、后辈关系来进行介绍，或者在文化教室的墙上粘贴招聘海报等方式，都有可能收到喜人的效果。

与此类似，第六步是"在社区举行宣传活动"。在人多的地方张贴招聘海报、散发招聘传单等，或者将招聘信息发布在 Hello Work（日本政府机构设立的职业介绍所）上等，虽然都是一些比较中规中矩的方法，但效果还是非常显著的。

最后，第七步才是"有效利用招聘杂志、报纸广告页和公司官网"。现实情况是，大多数公司都仅实践了这一条，而忽视了前面重要的六条。实际上，企业应该先大胆尝试前面的几步做法，将第七步作为最后的手段。

有关招聘方面的内容，我在《漫画解说招聘兼职员工的技巧》一书（商业界出版）中有更加详细的介绍，在此也将这本书推荐给大家。

正如目前为止所介绍的那样，在采用传统方式，如招聘杂志、报纸广告页上刊登招聘信息之前，应该先积极尝试其他多种行之有效的招聘方法。据说比起招聘杂志、报纸广告以及店内海报，另外几种招聘形式的成功概率往往更高。希望大家一定尝试一下。

为何对外籍员工如此反感？

首先，请大家看图3-4。图3-4显示的是外国人占各国家整体劳动力的比率。同为亚洲国家的新加坡，外籍员工的比例高达29.5%。在其他发达国家中，这个比例也都基本保持在5%

以上。

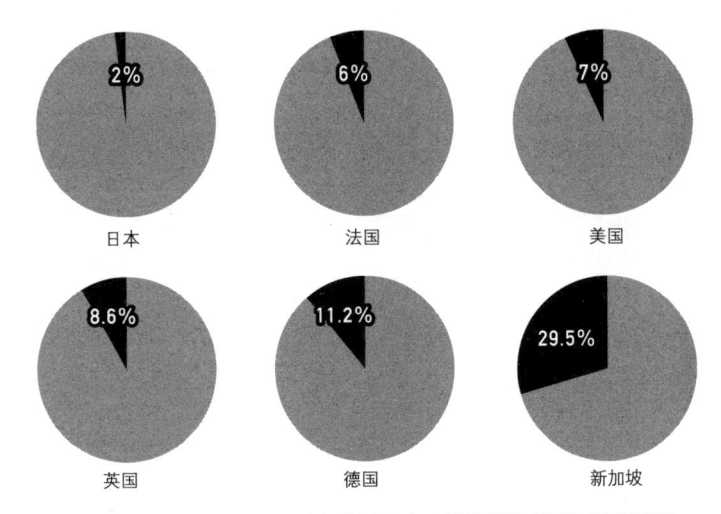

2%	6%	7%
日本	法国	美国
8.6%	11.2%	29.5%
英国	德国	新加坡

出处：劳动政策研究、研修机构[数据资料国际劳动比较 2017年度]

图3-4 不同国家中外国劳动者占比

相比之下，日本的外籍员工比例仅为2%。究其原因，从历史方面来看，日本作为岛国，曾经很长一段时间都处在闭关锁国的状态，从语言方面来看，也确实存在着不可逾越的壁垒，这些都可能是造成日本人有排外心理的原因。

但与此相比，人才不足的问题显然更为深刻。因此，为解燃眉之急，近年来外籍员工的人数正在以惊人的速度呈现出增长的趋势。

请大家看图 3-5。目前，在日本约有 128 万外国人从事着各种各样的工作。为了解决日本劳动力短缺的问题，在过去的这

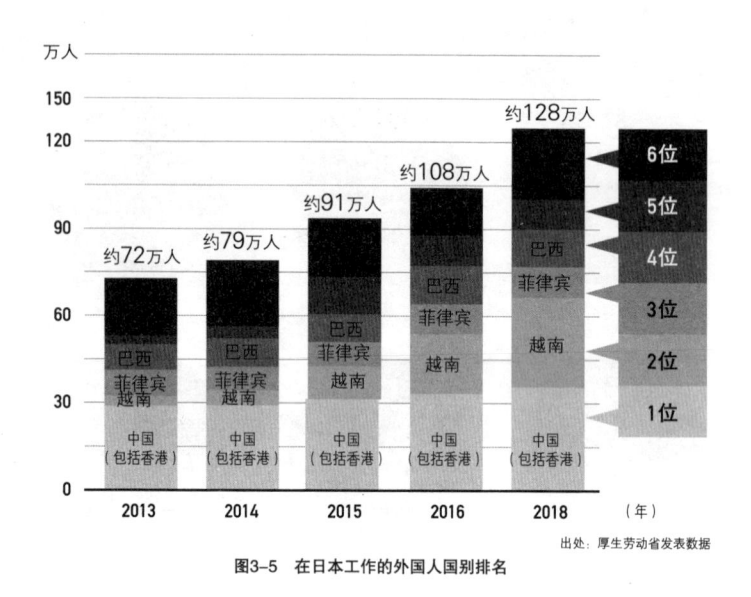

图3-5 在日本工作的外国人国别排名

两三年中，外籍劳动者的人数得以迅速增长。从国籍来看，越南人的增长尤其显著。究其原因，大概是由于越南人勤奋的国民性在日本受到了广泛的好评。

如上所述，在劳动力短缺的日本，外籍员工将逐渐成为不可或缺的战斗力。那么我们是否该终止对外籍劳动者的种种偏见呢？

要知道，那些依靠"外国人技能实习制度"来到日本的外国人工作非常努力。这些外国人因为肩负抚养家人的重担，所以会全力以赴地对待工作。

有人说，今后如果不能将外籍劳动者转化为自己公司的战斗力，那么公司将很难保证年轻人才的数量和比例。各位读者看到这里应该意识到，如何将外籍劳动者变成公司强大的战斗力，将是我们接下来必须认真考虑的问题。

■强化居住在日本的外国人招聘工作

外国人的招聘工作并没有我们想象中那么简单。目前，超市雇用的外籍员工，大多数是通过外国人技能实习制度招聘而来。由于这种制度的技能实习期只有5年，所以当外籍员工终于能适应日语并逐渐成长为独当一面的人才时，实习期也面临着结束。

各企业的人事负责人也纷纷表示："雇用外籍员工的成本，比想象中的要高得多。"其中，高昂的成本包括"必须为其提供居所""每月还要支付组织的会费之类的费用""还要支付其来日的费用"等。

既然招聘技能实习生有着种种限制，那么尝试招聘那些长期居住在日本的外国人如何呢？首先，请大家看图3-6。图3-6显示的是外国留学生的人数推移情况。可以看到在过去的20年中，留学生的人数竟实现了约10倍的大幅增长。文部科学省此前也宣布过"30万留学生计划"。

这是为什么呢？当然是因为随着日本的出生率下降，少子化问题已经凸显。

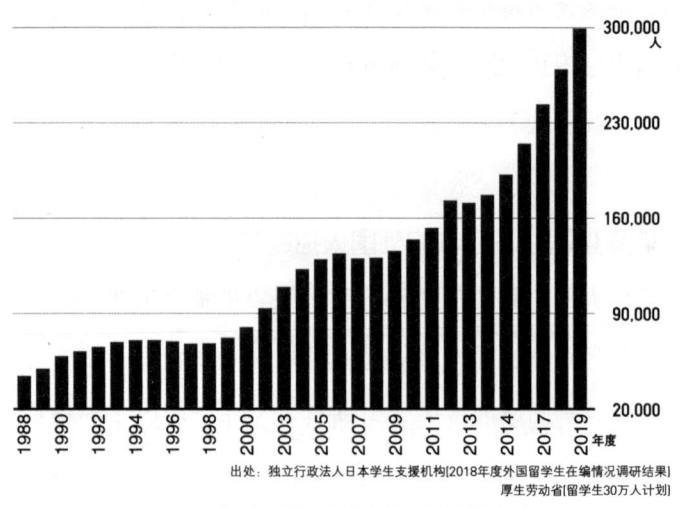

出处：独立行政法人日本学生支援机构[2018年度外国留学生在编情况调研结果]
厚生劳动省[留学生30万人计划]

图3-6　外国留学生的人数推移情况

不过，尽管出生率下降，大学的数量却是不减反增。1989年，全国约有500所大学，到了1997年，这个数字已增至777所。这样下去，如果依旧只招收日本学生，必然导致招生人数不足的问题。于是，各大学都开始积极接收外国留学生。

那么作为超市方面，尝试招聘一些外国留学生作为临时工、小时工如何呢？他们不仅聪明能干，而且没有固定的回国时间限制。如果表现出色，还可以将他们转正成为正式员工。今后积极尝试招聘一些这样"极具潜力的好苗子"如何呢？

另外，不仅是外国留学生，那些长期居住在日本的外国人也非常适合作为企业的招聘对象。作为企业，无须担心他们的住房问题，也没有其他费用需要支出。

第3章｜人才的"招聘"和"教育"决定企业十年后的发展

但仍有许多人事负责人表示："道理虽然明白，但仍然招不到人。"这又是为什么呢？

问题就在于"日语"。日语中包含了汉字，平假名和片假名，据说是世界上最难掌握的语言之一。因此，无论怎么招聘，都没有外国人来应聘。

那么，只要将日语翻译成他们本国的语言，问题就解决了。事实上，一些连锁餐饮店已经开始着手实施这一方法了，照片15就是经营"肯德基炸鸡"的日本肯德基控股株式会社网站上的招聘页面。大家在浏览页面时可以将日语的招聘内容翻译成为自己国家的语言。

照片15　肯德基等餐饮连锁店的官网支持各国语言。应聘者可以用本国语言进行应聘。

就像这样，企业应尽快创建一套完备的招聘体系，以此实

125

现积极雇用以外国留学生为中心的、居住在日本的外国人。这一课题将变得越发重要。大家是否也有同感呢？

■**尽快完备面向外籍员工的培训手册！**

要知道在外籍员工中有许多年轻且优秀的人才，若想让这些员工尽早适应工作、成为公司的中坚力量，当务之急就是完善培训相关的操作手册。

最好的方法是按照本书第96页提到的"重新审视对临时工、钟点工的培训方法"部分的建议，将教学手册转化成"视频"的形式。如果可以的话，将翻译好的文字制作成字幕，这样让外籍员工更加容易理解教学内容。即使他们不太会说日语或无法用日语进行有效的沟通，只要能够通过视频学习，相信也可以更快地掌握技能。企业有必要像这样想方设法改进培训方法，以便外籍员工能够更快地适应工作。

今后日本的劳动人口无疑将继续呈下降趋势，针对外国人的培训手册必然会成为企业的标配。尽快为外籍员工准备专用的培训手册，从而能使外籍员工尽早成为企业强大的战斗力，这将有利于提高企业整体的经营效益。

为了能使超市成为年轻人喜爱的行业

在日本，每年发表的就业人气企业排行榜中，超市企业甚至连前 100 名都未能入榜。为什么这个行业如此缺乏人气呢？有人说"是因为超市周六日也要上班"，这真的是超市行业不受欢迎的主要原因吗？

先请大家看表 3-5。这是在美国每年都会发布的"好评企业排名 TOP100"的部分上榜名单。此排名是针对企业在"成长性"、"企业文化"和"企业伦理"等方面的表现，按照"口碑最好/最差"进行评分，最后再按照总得分，对各企业进行排序。

在 2019 年的调研中，稳居冠军宝座的是韦格曼斯超市（Wegmans），而亚马逊屈居第二。可以看出其排名甚至超过了华特·迪士尼（Walt Disney）。此外，第六名也是超市企业，是美国大众超市（Publix）。它的排名甚至在微软（Microsoft）之前。

在美国，超市企业在"企业大选"的调查中，能够获得如

表3-5 获得顾客好评的企业排名

第1位	韦格曼斯超市（Wegmans）
第2位	亚马逊（Amazon）
第3位	巴塔哥尼亚（Patagonia）
第4位	里昂比恩（L.L.Bean）
第5位	华特·迪士尼（Walt Disney）
第6位	美国大众超市（Publix）
第7位	三星（SAMSUNG）
第8位	宝洁（P&G）
第9位	微软（Microsoft）
第10位	索尼（SONY）

出处：The Harris Poll Hard Data. Human Truths.
https://theharrispoll.com/axios-harrispoll-100/

此靠前的排名。而在日本，超市却被排除在100名开外。这种差异究竟从何而来？

为了使日本的超市今后也能成为受欢迎的行业或人气企业，在这里请允许我提一些建议。

■将超市打造成能满足员工自我实现需求的行业及企业

在马斯洛的人类需求层次理论中（详细内容请参阅本书第94页），"自我实现需求"属于最高层次的需求。自我实现需求指的是，人们渴望展现出自己的能力，并希望能够从事创造性工作的需求。而超市的目标，就是成为可以满足员工这层需求的行业以及企业。

"好不容易大学毕业，竟然要去超市当收银员……"

也许有很多新员工的家长，心里多少会有些不满，但我想说，超市收银员与银行前台柜员的工作，在本质上有什么不同吗？两者之间究竟有什么区别呢？

其实两者之间并没有什么太大的区别。相比之下，超市收银员的未来反而比银行柜员更有前途，也更有希望。

当超市员工怀抱希望并愿意为自己的工作付出努力，那么总有一天可以成为采购，甚至可能成为店长。又或者将来，作为普及食品教育活动的其中一环，超市员工有可能作为专业讲师，活跃在当地社区的研讨会上，也可能以外聘授课的形式，到学校为大家普及知识。总之，比起银行前台柜员，成为超市的员工将拥有更大的发展前景与空间。

但是，事实是目前日本的超市既没有将这些梦想与目标进行"可视化"，也没有搭建出具体的、可以实现这些梦想与目标的教育体系。

韦格曼斯超市和大众超市之所以如此受欢迎，就是因为他们成功搭建出了能够令员工满足其自我实现需求的体系。诸如为员工提供考取资格证书的援助，以及提供升职考试的学习支持（网络培训）等，各项措施都已经落实到位。

日本的超市企业也应该借鉴美国的这些成功经验，将超市打造成为令员工实现梦想的行业以及企业，比如让员工能拥有"虽然我现在的工作是收银，但将来我想成为零食点心的采购员，去日本各地搜寻美味的零食，带回来，让当地的顾客都能吃上我推荐的各种零食！"类似这样的梦想。

"我想成为一名采购员，能去日本各地乃至全世界搜寻各种优质商品。"

"我想成为一名受当地居民喜爱和尊敬的店长。"

"我想考取厨师证，成为一名可提供出达到餐厅美食水准的熟食部负责人。"

"我想拿下河豚技师等技术含量高的资格认证，成为一名当地最受好评的水产卖场负责人。"

"我想考取水果和蔬菜相关资格认证，成为一名专业的蔬果部负责人。"

"我想考取品酒师资格，成为一名能给当地餐厅提供专业建议的酒类负责人。"

实际上，超市里存在如此多的可以满足员工自我实现需求的工作和机会。只要能成功将这些内容可视化，自然就能提升超市的行业地位，企业的评价也必然随之提高。

■将超市的利润再提高一些

通常来说，超市行业的毛利率非常低下。也就是说，与提供的价值相比，超市商品的价格实在过于便宜，因此难以提高毛利率与毛利润。大家都认为，"超市行业的平均工资水平很低"，这是由于超市行业属于毛利率（毛利）低，经营效益低下的行业，行业的整体工资水平也就难以提高。

然而，美国超市的毛利率明显高于日本超市。前面提到的韦格曼斯超市，毛利率约为30%。

至于全食超市，在被亚马逊并购之前，毛利率可轻松达到35%以上。即使是在被亚马逊并购后，主打低价战略下的毛利率竟然也达到了33.5%~34%（见图3-7）。

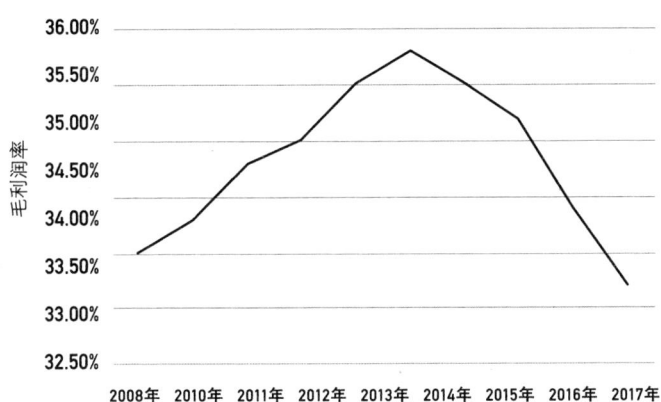

出处：finbox.io
https://finbox.com/WFM/explorer/gp_margin

图3-7 全食超市的毛利润率推移表

相比之下，日本超市的利润率明显过低。针对这种情况，日本的超市企业应该如何应对呢？

①以最高管理层为首，全员都要建立当前毛利低下的自我意识

这就需要，企业高层将美国超市的成功事例分享给所有员工，并让大家建立提高毛利率（毛利额）的经营意识，这点非常重要。要让大家理解，如果不能实现毛利率的提升，就无从提高员工的薪资待遇，因此所有人都应该想方设法提高毛利率。

②贯彻"薪酬"而不是"工资"的思维方式

各位读者是否知道"工资"与"薪酬"之间的区别呢？工资是指员工将自己的"时间"奉献给公司后，所获取的"时间对等"的报酬；薪酬是指员工给公司带来"利润"后，所获取的"利润对等"的报酬。

这也就意味着，如果按"工资"计算，由于每天最多也只有24小时，所以工资必然存在上限。而按薪酬会有所不同，如果能为公司带来大量利润，那么夏季和冬季的奖金就会增加，而且还有可能获得更多的年终奖金。因此企业要面向员工贯彻这种意识，作为努力工作的回报，所收获的是"薪酬"，而不是"工资"。

③Reborn（重生）

在之后的章节里我会详细展开说明，为了实现经营利润的最大化，我们应该做出各种调整，比如从原来的"进货"思维向"采购"思维进行转变；或是摒弃那些"不便宜就卖不出去"的固有观念；或是创建出不必刻意采用低价策略，也能通过场景体验式的故事 POP 及各种商品提案，将商品售罄的营销文化；或是打造出一种能将那些畅销又赚钱的商品设定成高价格的企业文化等各种新营销策略。我认为，企业需要有打破过去的企业文化的气魄，才能获得"重生"。

在日本全国，临时工和小时工的平均时薪已经达到了 1000 日元左右的程度。不仅如此，像大城市一样，时薪达到 1200—1500 日元的时代也已为时不远。到那时，以超市目前的毛利率（毛利）状态，将无法持续经营下去。

如果日本超市的毛利率可达到美国超市的水平，那么日本超市也可以成为"大家希望从事的行业/公司类型"。我坚信日本的超市能够做到这点。

为此，超市有必要终止目前随意的低价策略，以及鲁莽的派发传单的行为。要时刻谨记，超市存在的意义，是为了使所在地区消费者的饮食生活变得更加丰富，并不只是一个只卖便宜商品的零售业态。

综上所述，我们应该进一步提高超市的毛利率（毛利），由此来提高超市业界的整体薪资水平，最终成为消费者心目中，非常富有魅力的行业及超市企业。

■提高超市行业及公司的价值和地位

各位读者朋友知道一本名为"佐川女子"的写真集吗？

众所周知，快递行业是有名的"3K（意为又累又脏又危险）"行业。对女性而言，快递员更是敬而远之的职业之一。

于是，佐川急便快递公司以"工作中的女性"为主题，出版发行了一本名为"佐川女子"的照片集（见照片16）。这本书的出版问世，立刻一扫大家对快递行业的刻板印象，同时改变了公司的形象。佐川急便快递公司在出版佐川女孩照片集之前，于2012年还曾出版过"佐川男子"的照片集，当时同样成了一大热门话题。

照片16 为了转变快递行业3K的形象，而发行的"佐川女子"照片集。此举引起很大的反响，也提升了业界的形象。

第3章｜人才的"招聘"和"教育"决定企业十年后的发展

在超市行业也有类似的案例。2014年，总部位于日本广岛市的Fresta株式会社创办了一本免费杂志，作为创刊第一期，他们发行了名为"Fresta男子"的专题报道。杂志中展现了47名男性员工在Fresta超市努力工作的生动形象，通过图文并茂的形式，阐述了他们各自"为了让顾客满意，而努力工作"的决心。这也曾一度成为当地的热门话题（见照片17）。

照片17　专注于年轻男性员工，为其对工作的想法、干劲与热情等配上评论，做成免费杂志的特辑"Fresta男子"。这一举动在当地非常受欢迎。

在劳动力短缺的今天，企业像这样将关注点放在勤恳努力工作的员工身上，并适当地将勤劳的员工塑造成英雄的宣传活动变得越来越重要。此举还可能促成员工的美好姻缘呢。

顺便说一句，我每年都会举行两次名为"充满干劲和感动的盛典"研讨会。人们对这个研讨会的评价常常是"好像K1搏击比赛啊！"或者是"好像在开演唱会啊！"。

那么我为什么要将研讨会举办得这么热闹呢？原因就是我希望将登台演讲者的"尊重需求"最大化。我希望演讲者看到自身的努力得到大家的认可，并有机会站在大家面前，像开演唱会一样举行盛大的发表，从而为自己感到骄傲和自豪。

另外，观众通过听优秀人士的演讲，也会激发出"自己也想要像他们一样，从事更多有创意性的工作"等想法。也就是促使其萌生出"自我实现的需求"。

来自其他行业的人们在参加了研讨会后，也会异口同声地说"在超市工作的大家非常热衷于学习呢""我从来没有想过超市的运营是一门如此深奥的学问""没想到超市员工为了能给我们提供来自日本全国各地的优质商品，在背后付出了如此之多的努力，你们为什么不再多举行一些宣传活动呢？"等。我们举办的就是这样一个业界超高水准的研讨会。同时也提升了超市业界地位。

我总是对刚毕业的学生说："去超市工作肯定比去银行工作更有意义。在超市，每个人都可以最大限度地发挥自己的能力，并且一定能开展创造性的工作。"但是，如今仍有很多人持有"好不容易大学毕业了，可不能允许你去超市当什么收银员""一个大学生为什么去超市摆蔬菜"等类似的想法，对超市行业依然持有负面的印象。

前面提到的 NITORI，面向那些准备找工作的毕业生做企业宣传时，是这样来介绍公司的："NITORI是一家制造型的零售企业。我们会从世界各地采购材料，并独自进行产品的开发、制造、物流以及销售。所以在NITORI会有各种各样的工作，一定有适合你的岗位。"

其实超市也应同样如此。像这样的宣传，难道不该由超市协会等组织向大众以及学生们进行普及吗？这样一来，大家应该就会明白，"超市是一个比银行更有前途的行业"。

理由是超市所售卖的是谁也离不开的"食品"。如果不吃饭，人类就无法生存。从这个角度来讲，我深刻感受到，非常有必要提高超市行业以及超市企业在社会中的价值、地位。

那么，如何才能提高超市行业的社会地位呢？

我们应该竭尽全力向大众普及，作为一家超市企业，其实涵盖了各种各样的职位，例如采购、产品研发、制造、物流、销售等，因此，在超市工作可以充分发挥自己的能力，也可以从事各种创新性的活动。这样的话，人们会自然而然地愿意会聚于此，应聘者的人数也必然会增多。

如今我们已经身处这样一个时代，招聘决定着公司未来的成长及存续。我们应该将"招聘战略"定位于公司战略的首要位置。如果各位经营者还没有意识到这一点，那么10年后贵公司很有可能将不复存在。

第4章

生鲜食品与熟食部门的近未来战略

设立高目标而不去行动，最终只能停留在梦想阶段。

不设立高目标就去盲目工作（行动），只能被称作消磨时间。

唯有高目标和工作（行动）二者兼顾时，才能使企业（结果）发生改变。

（商人传道师）

如今，世界在发生着变化，不同年代的消费群体在发生着变化，消费的动向也在不断地变化。今后的时代瞬息万变，至今为止一直作为超市王牌商品的生鲜食品与熟食，如果还停留在目前的状态止步不前，那么有一天必将失去其优势地位。

在本章中，我将针对今后生鲜食品和熟食商品的近未来战略，为大家提出一些大胆的建议。

水果

■从已熟型水果向后熟型水果转换

各位蔬果部门负责人和采购员，你们是否知道水果其实也分为两种类型呢？这两种类型指的是"已熟型（非跃变型）"和"后熟型（跃变型）"（见图4-1）。

目前为止，大多数超市都在不断强化已熟型水果，以追求差异化特色，并在这方面成功与其他超市形成了鲜明对比。然而近年来，随着消费者饮食结构的不断变化，后熟型水果正越来越引人注目。

猕猴桃、牛油果、香蕉、菠萝、杧果以及葡萄柚等，这些

跃变型→后熟型	非跃变型→已熟型
果实成熟时受到乙烯的作用，呼吸量增加，变得美味可口的类型。	收获后，随着呼吸量逐渐减少而开始腐烂的类型。例如"采摘水果"等。在收获阶段，完全成熟的果实是最好吃的。
例：香蕉、猕猴桃、哈密瓜、牛油果、西洋梨、杧果	例：橘子、葡萄、草莓、樱桃、西瓜、蓝莓

图4-1 后熟型与已熟型的区别

水果都属于后熟型水果。它们的口味会因催熟的方式不同，而产生很大变化。这些后熟型水果将成为未来成功打造店铺差异化的关键。但目前似乎还没有任何一家企业把重心放在这些后熟型水果上面。

比如，对于香蕉这种水果，大多数企业都会通过标注香蕉的海拔高度和产地（如菲律宾、南美等），来强调商品的差异所在。诚然，标出这些方面的差异非常重要，但是，商家如能通过催熟的方式，来实现香蕉的差异化，不仅消费者更容易从香蕉的口感上辨别其中的差异，从门店的角度来说，最终也能降低经营成本。

请大家看照片18。这是位于东京大田市场、专门从事进口水果批发生意的松孝株式会社所提供的，香蕉"室内催熟"的照片。

照片18　将香蕉用箱交叉堆叠，以使乙烯气体均匀分布。此外，通常采用5天加工方式的香蕉，由于改为历经7天的熟化方式，口感也变得更加软糯香甜。

其他公司为实现提高效率、批量加工，大多采取"5天加工"的方式，松孝则采取"7天催熟"的传统方式，通过这两种方式分别催熟的香蕉，在口味上产生的差异就变得非常明显（见图4-2）。

"还是以前的香蕉更好吃啊！"

我相信在卖场一定有顾客这样感叹过。实际上，也确实如此。

在过去，如照片18所示，为了使乙烯气体能均匀分布，人们会将存放香蕉的箱子交替堆叠成网格状，让香蕉充分地进行为时7天的催熟加工。乙烯气体是蔬菜和水果在生长过程中释放出的一种植物激素，可使水果完熟且美味。

在今天，如果不优先考虑效率问题，就无法应对顾客对零

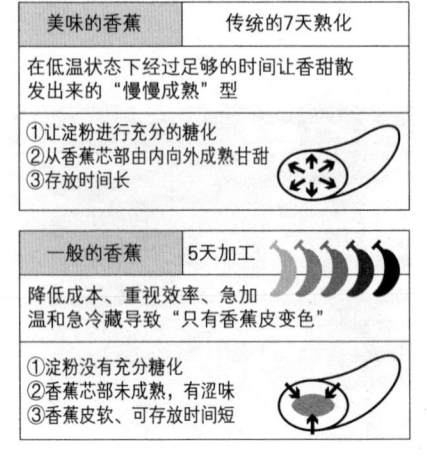

美味的香蕉	传统的7天熟化
在低温状态下经过足够的时间让香甜散发出来的"慢慢成熟"型	
①让淀粉进行充分的糖化 ②从香蕉芯部由内向外成熟甘甜 ③存放时间长	

一般的香蕉	5天加工
降低成本、重视效率、急加温和急冷藏导致"只有香蕉皮变色"	
①淀粉没有充分糖化 ②香蕉芯部未成熟,有涩味 ③香蕉皮软、可存放时间短	

图4-2 香蕉的不同加工方式会影响香蕉的口味

售行业期待的"价格便宜"的需求,所以大家都渐渐不再采用这样费事的方式。

然而要想和别的公司形成差异化,接下来的做法才是重点。首先,采用7天催熟的方式,将香蕉放在室内,用传统的方法进行7天的催熟加工。然后,以经过7天的催熟方式作为"营销体验卖点",向顾客进行销售。这样一来,不必强调海拔高度和产地的差异,我们同样能为客户提供鲜美可口的香蕉。

这正是今后水果类商品的"近未来战略"。水果的采购员和负责人,你们能理解这一点吧?

接下来请大家看图4-3。图4-3展示了世界各国每天人均食用水果的数量。可以看到,日本是发达国家中水果消费最少的国家。其消费数量仅相当于排名第一的荷兰的三分之一。

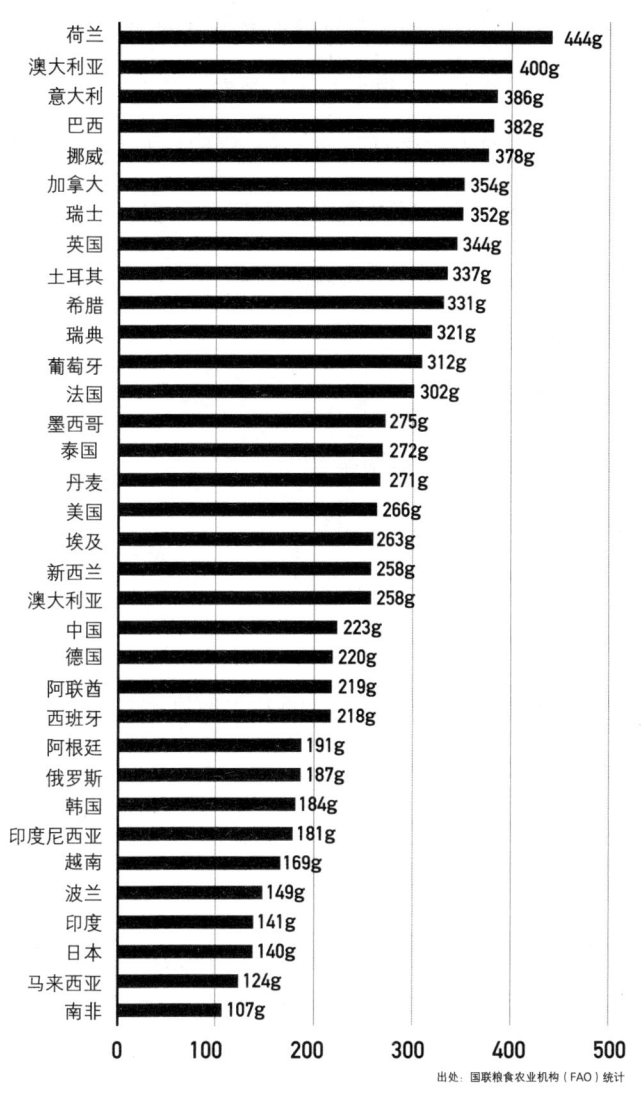

国家	消费量
荷兰	444g
澳大利亚	400g
意大利	386g
巴西	382g
挪威	378g
加拿大	354g
瑞士	352g
英国	344g
土耳其	337g
希腊	331g
瑞典	321g
葡萄牙	312g
法国	302g
墨西哥	275g
泰国	272g
丹麦	271g
美国	266g
埃及	263g
新西兰	258g
澳大利亚	258g
中国	223g
德国	220g
阿联酋	219g
西班牙	218g
阿根廷	191g
俄罗斯	187g
韩国	184g
印度尼西亚	181g
越南	169g
波兰	149g
印度	141g
日本	140g
马来西亚	124g
南非	107g

出处：国联粮食农业机构（FAO）统计

图4-3　2011年每天人均水果（葡萄酒除外）消费量

145

也就是说，日本尽管是"能产出世界上最好吃的水果的国家"，却成为在发达国家中"消费水果最少的国家"。不过，反过来看，也说明日本具有很大的水果消费可能性（潜力）。

当然，作为超市，还是需要一如既往地对已熟型水果继续进行强化。但是今后，后熟型水果大概会一直呈上升的发展趋势，若能成功通过催熟技术实现差异化，后熟型水果将成为超市一大强有力的"武器"。

■将采购转化成"风险采购"

每箱水果的数量必须完全统一。

必须装在统一规格的纸箱盒内。

水果等级必须完全一致。

以上都是日本超市采购水果的基本原则。然而，当今果农也面临严重的人手不够、老龄化问题。无论是种植水果，还是分拣、打包，都需要人力与精力。这样下去，在日本种植水果的人会越来越少。

对果农来说，如果无风险的采购不能成为理所当然的事情，农业就没有未来可言。在美国，农民就不需要承担任何风险，所有风险都是由超市等零售企业来承担。因此，美国的超市可以做到以更便宜的价格进货，其商品的加价率也相对较高。

这里所说的风险是指商品"无须筛选",也就是用循环利用周转箱的物流方式取代传统的纸箱包装方式,实现"循环再利用物流"。比如下面这样的做法。

过去门店都是按照"苹果32个装"这样的方式进货,进货时采用专用的纸箱,里面装有32个大小相同的苹果。今后要改成用周转箱来进货的方式。虽然苹果的尺寸大小不同,但由零售企业进行分拣。这就是我们所说的"风险采购"。

可能有人会认为"本来人手就不够,这样不是更费工夫吗",但对果农来说,因为能节省筛选商品的时间,所以能以前所未有的低价提供货源。

下面为大家介绍一个真实的例子。以装苹果的纸箱规格为准,最多可以放28个苹果。然而,实际上果农那里有很多比平均个头大、放不进纸箱的大个(超大)苹果。而对于这种超规格的特大苹果,零售企业如果以不筛选的方式,用周转箱进货的话,就能以单价70日元的便宜价格采购。

如果超市以单价158日元的价格销售这种超大苹果,就会非常畅销。而且,这种进货方式的益处在于,商品的最终分拣筛选是由顾客来完成,无须销售方再进行筛选工作,从而减轻了销售方的工作负担及经营成本。通过这样的进货方式,商品的加价率甚至可高达50%以上。要知道，风险由谁来承担，将决定进货方式的变化。也就是说，我们需要将进货方式由过去的无风险、低回报，向高风险、高回报进行转变，我认为这才是今后应有的进货模式。

如果采用这样的进货模式，不仅果农会非常乐意，消费者会非常高兴，销售方也能确保获得更多的利益。可谓是一种对三方都有好处的进货模式。而如果不这样做，未来的日本可能没人再愿意从事种植水果的工作。所以，我们有义务去保护果农。之所以这样说，是因为有种植水果的生产方存在，我们才能成为销售方，生意才能持续下去。

■摆脱固有观念就能创造出新的市场

为了提升销售额，我们必须持续不断地创造出新的市场以及新的需求。

2010年前后，我访问考察全食超市等美国超市时，我看到他们将水果切成小块，并成功将拼切水果实现商品化。随后，许多公司对这种营销方式模式进行效仿，并最终创造出了"拼切水果"的新市场。如果我们能摆脱以往的固有观念，就必然能创造出类似这样的全新市场。

以葡萄为例。

随着葡萄品种的不断改良,葡萄颗粒的尺寸变得越来越大,而每一串葡萄的单价也急速上涨。因此,有人想到了"不按整串来销售"的方法。将整串销售的葡萄改为三分之一串、半串、混合装等销售方式,与之前相比,多开发出了 2 至 5 倍的 SKU。而且,从顾客的角度来说,葡萄变得更加实惠,更容易购买,从卖方的角度来说,能确保实现赢利。

如照片 19 所示,通过摆脱固有观念,可以实现新的商品化,也能够创造出新的需求。所谓新的需求,就是指彻底消除顾客心目中的各种"不满"。

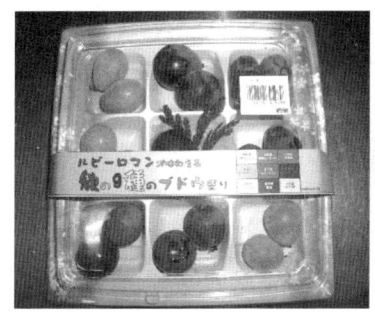

照片19-1 此葡萄套装中,放有1串1万日元左右的浪漫红宝石(Ruby Roman)葡萄。通过这种套装的形式,顾客可以买得起1万日元的葡萄。销售方也可以将各种各样的葡萄以实惠的价格进行销售。

照片19-2 大粒葡萄将成为今后的主流。但价格会比现在的葡萄更贵,变得不好销售。于是,店里将整串销售的葡萄拆散,分成小份,以这样更加实惠的形式进行销售。

如果再进一步摒弃"水果"这一固有观念,就能进一步扩大市场。请大家看照片20。

照片20　为了让大家知道草莓大福里面放了草莓，特意将外观制作成可以一眼看到草莓的样子，并进行商品化。此商品一天可以销售1000个，属于爆款商品。除了草莓大福，还推出了使用阳光玫瑰葡萄（Shine Muscat）制作的"葡萄大福"。水果在今后可以作为"甜品"，来创造新的市场。

这是超市与当地的点心店通过跨界合作，将"草莓大福"（一种日式甜点）实现商品化，并大受顾客欢迎的成功案例。这种新商品已经超越了水果的范畴，属于甜点的领域，由原来的"1盒398~498日元的草莓"变成了创新商品的"1个200日元草莓大福"。这正是我们所提倡的，通过不断创新商品，为消费者创造出新的市场。

甚至还出现了这样的企业，通过不筛选的方式进货，然后将那些尺寸不合标准的水果做成果冻，由此创造出"用当地水果制成的果冻"的新市场。

综上所述，就像案例所示的那样，水果市场具有非常大的潜力。希望大家牢记这一点。

蔬菜

■从"进货"向"采购"转变！

大家都了解"进货"与"采购"之间的区别吧？

进货是指从进行产地直采的中间批发商那里拿货的方式，例如从市场进货就属于这种方式。采购指的是亲自开拓产地，亲自建立自己的物流，再亲自负责将商品销售出去，从源头到终端全部自己负责的一种进货方式。

关于售价的定价权，如果采用进货的方式，决定权掌握在将商品采购过来的"收货商"和"中间批发商"手中；如果是采购的方式，则由"零售方"来控制售价。以什么价格从农家进货，以什么价格出售，都由零售方自己掌控。

另外，如果采用进货的方式，由于交易方是经济联合会或农协这样的组织，因此都是以资本的原理在运转。若以采购的方式，交易方为个人或果农，资本的原理并不起作用。由此可见，在与资本雄厚的企业竞争时，采购的方式才是生存之道。

也许有人会认为"采购很难吧……"，其实不然。因为蔬菜和水果不同，基本上是在离商圈较近的地方种植。作为其中一个比较容易理解的例子，在大家常去的超市里，大部分都会有"农家直销专柜"。这也可以看作超市进行采购的一种形式。

我们需要做的就是通过强化采购，增加一些类似"早晨现采"的超级新鲜蔬菜，或是"配上农家生产者照片的蔬菜"这种能给顾客安心感的蔬菜，以及那些"有甜味又好吃的特色蔬菜"。这样一来，就能区别于其他公司，实现差异化，形成自己鲜明的特色。

当然，因为采购的对象是农家，所以会存在"数量少"、"到货不稳定"以及"产品质量不稳定"等负面问题。

不过，比起这些，消费者更加追求商品的"不同"。他们看重的是"与生产者之间的联系"和"销售方的努力"。

请大家看表4-1。在市场营销的范畴内，考虑商品的畅销机制时，"4P"是重要的参考条件。

据说由于互联网的普及，现在已经进化成了新的"4P"。传统"4P"中的"物流"与"促销"已被删掉，取而代之的是"诚信"与"个性"。

互联网的普及使消费者可以获得更多信息，因此，比起

表4-1　市场营销的4P

传统的4P	新的4P
Product商品	Product商品
Price价格	Price价格
Place流通、物流	Promise诚信/信赖、信用
Promotion促销	Personal个性/个体化

"商品"本身，大家更注重"那款商品的生产者是谁"。而且，消费者出现了这样的消费倾向，只有当他们对"由谁、在什么地方、以什么样的心情、制作了这件商品"产生共鸣时，才会有购买行为。消费者在乐天市场和Oisix等电商购买商品这一行为，就验证了这种倾向。

因此，实现4P理论中的诚信（信赖、信用）和个性（个体化）的"可视化"，变得非常重要，为此，若不能从进货思维转换成采购思维，就无法实现这一目标。负责蔬菜的各位采购员，是否对此多了几分理解呢？

接下来请大家看照片21。在这张POP上附有二维码，用手机扫二维码后，可以看到一段视频，视频显示的内容是生产者站在自家农田里，直接表达"对商品所寄予的心意和感想"。

这种营销手法被称为"超级本土化战略"。也就是说，这是一种以本土化为基础，又进一步超越本土化的战略。这一战

照片21 这张POP上附有二维码，用智能手机读取二维码，就能够以视频的形式观看到生产者对产品所寄予的心意。

略的主旨在于，通过向消费者传达生产者的面孔、生产者的声音以及生产者的感想，来让消费者产生共鸣，最终引发消费者的购买行为。

■ "委托种植"将成为食品行业的 SPA 模式

一直以来，农家都是靠给农业协同组织供货，来获得收入。因此，各农家都会在同一时期生产相同的农作物，最后合并到一起，给农协大量供货。农家似乎很难摆脱这种"基因"，我们在"生产者直销专柜"中可以看到，出展的各农家的供货要么都是黄瓜，要么都是菠菜。

存在这种现象是因为作为农家,他们很少有机会考虑、尝试种植与其他农家不同的作物。因为他们并没有类似"这种商品,如果在这个时期出货,就一定能畅销,所以要在这个时期赶紧种菜!"这样的思维方式。也就是说,虽然他们有能力生产出优质的蔬菜,但他们并不了解畅销的最佳时期。

因此,我们要做的,就是委托他们在合适的时期种植合适的蔬菜,例如委托他们"能否种一些生菜,以便能在这个时期供应早晨现采的生菜呢?"当然,对于农家种植出来的所有蔬菜,超市都会全部采购,这是最基本的共识。只要事先确定好供货方和供货价格,农家就能放心专注于耕种。

作为超市方面,在竞争对手的超市将目光转移到其他产地的时期,可以反其道而行,售卖当地产的、早晨现采的新鲜蔬菜。这样做就能与其他超市形成非常大的差异。消费者方面也可以在需求旺盛的时期购买到新鲜且品质高的蔬菜。这就是世人常说的,对三方都好的做法。

总部设在日本青森县弘前市的红屋商事株式会社(超市名"Cub Center"等)就利用这种委托种植的方法取得了非常大的成功。该公司的蔬果采购员经过深思熟虑后,认为"在最好卖、利润最高的盂兰盆节(日本节日,每年8月中旬)这一时期,店里如果能够销售农家限定、早晨现采的青森县的名特产'毛豆',就一定能够实现与其他公司的差异化"。

于是，他们提前召集了许多农家，并委托农家进行种植，以便能在盂兰盆节的时期顺利销售。当然，事前已经和农家达成协议，种植出来的商品，超市会全部采购。果然，这种毛豆大受顾客欢迎，实现了热卖。

随后，超市又以此为契机，委托农家种植了名为 Datekimi 的青森县特产玉米。未销售出去的 Datekimi 玉米经加压、加热、杀菌处理后进行密封保存，并在烧烤旺季再次进行销售，又一次大获成功。这种做法验证了那句老话，"要想寻得宝藏，需要另辟蹊径"。

在消费者需要的时期，为其提供最新鲜、最美味的食品。这正是"食品行业的 SPA 模式"的本质。这种 SPA 模式不是简单地将蔬菜进货再销售出去，而是要以销售数据及市场营销策略为基础，使得消费者能在有需要的时候，买到需要的蔬菜。为了实现这一模式，商家需要委托农民种植合适的蔬菜，并确保全部采购。像这种亚马逊等电商企业无法做到的事情，如果能一项一项用心去执行，那么公司一定能够开辟出一条生存之路。总之，食品行业的 SPA 模式，是非常值得我们去挑战的项目。

■应积极引进"全球良好农业操作规范（GlobalGAP）认证"和"特殊栽培农产品"

"全球良好农业操作规范（GlovalGAP）"对大家来说可能是

一个还没怎么听惯、相对比较陌生的词。它的全称为"Gloval（全球化的）""Good（良好的）""Agricultural（农业的）""Practices（操作规范）"。所谓全球良好农业操作规范认证，是为了证明公司达到这种程度的国际标准认证体系。这项认证会被授予那些重视食品安全、工作环境和环境保护的，从事可持续生产活动的优秀公司，是一个全世界通用的认证。

尽管GlovalGAP在日本并不太为人所知，但据说其在欧洲超市的市场占有率高达60%至70%。在日本，永旺、好市多以及可口可乐等企业均早已将GlovalGAP奉为采购标准。

据说以2020年（原计划召开时间）东京奥运会和残奥会为契机，在日本也开始对GlovalGAP重视起来。据说奥运会运动选手村的果蔬将使用GlovalGAP认证商品。

由于日本四季分明，且有梅雨季节，所以种植有机蔬菜比较困难，因此获得国家有机认证所需时间比较长，成本也相对较高。GlovalGAP与有机农产品之间的区别在于，GlovalGAP注重的是食品安全、环境保护和劳动安全的"农场管理标准"，而有机农产品更注重的是"种植方法的标准"。

如上所述，在四季分明且有梅雨季节的日本，虽然从"种植方法的标准"角度来看，比较难以获得认证，但从"农场管理标准"的角度来看，反倒是容易获得认证。从新的市场营销4P之一的"诚信/信赖、信用"角度来讲，积极导入这种

GlovalGAP 认证，可以成为与其他公司形成差异化特色的一个重要武器。

接下来，另一个需要积极引进的是"特殊栽培农产品"认证制度。它指的是将化学合成农药和化肥的氮含量减少到常规水平的 50%以下所种植出来的农产品。与有机农产品不同，目前这种认证制度虽然有"国标"，但还未建立国家级别的"认证"。也就是说，目前采取的形式都是企业自我认证。建议由第三方机构介入来协助企业完成认证。

总部位于日本大阪的 Alpha 有限公司是目前在日本少有的主要销售特殊栽培农产品的公司之一。他们目前经营的种类多达 479 种，网罗了北至北海道，南至冲绳的各种特殊栽培农产品。

该公司社长吉田清一郎十分肯定地说："虽然试图引进特殊栽培农产品的农家在逐年增多，但目前最大的瓶颈是非常容易受到普通栽培蔬菜的市场价格的影响，而且销售方面，来自公司或个人的订单数量并不稳定。农家（生产者）目前是根据上一年度等数据来决定今年的种植计划。如果能将特殊栽培与常规栽培的蔬菜完全分开，即便常规栽培的蔬菜市场行价较低时，也依然能保障特殊栽培的农产品接到稳定的订单或订购，这样委托种植的农产品数量就能增多，成本也会随之降低，甚至可以降到与常规栽培的蔬菜同等价格的水平。如果我们超市方面不能建立'培养市场'的意识，这类特殊栽培农产品的市场就不可能稳定。"

根据日本农林水产省2016年2月发布的"关于开拓有机、生态农业的市场"相关文件，有44%的消费者"目前就在购买"有机农产品，55%的消费者认为"如果满足一定条件，会愿意购买"。这两项合起来竟有高达99%的人愿意购买有机农产品。

日本的有机食品市场规模目前与欧美市场规模相比还有着很大差距。欧洲拥有3.1兆日元的市场规模，美国拥有3.2兆日元的市场规模，而目前日本的市场规模仅有1300亿日元。不过反过来看，也可以说明日本是一个潜力巨大的市场。

日本的人口约为美国的一半，按照这个比例来算，那么日本就有将近1.5兆日元的潜在市场。这也意味着日本蕴藏着可达到当前规模10倍的市场潜力。

■强化"生产者直销专柜"，推进可持续发展

日本的农村地区正面临着人口减少和老龄化等严重问题。到目前为止，还未找到有效的解决方案。

虽然力量比较薄弱，但超市很可能成为解决地区问题的一个突破口。这里所指的是强化"生产者直销柜台"，强化并不是仅停留在"扩大直销卖场的面积！"，而是超市要协助生产者，

扩大农产品销售的渠道。

如果农民的收入增加,他的儿子和女儿也可能返回家乡。因为每个人都想让自己的孩子在自然资源丰富的环境中健康成长。但由于农民的收入并不稳定,再加上欠农协的贷款压力大,所以实际到手的收入非常微薄。

农林水产省的"农业经营统计调查(2014年)"显示,农民的平均年收入为456万日元(2014年)。全职农民的年收入为633万日元,兼职农民的年收入为516万日元,副业农民的年收入为400万日元。

如果将农民的平均年收入提高至1000万日元以上,那么希望从事农业的年轻人应该会越来越多。进而会对防止农村地区的人口减少和老龄化问题有所贡献。而在其中能够发挥重要作用的难道不是超市吗?

接下来为大家介绍一家积极推进生产者直销专柜的企业。这家企业是总部位于日本德岛市的KYOEI株式会社。该公司在旗下的32家超市都开设了专门的生产者直销专柜。其销售额高达近10亿日元。

更令人意想不到的是,超市还为供货的生产者提供德岛市外的销售渠道。截至2018年12月,生产者还通过KYOEI为以关西地区为中心的7家公司的55家超市的生产者直销专柜提供货源。

而且，德岛市外的销售额也高达约 12 亿日元。加上 KYOEI 超市直营所得的销售额，总额高达 22 亿日元。这样一来，不断涌现出一些年收入在 1000 万日元以上的农户。顺便说一句，截至 2018 年，据说年收入超过 3000 万日元的人数为 2 人（占 0.1%），年收入超过 1000 万日元的多达 24 人（占 1%）。

而且最重要的是，对于那些参展供货给生产者直销专柜的农户，除了支付柜台费用（销售佣金制），无须承担任何其他费用。如果是给农协供货，还需额外支付纸箱费用以及共选场地费（将农家的蔬果统一运送到共选场地，进行蔬果的挑选分类等所需的费用）。

此外，由于装袋密封等进行蔬果商品化的操作，以及加价签等工作都是由农户来完成，超市方面只需对商品进行摆放陈列即可，所以不需要投入太多成本。再加上，由于采取的是佣金制，超市根据售出的部分，按照佣金制就能获取利润。所以从人时产能方面来看，生产者直销专柜成了门店中经营效益非常高的卖场区域。

像这样，不仅生产者的收入会增加，超市的销售额和利润也会实现增加。消费者能实实在在地看到生产者的样子，还能够以超值价格购买到值得信赖的农产品。这无疑是一种具有可持续发展、对三方都有利的销售模式。

那么，对于在各大城市的超市中工作的各位同行，如果您也能效仿这种商业模式尝试与地方的超市建立强强联盟的合作关系，共同做大这类农户直销的农产品市场份额，大家觉得怎么样呢？也许有读者会认为："但是，这种方式对KYOEI超市来说，并没有好处吧？"不，实际上有很大的好处。

首先，生产者的收入增加必然会带动门店的销售额也随之增加。除此之外，如果通过KYOEI超市的卡车向关西地区运输蔬菜，从关西返程时，就可以顺便装载一些对KYOEI有益的商品回来，由此避免出现空跑的现象。由于物流费是由生产者负担，所以对超市来说就等于省下了一笔物流费。也就是说，超市方面降低了采购的成本。

例如，地方的超市使用自己公司的卡车，向城市的超市供货。在回程的路上，就可装载那些只在市里的大田市场才能进到货的农产品，以及以现金交易可低价批发的奥特莱斯的食品和点心。这对地方超市来说，非常有益。不仅如此，这种模式对于地方的人口减少、老龄化问题也是一种解决对策，对社会有一定贡献。这是我坚信这种模式在今后必然会成为一种全新商业模式的理由所在。

水产

■水产部也要从"进货"向"采购"转变！

我们经常听到这样的说法。

"没有鱼可卖了！"

请大家看图4-4。日本水产厅2017年度版的《水产白皮

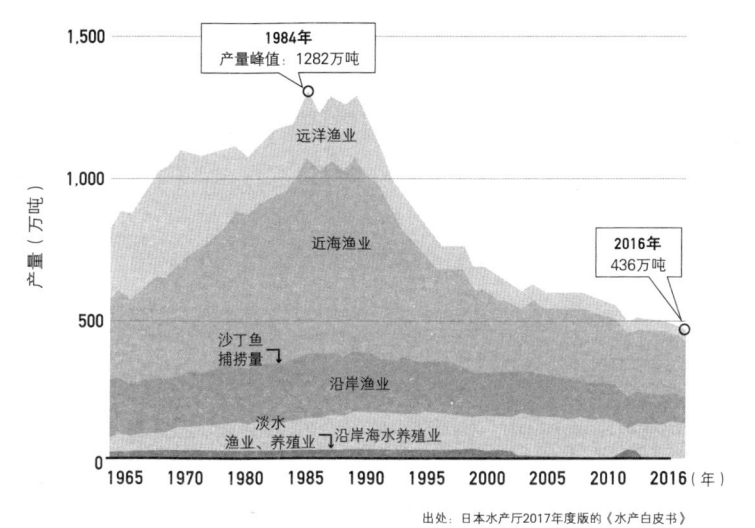

图4-4 渔业、养殖业的产量推移

出处：日本水产厅2017年度版的《水产白皮书》

书》显示，近30年来渔业产量正在急剧减少。2016年的产量只占1984年峰值时的约34%。如果不看清这一现实，并改变航向，朝着新的采购方向迈进，超市的水产部就没有未来可言。

那么，我们该如何去做呢？我认为应该从传统的仅从市场进货的方式，转变为提高从产地渔港直采比率的方式。

各位知道如今的日本有多少个渔港吗？答案是大约有2914个渔港（截至2010年数据）。根据《渔港渔业发展法》的规定，这些渔港分为四种类型（图4-5）。

第一类渔港	第二类渔港
利用范围主要以当地的渔业为主（2205个渔港）	利用范围比第一类渔港要广，但又不属于第三类渔港的渔港（496个渔港）
第三类渔港	第四类渔港
利用范围是全日本的渔港（114个渔港）"特定第三类渔港"为振兴水产业而尤其重要的渔港（13个渔港）	离岛及其他边缘地带的渔场开发或渔船避难时需要的渔港（99个渔港）

图4-5 基于渔港渔业发展法的4类渔港

在第三类渔港中，为了振兴水产行业，在全国有13个尤其重要的渔港，在政令中被规定为"特定第三类渔港"。它们分别位于青森县八户市、宫城县气仙沼市、宫城县石卷市、宫城县盐釜市、千叶县铫子市、神奈川县三浦市、静冈县烧津市、鸟取县境港市、岛根县浜田市、山口县下关市、福冈县福冈市、长崎县长崎市以及鹿儿岛县枕崎市。

这13个渔港的捕捞量，占到了全国远洋渔业捕捞量的近90%、近海渔业捕捞量的近50%。那么在这当中，您与几个渔港进行过直接交易呢？

由于捕鱼量本来就在一直减少，门店也就很难进到水产货品。所以，今后，我们应该考虑从这样的渔港或市场直接进行采购。

这里有一点希望大家不要误会的是，我并不是说应该仅采购新鲜水产，而是希望大家把冷冻的海鲜也考虑在内。

能捕获到很多海鲜的话，也就意味着有大量的海鲜能够进行冷冻保存。因为冷冻的是当季的美味海鲜，所以必然能做到既便宜又好吃。这也算得上是一种"要想寻得宝藏，需要另辟蹊径"的制胜之法。

由于是冷冻商品，所以损耗可以降至最低，成本也低。实际上，已经有企业注意到了冷冻秋刀鱼的市场前景。

近来因异尖线虫（Anisakis）的问题，生秋刀鱼的刺身等商品容易引发食物中毒等，有诸多潜在的风险。因此超市一般只会向顾客推荐烤秋刀鱼的菜谱。于是，这家企业就开始调查，哪个时期能以最便宜的价格买到肥美的冷冻秋刀鱼，经过调查后，他们发现就是在每年新秋刀鱼上市的前3~4个月这一时期。也就是所谓的处理库存、进行清仓的时期。

这家企业以每千克400日元的价格采购了一批每条重达200克左右的超大号秋刀鱼，每条鱼的成本价仅为80日元。然后，以单价198日元的价格销售。由于价格实惠，很快就被顾客抢购一空。而毛利率竟高达近60%。

另外，这家企业还以每千克380日元的价格采购了一批每条重约170克的大号秋刀鱼，每条鱼的成本价仅为65日元。再以单价128至148日元的超优惠价格销售，也同样很快被顾客抢购一空。毛利率高达50%以上。

像这样，通过强化从特定第三类渔港直采的方式，就能以全新的思路为切入点，采取这种与以往截然不同的营销方式。对于今后超市的水产部门而言，采购将是通往成功的关键所在。

■饮食习惯的改变决定"畅销商品"也将随之而变

我经常会对客户强调："海鲜商品，并非卖不出去，只是因为没有符合顾客的需求罢了！"

在此，我以三个事例来说明畅销商品正在发生变化，希望大家能意识到这种变化，并做到顺应这种变化。

①进入金枪鱼的大变革时代

自从水产部门开始销售寿司以来，金枪鱼的生鱼片和金枪鱼块就越来越不好卖了。特别是金枪鱼块的销售额，更是在逐年递减。

与此相反，以千禧一代的客户群体为中心，对边角料、鱼碎（用菜刀把生鱼剁碎）、平切鱼肉的需求却越来越高。因为如今千禧一代崇尚的吃法正在发生变化，如薄切生肉（Carpaccio）、盖饭、手卷寿司等，出现了许多新吃法。

如果真是这样，那么按理说鱼肉肯定会爆卖，但事实并非如此。这又是为什么呢？

我认为其中一个主要原因就是"添加剂"。千禧一代的人们会给自己的孩子吃含有添加剂的鱼肉吗？答案肯定是不会。

今后，含有抗氧化剂、防腐剂、pH 调节剂、甘氨酸等成分的金枪鱼边角料和金枪鱼碎将越来越不容易销售。因此，超市应该着手开发不使用添加剂或仅含少量添加剂的商品。

总部位于日本福岛县相马市的 Fresco 株式会社，采取与金枪鱼批发商合作的方式，仅使用那种 40kg 以上的、日本产或中国台湾产，仅在太平洋捕获的大眼金枪鱼，并将其边角料统一切成每块厚度为 7~8mm、重量为 10~12g 的规格。而且，这种鱼肉不会变色，吃的时候能感受到鱼鲜味，还不用担心油脂过高，添加剂的含量也在 1% 以下。

这一创新得到了顾客的大力支持。与上年相比，其销售额竟增长了将近 200%。这正是通过消除顾客的"不便"，创造出了新的市场。

另外，我们还应该摆脱"金枪鱼＝生食、生鱼片"的这种固有观念。现在，在餐厅吃饭的时候，金枪鱼肉排和金枪鱼盖饭也很受欢迎。

还有像剑旗鱼和红肉旗鱼的肉排、金枪鱼肉丁的新尝试等，多去尝试创造新的市场怎么样呢？其实并不是"金枪鱼卖不出去了"，只是如今大家的吃法发生了新的变化（照片22）。

照片22　超市推出了这款在餐厅非常有人气的夏威夷著名美食烤金枪鱼的料理。因为顾客通过网络或者旅行，对这道菜早有耳闻，所以此次提案非常成功，大受顾客欢迎。

②顺应鱼块的大转换期的潮流

自从超市诞生以来，鱼块的形状几乎没有任何变化。尽管从煮鱼、烤鱼的时代开始，逐渐变成西班牙蒜香鱼（Ajillo），意大利炖鱼（Acqua pazza），随后又进入了油炸鱼块（将鱼裹上面粉后油炸）、龙田炸鱼（将鱼进行调味后裹上淀粉油炸）的时代，鱼块的形状却始终几乎没有变化。如果今后依旧不改变鱼块的商品化形态，恐怕会被千禧一代抛弃。

关于鱼块的新商品化，比如可以将其切成小块，方便直接制作炸鱼块与龙田炸鱼块，这对于打造商品化非常有效。为能将其轻松放进便当盒内，还可将盐鲑鱼切成小块，这种做法也同样很受欢迎（在市场价格普遍居高的时候，这种商品还能营造出一种价格实惠的感觉）。

以千禧一代为主的顾客群体，十分喜欢适合制作意大利炖鱼以及奶油炖菜的鱼块。另外，带皮的鱼块因为适合做法式煎鱼，也非常受欢迎。

随着分享烹饪菜谱网站的普及，消费者正在逐渐向大厨化进化。消费者能够烹饪各种正宗料理的现象，被称为"消费者的大厨化"，目前这种现象正在以千禧一代为中心逐渐增多。

因此，鱼块等商品在迎合这种消费者需求实行商品化的同时，提案型POP也必须随之进行调整。要记住，不能抓住消费者大厨化潮流的店铺（企业），很有可能被千禧一代抛弃。

除此之外，超市还应该积极推进"去骨鱼"的商品化。小孩子并不是"讨厌鱼"。只是因为鱼有刺所以不吃而已。如果没有鱼刺，他们会照样吃鱼。如果是这样，那么只要帮他们把骨头剃掉就可以解决问题。这将有助于创造新的目标客群。

③对于火锅的提案应从根本上改换思路

经常听水产部的采购说,

"火锅食材越来越不好卖了"。

真的是这样吗？请大家看图4-6。

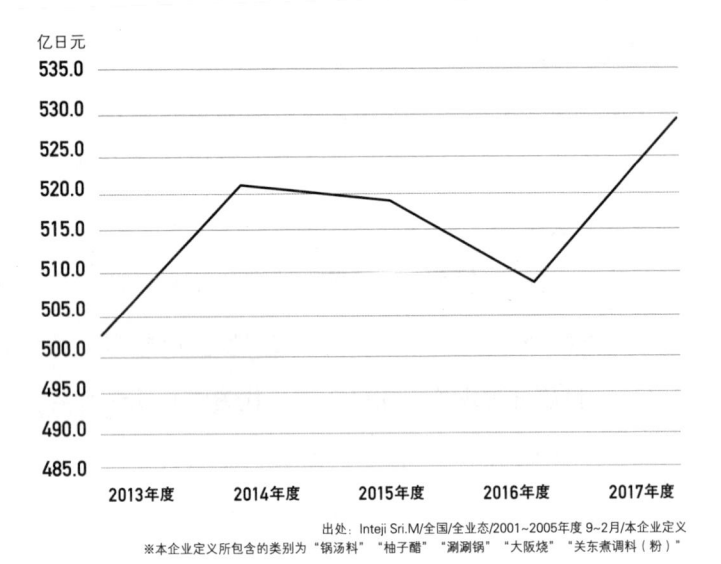

亿日元	2013年度	2014年度	2015年度	2016年度	2017年度
	约502	约521	约519	约509	约529

出处：Inteji Sri.M/全国/全业态/2001~2005年度 9~2月/本企业定义
※本企业定义所包含的类别为"锅汤料""柚子醋""涮涮锅""大阪烧""关东煮调料（粉）"

图4-6　9~2月火锅汤底的市场动向推移

这是火锅汤底的市场销售额推移情况。从中可以看出，火锅汤底的市场规模正在呈逐年递增的趋势。尽管如此，火锅食材却越来越卖不出去，这一矛盾该如何解释呢？

原因就是如今顾客的购买优先级发生了变化。对于用自制高汤作为汤底的那代人来说，会把鱼作为火锅汤底的食材来进行选购。然而，对于"直接用现成的火锅汤底"的一代人来说，会先选购火锅汤底，然后再按菜谱需求，选购所需要的鱼。

这样的话，我们必须转变销售策略，将销售方式转变为，先倾力推销那些火锅汤底，然后向顾客推荐购买那些作为关联商品的火锅食材。

实际上，根据某企业的实际销售数据，如果火锅汤底打折销售，火锅食材也会随之大卖。这家企业将蘸料制造商的火锅汤底，与蔬果、水产品、肉品等所有独家供货商的报价进行对比分析，设定好条件，开展了"整体折扣"的定期促销活动。

当超市推出"……火锅汤底的全部商品7折！"促销活动时，生鲜食品中与火锅相关的食材销量会实现上涨。这是一个可以证明顾客购买优先级已经发生改变的事例。

请大家看照片23。这是在罗森便利店销售的大受欢迎的"尽享美味火锅"系列商品。该商品套餐不仅为顾客准备了火锅食材，就连最后的米饭和乌冬面也一并含在套餐中，这是一个

照片23　罗森便利店销售的"尽享美味火锅"系列商品。锅底还配备了最后收尾用的米饭。

典型的打造商品化的案例。

而这样的商品畅销的时代背景是，老年人独居、不婚族的年轻人不断增加。在如今的商品提案中，要提供1人分量、可用微波炉加热，而且在套餐中必备主食，我们已经迎来了这样的时代。

考虑到吃火锅的话可以吃到很多蔬菜，火锅作为健康食品还有很大的市场与成长空间。但是，如果商家不采取与以往不同的主动出击的销售策略，并不断推出新的商品化提案，就无法被老年人和千禧一代认可。

以上三个事例，说明了如今的畅销商品正在发生改变。由于人们的饮食习惯在发生变化，畅销商品也会随之发生变化，在商品化过程中会有许多地方必须进行调整改进。我相信只有意识到这一点，且不怕失败、勇于挑战的企业，才能创造出新的市场。

■ 开启"真空化、冷冻化"时代

水产品和熟食都属于损耗率较高的部门。可以预见的是，食品损耗问题将成为社会问题，今后政策上也可能会通过法律的约束来禁止超市报废食品（禁止报废食品法）。超市从现在开始就必须采取对策。

对策就是采取真空化、冷冻化处理。

第 4 章 | 生鲜食品与熟食部门的近未来战略

特别是对于咸鱼干（用盐腌渍后晒干）来说，我认为这是非常有效的方法。本来，咸鱼干就是以冷链物流的形式全程进行运送，然后在加工中心或门店内解冻处理后，最后摆放在卖场的冷藏柜中进行销售。客户则是在购买解冻后的咸鱼干后，在自己家里再次冷冻保管，我们可以看出这是一个非常矛盾的流程。

如果最后还是需要冷冻起来，那不如直接把冷链物流的商品摆放在冷冻柜里销售。进行真空化处理的话，保质期长达 3 个月左右。这样的话，损耗率也会降低。

请大家看照片 24。

照片24　商品经过氮气处理后，保质期会变长。另外，制成真空包装后，可以将损耗降到最低。

这是位于日本北海道中标津町的中标津地方鱼菜株式会社

173

的商品。该商品经过氮气处理后制成了真空包装，所以保质期长达1年。可以看到，即便是物流方面明显处于不利的北海道东部地区，也同样能够做到向日本全国各地发货。

我相信，在气候变暖导致鱼类产地向北方转移的今天，如果以这种商品化的方式进行物流运输，加工厂家的销路会扩大，超市方面也会减少损耗，从而有助于改善利润。最近，在新开业的店铺和重新装修的店铺中，经常看到水产卖场明显缩小的情况，而我认为有必要对此进行慎重考虑。

"蔬果区是揽客部门。"

"畜产区是战略部门。"

"水产区是差异化部门。"

我总是这样强调。

蔬果区的商品很容易让顾客感觉"便宜""新鲜"。因此，吸引、招揽顾客的集客因素较高。

畜产区的定位可以是"以和牛为主""以进口牛为主""以猪肉为主"等，是制定战略的部门。

水产区在"品类齐全"这一点上，是非常容易形成差异化的部门。即便只是一条金枪鱼，也可以做出好几种不同的商品。通过整条鱼的商品品类，同样可以明确打造出与其他公司的差异化。此外，还可以通过生鱼片、鱼块等的商品化来实现差异化。而这在其他部门都是无法实现的做法。

对于能明显形成差异化特色的水产部,有些经营者却以"会产生损耗""经营效率会变差"这样的理由,缩小卖场面积,这一举动是否合适呢?在缩小水产区的卖场前,是不是还有很多值得去做的事情呢?

总部位于日本爱知县丰田市的山信商店株式会社(店名为"Yamanobu 超市"),其水产区就是店铺的招牌。在开新店的时候,启用了 24 尺(约 8 米)的冷冻岛柜(照片 25)。

照片25 超市以大型干货为中心,以往大量摆放咸鱼干的平柜,全部换成了冷冻岛柜的形式。因此,损耗大幅降低,选品备货时也不必再考虑损耗的问题。今后将迎来以咸鱼干为中心的真空化、冷冻化的时代。

这是因为他们勇敢地抛弃了"扩大冷冻岛柜会让卖场失去新鲜的感觉"这一固有观念。结果这个冷冻岛柜大获成功。

提起冷冻产品，真空包装的高级干货和冷冻鱼的超大包装非常好卖。而且，损耗几乎为零。并且，他们的水产卖场还成功实现了地区最大化的目标。

我认为，像这样引进真空化、冷冻化商品，是决定今后水产区命运的必要措施。因为这是一种能将损耗降到最低，同时实现利益最大化的方法。

■ "熟食化"创造大规模市场

请大家看图4-7。这是一份关于"为什么不做鱼吃"的问卷调查结果。可以看到"做起来麻烦""做了也没人吃""孩子不喜欢吃鱼"等各种各样的回答。

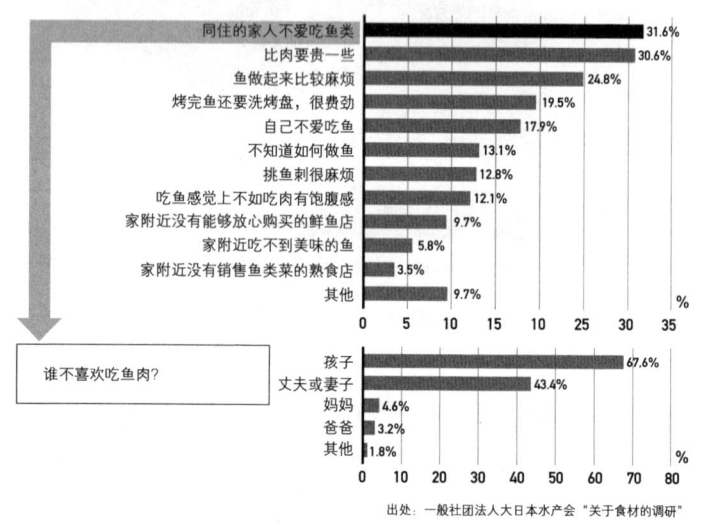

原因	比例
同住的家人不爱吃鱼类	31.6%
比肉要贵一些	30.6%
鱼做起来比较麻烦	24.8%
烤完鱼还要洗烤盘，很费劲	19.5%
自己不爱吃鱼	17.9%
不知道如何做鱼	13.1%
挑鱼刺很麻烦	12.8%
吃鱼感觉上不如吃肉有饱腹感	12.1%
家附近没有能够放心购买的鲜鱼店	9.7%
家附近吃不到美味的鱼	5.8%
家附近没有销售鱼类菜的熟食店	3.5%
其他	9.7%

谁不喜欢吃鱼肉？

孩子	67.6%
丈夫或妻子	43.4%
妈妈	4.6%
爸爸	3.2%
其他	1.8%

出处：一般社团法人大日本水产会"关于食材的调研"

图4-7　比起吃鱼类菜，更爱吃肉类菜的原因

但是，仔细研读后，我们是否发现遗漏了一些重点呢？其实重点是将这些顾客存在不满、不便等"不"的问题解决的话，顾客就会选择吃鱼了。能够解决顾客这些"不"的有效途径，就是建立"熟食化"策略。

①实现 5 个 "R"！

熟食化其实也分很多种。从专业角度来说，就是"解决餐食问题（meal solution）"（图 4-8）。

- Ready to Eat
  马上就能食用

- Ready to Heat
  只要用微波炉加热一下，就能食用

- Ready to Cook
  只需要简单烹饪，就能食用

- Ready to Prepare
  只要加入某种"食材"或"工序"，烹饪后就能食用

- Ready to Select
  通过关联销售，为顾客进行菜谱的提案

图4-8　解决餐食问题的5R原则

为了实现这个餐食解决方案，必须致力于以下 5 个 "R"。

- **Ready to Select**

将酱汁和汤底进行关联销售，制作样品，让人联想到餐桌的情景。然后,"安排试吃"来确认口味是最佳方式。

· Ready to Prepare

指的是只要加入某种"食材"或"工序",烹饪后就能完成菜品的商品。

· Ready to Cook

指的是只需要简单烹饪(例如用平底锅炒一下等),就能完成菜品的商品。

· Ready to Heat

指的是只要用微波炉加热后,就能食用的商品。

· Ready to Eat

指的是购买后马上就能在家里食用的熟食商品。

我相信,与这5个"R"相对应的商品化,既顺应了目前更多女性进入职场,以及老龄化、独居现象的增加等这些社会变化,也能解决造成消费者不吃鱼的原因之一的"不"的问题。

②独家原创的"酱汁"和"味噌"等将成为差异化的关键

我认为,在五个"R"中,"Ready to Cook"最有潜力,也最容易与其他超市拉开差距,形成差异化。不过这里的重点不是鱼,而是"酱汁"和"味噌"。

总部位于日本山梨县甲府市的Ichiyama超市株式会社,就拥有名为"美味放心"的PB商品。

该超市的 PB 商品全部是不使用化学调味剂、合成色素的安全放心的商品。

特别是水产品方面，他们在腌鱼的酱汁和味噌上下了许多功夫，开发出了很多不含添加剂的商品。当然，即便是不含任何添加剂，如果不好吃也将卖不出去，所以他们通过反复试吃，追求最佳口感。

虽然各个厂家都在强化这种腌鱼、煮鱼等商品，但作为消费者，最在意的就是添加剂的量与种类。如前所述，现在的顾客，在购买金枪鱼边角料和金枪鱼碎的时候，也会只要看到含有添加剂，就选择避而远之。如果是腌鱼或煮鱼，就更是如此了。虽然消费者有需求，但如果不能改变他们"腌鱼＝全是添加剂""腌鱼＝不好吃"的固有观念，商品就得不到消费者的支持。

Ichiyama 超市的"美味放心"PB 商品，通过采用无添加剂的这一举措，今后会受到广泛关注，也会得到千禧一代的大力支持。

另外总部位于日本福岛市的 ichii 株式会社，正积极与当地的老字号酿酒厂进行合作，开发独家酒糟，并与当地的味噌制造商共同开发独家味噌。通过这些举措，他们做到了强调本土化色彩，以实现商品的差异化特色。

要知道，酒和味噌，代表了一个地区饮食文化的重心。说是酒和味噌成就了那个地区的饮食文化也不为过。将当地老字号的味噌制造商和酿酒厂的酒糟、味噌，进行商品化，这一举措必然会大获成功。

特别是他们还将年底商战中剩余的腌渍过的鲱鱼卵，辅以独家酒糟，并将鲱鱼卵的量提高到市面同类商品的两倍，研制出了新品"芥末鲱鱼卵"（照片26）。再加上是当地人非常钟爱的味道，所以没有理由卖不出去。

照片26　超市将年底商战中剩余的鲱鱼卵，辅以当地的酒糟，制成了独家原创的"芥末鲱鱼卵"。于是，鲱鱼卵从损耗高的商品一跃变成加价率达50%以上的商品。

而且重要的是，此款商品的销售利润非常高，是加价率达50%以上的高利润商品。本来是年底商战中剩余的商品，这样一经转变，就成了高利润商品。正是因为他们拥有独家秘制的酒糟才能收到这样的效果。

商家与本地制造商通力合作，不仅有助于实现社会可持续发展（Sustainable），也必然能赢得消费者的大力支持。

③强化"油炸食品"和"煮鱼"等熟食

我们必须推进鱼类商品的熟食化。消费者并不是不吃鱼，只是觉得做鱼麻烦而已。

油炸食品就是一个很好的例子。例如炸鱼，只要超市加工推出，就会卖得很好。特别是稍微需要费点工夫的油炸食品，如南蛮渍（将炸好的肉块或鱼块裹上一层含有葱和辣椒的甜醋调味汁的做法）等，一直非常受顾客喜爱。

但是，如果让超市现场员工来发表意见，得到的回答一定是"人手不够，根本无法实现"。现实情况是明明知道市场有需求，却因人手不够而放弃的企业比比皆是。

而且即使决定去做，如果只是将厂商提供的商品在门店进行简单油炸，那就和其他店的熟食部门或冷冻食品没有区别，也就无法形成真正的差异化特色。

于是，市面上出现了一种值得关注的做法，那就是与居酒屋连锁店进行合作的商业模式。

总部位于日本岩手县一关市的 Four Mass KIRINYA 株式会

社，与总部位于日本宫城县盐釜市的 MK-Corporation 株式会社通过联手合作，在超市推出了畅销且赚钱的鲜鱼熟食商品。

由于 MK 公司持有特定第三类渔港中的盐釜、气仙沼以及石卷这三个渔港的竞价拍卖权，所以可以不断将市场行价便宜的海鲜和有瑕疵（有伤）的商品竞拍到手，在自营的超大冷冻库内保存，并将其作为居酒屋的菜肴进行商品化。

Four Mass KIRINYA 公司关注到了这家企业的海鲜商品。

于是，他们从 MK 公司订购了长 20 厘米的超大号炸虾（照片27）、金枪鱼和三文鱼的鱼镰肉（鱼鳃旁边的肉）、油炸巨型章鱼等，收到货后仅需炸一下或者烤一下即可销售。而且由于这些商品都是 MK 公司在市场价格便宜的时候进行采购，或者是便利店在制作便当时，切鱼块后留下的鱼镰肉等，所以价格

照片27　精心制作的20厘米长的超大号炸虾，成为爆款商品。另外，因为使用了黑虎虾，更能凸显虾的风味口感，因此赢得了顾客的广泛好评。

非常便宜。

这也难怪。毕竟居酒屋的毛利率高达70%以上已经是"行业常识"。

以这种方式，不需要成本，就能生产出畅销且赚钱的商品。如果不拘泥于活鱼，完全可以与那些在捕获量高的渔港中拥有大型冷库的厂家合作，开发熟食商品。

顺便提一句，因为MK公司要向居酒屋连锁店供货，所以也有煮鱼类商品。如果使用真空包装进行配送，可以实现向日本全国供货。超市还可以采购煮鱼用的冷冻鱼，在自家的加工中心内进行加工处理。以照片28所示的金眼鲷鱼为例，的确是"要想寻得宝藏，需要另辟蹊径"。

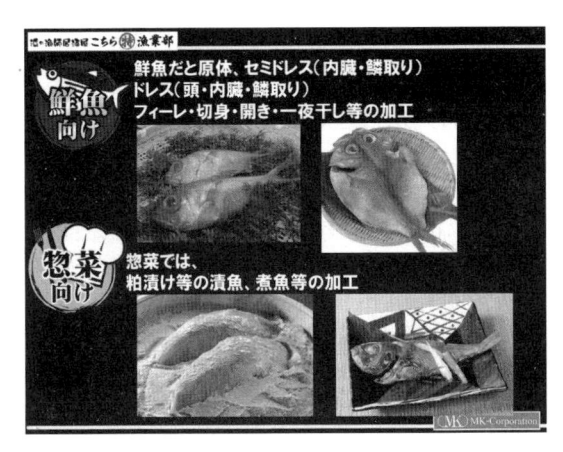

照片28 捕获上来的金眼鲷鱼可以按照超市的指示进行加工。

推进熟食化的关键在于进货的改革,也就是加强采购。

如果不拘泥于活鱼,与其他行业进行合作,就可以实现无须在店内加工就能拥有独创的熟食商品。要知道,家庭主妇们绝不是想"放弃"做饭和烹饪,而是因为太忙而不得不"打消做饭的念头"。正因为想做饭,并且因为太忙而做不成,所以想买到比自己做的更美味的熟食商品。因此,独家原创的海鲜熟食必然会受到消费者的支持。

畜产

■强化畜产部关系到生存之道

首先,请大家看图 4-9。图 4-9 显示的是每年人均肉类和鱼类供应量的推移情况。从中可以看出,1960 年时,每人每年的肉类(牛肉、猪肉、鸡肉)供给量仅为 3.5 千克,但到了 2013 年,这个数字竟达到了 1960 年的近 10 倍,高达 30 千克。

再请大家看图 4-10,通过此图可以发现一个令人吃惊的事实。老年人的肉类消费量正在增加。与 2003 年相比,60~69 岁年龄段的肉类摄取量增加了 34.2%,70 岁以上年龄段增加了

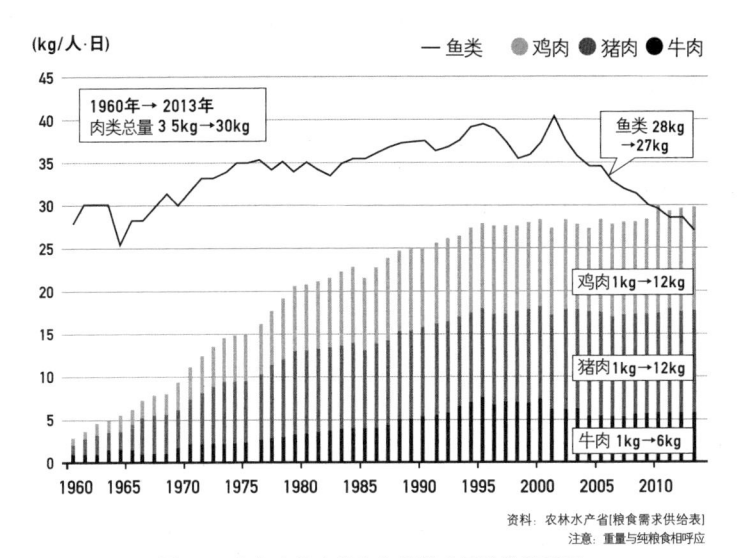

第4章 | 生鲜食品与熟食部门的近未来战略

图4-9 每年人均肉类和鱼类供应量的推移情况

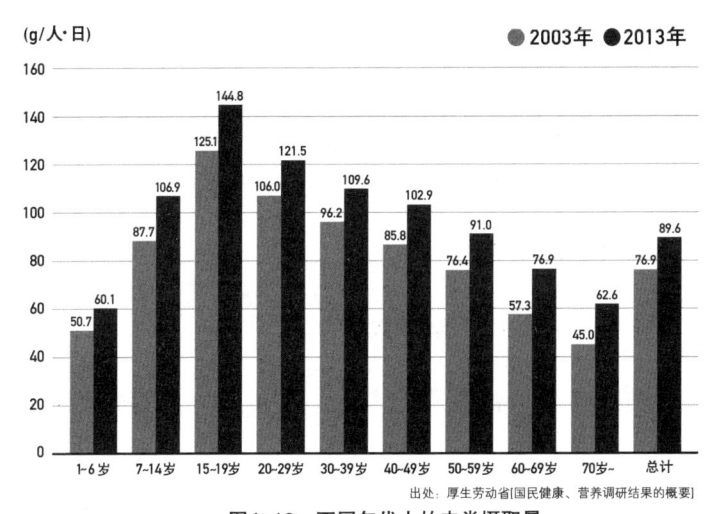

图4-10 不同年代人的肉类摄取量

39.1%。与总增长率16.5%相比，增长十分显著。由此可见，今后所有年龄段的消费者都在推进"饮食的欧美化"。

也就是说，畜产部的进化才是生存之道。我认为，"畜产部门的销售额占比达到20%（包括加工产品）的时代"已经近在眼前。

不过，各位读者知道畅销商品每年都会发生微妙的变化吗？可以考虑其原因为以下三点。

①外出就餐的趋势正在发生变化

说到外出就餐时吃的肉类食品，虽然一直以来都以炸猪排或烤肉为主，但目前以牛排、牛舌等为主题的餐厅正在兴起。

②千禧一代正在改变"肉食文化"

千禧一代正在推进"食物的多样化"。如"芝士辣烤鸡肉片""西班牙蒜香料理""牛尾汤""红酒炖牛肉"等，明显与以往肉类的菜单有所不同。

③老年人肉类消费量的增加

肉类是高质量蛋白质的来源，老年人为了健康需要食用肉类。

肉类的消费量每年都在增长，其内容（菜单）也在变化，如果不能适应这种变化，就无法抓住消费量增长所带来的商机。

今后,能够应对这种趋势的企业将独占鳌头。各位读者是不是有必要学习一下这种趋势呢?我确信这将成为畜产部的"近未来战略"。

那么,近未来战略究竟是什么呢?我试着总结一下。

■**外出就餐趋势的变化改变了肉食文化**

曾经,"和幸炸猪排""牛角烤肉""温野菜火锅"风靡一时。如今出现了更多像"IKINARI 烤牛排""利休牛舌""带广系猪肉盖饭(兴起于日本北海道带广市)"等的料理,可见外出就餐的趋势正在发生变化。

外出就餐的趋势正在发生变化,是不是意味着在家就餐的趋势也在随之变化呢?在这里,我先向大家提一个小问题。

在各位的企业(店铺)的牛肉品类中,牛排的销售额占了多少百分比呢?是 10%?还是 20%?抑或是 40%?

下面为大家介绍一个成功扩充牛排品类的案例。总部位于日本东京都品川区的文化堂株式会社,其月岛分店(中央区月岛)以 2018 年 5 月重新开业为契机,强化了牛排商品的品类。在牛肉品类中,牛排品类的占比由全店平均的 37.0% 提高到了 42.5%。显而易见的是,牛排商品正在从过去的"盛宴餐食"向"日常餐食"转变。

这一变化受外出就餐的影响很大。无论哪家家庭餐厅的午餐菜单上，都会有午间牛排套餐。像这样，在外就餐时，牛排俨然已经成为一道日常的普通菜品，但在超市中，牛排仍然被当作"盛宴餐食"的存在。

还有一个变化我们不能忽视。人们开始对含有白色网状脂肪（指肉中呈网状的脂肪）的肉敬而远之了。如前所述，老年人的鲜肉消费量正在增长。比起有白色网状脂肪的日本国产肉，他们更喜欢没有白色网状脂肪的进口牛肉。而且，比起外脊肉和排骨，他们更喜欢红肉（例如里脊、大腿、腱子肉等）的部分。

还有一点，这也是受在外就餐的影响，"厚切牛排"的需求正变得越来越高。如同照片28所示的那样，通过添加POP，或如照片29，贴上MD贴纸，这种300克牛排就会实现畅销。而且销量远远超过迄今为止一直作为主流的150克左右的牛排商品。

照片28　将"重量"作为商品名称的300克牛排大受欢迎。其畅销原因是赶上了厚切牛排的流行风潮。

照片29 超市为打造300克牛排的商品化，使用了上翻盖的托盘，一来可以凸显商品的高品质，二来可以让顾客直观地看到牛排的厚度，因此获得了成功。

更令人惊讶的是，切得更厚、分量更足的牛排也非常畅销。重达一磅（约453克）的牛肩部位的牛排销量也非常好。

像这样，牛肉作为优质蛋白质正在受到人们的关注。而能让人们将这些优质蛋白质进行有效摄取的菜肴就是牛排。在日本，牛排的市场前景会更加广阔。这是在外就餐的流行趋势引发肉食文化发生改变的一个代表性案例。

另外，还有一种值得推荐的商品，那就是牛舌。

我们去烤肉店就餐时，会发现牛舌通常出现在菜单上最显眼的位置。从售价方面来看，和排骨不相上下。因此，我们可以看出在烤肉店里，牛舌是具有一定"价值"的商品。然而，超市并没有积极推进牛舌商品的销售工作。

总部位于日本山形县天童市的野川食肉食品中心株式会社，是一家不同寻常的企业。它只在每周五、六、日这三天营业。

该公司的招牌商品就是畜产品，占到整体销售额的40%。其中，在顾客心中知名度最高的当数牛舌。据说在盂兰盆节的7天假期里，12家店铺共销售过10吨的牛舌。

在短短一周内销售了10吨的牛舌，其秘诀就在于"进货"。野川公司在进货时会选择带皮的牛舌，这样虽然能够大幅降低成本，但在将其商品化的过程中，需要专业的剥皮技术。据说该公司的技术高手能够做到30秒就完成1根牛舌的剥皮工作。而且，一种牛舌商品就可以加工出13种单品。

正是凭借这样的进货能力和商品化能力，野川公司创下了7天内售出10吨牛舌的惊人数字。这也是在外就餐的流行趋势中，牛舌很受顾客欢迎的缘故。

除此之外，该公司在"猪肉"商品方面也加大力度，努力实现差异化。说到超市猪肉的商品化，常规商品就是指那些里脊肉切片、五花肉切片以及各部位的边角料。

但是，这家企业的做法截然不同。他们在对顾客的"潜在需求"进行了彻底发掘后，打造出了以下各品类。

"J骨猪排（带骨的五花肉和猪肩肉）"

"Tomahawk猪排（带骨的猪肩肉）"

"肩带猪排（猪肩肉和带骨的肩胛肉，在美国被称作Boston Butt）"

用现在流行的话来说，就是挑战将商品打造成能被消费者"晒到网上"，在社交媒体（例如 Instagram）上分享的时髦商品。不用说，这一挑战获得了以千禧一代为中心的消费群体的支持与好评。

另外，大家逐渐形成了把猪排当作"牛排"来吃的餐食习惯，这也是猪排商品能够热销的主要原因之一。

像炸猪排这种制作起来费工夫的食品，正在逐渐转变为"可以在超市的熟食卖场直接购买的商品"。

外出就餐趋势的变化，今后将继续改写"肉食文化"。与畜产部工作相关的人员，不仅要把握同行的动向，还要认真研究外出就餐的变化趋势，因为如果不能顺应外出就餐的潮流趋势，将会被消费者远远甩在后面，并被时代淘汰。

■千禧一代改变了"肉食文化"

现在人们常说"年轻的妈妈们不做饭"。当然，其中是有一部分年轻妈妈对做菜不太感兴趣。

不过，由于千禧一代是在互联网环境中长大的消费群体，因此也有很多人喜欢一边浏览菜谱网站一边烹饪，或者乐于在 Instagram 等 SNS 上晒出自制的料理。总之，被称为"消费者大厨"的人越来越多。

这些消费者大厨正试图改变超市的畅销商品，甚至是肉食文化。

① "电压力锅"的流行使得"炖煮"的材料大受欢迎

各位读者朋友知道在如今的大型电器城和家居卖场中，不需要用火就可以实现安全炖煮的"电压力锅"十分畅销吗？如果您注意到了这一现象，那么在超市，重点推销的商品就应该随之进行调整。例如"切块的牛腩"。

你们认为切块牛腩最畅销的重量是多少呢？答案出乎意料，竟然重达1千克。1千克左右的商品被抢购一空后，大家会继而选择500克左右的商品。进口牛腩的切块按100克售价100日元左右来算的话，一份1千克装的商品在1000日元以上，也依旧卖得非常好。

然而，遗憾的是大部分企业并没有意识到这一点。超市里摆放的大多是每份200~300日元的商品。

牛筋也是一样。提起牛筋，总会让人联想到关东煮，因此很多负责人都抱有"牛筋是属于冬季的商品"这样的固有观念。然而，实际上有很多菜肴都会使用到牛筋，使用最多的如咖喱，其次是汤，然后是味噌炖菜。也就是说，牛筋是所有季节都可以销售的商品。

此外，牛尾也是大多数企业没有进行销售的品类。但是，请看照片 30。这家店竟然用岛柜来销售牛尾。牛尾在韩国风味的"牛尾汤"中被广泛使用,这种汤富含胶原蛋白,有美肌的效果,在千禧一代中非常受欢迎。可见只要用心推销,就能成功打造非常畅销的商品。

照片30 受韩流风潮的影响,牛尾汤顺势大火。因此店里将牛尾陈列在岛柜中进行销售。出乎意料的是,牛尾商品销量非常火爆。

接下来,让我们把目光转到猪肉上,可以看出猪软骨、煮过的猪内脏(肥肠)、猪腱肉、猪排骨等作为炖煮用的食材,都是比较受欢迎的商品,销量也均呈现出上升趋势。然而,如果企业不了解消费者正呈现出大厨化趋势的这一现实,而且不知道电压力锅非常畅销这一事实的话,那么就完全不会将力气使用在推销这类商品上面。

所以，商家要倾力销售这类商品，这些商品具有分量越大越畅销的特性，而且还是高利润。

鸡肉也从过去单一的炸鸡块变成了参鸡汤、西红柿炖鸡肉、煮鸡肝等多元化的创新菜品，虽然不如牛肉或猪肉那般形式多样，但只要为顾客提供炖煮的菜谱建议，就会卖得很好。如照片31所示，当超市为顾客提供用肉类加工商品来制作西班牙蒜味炖菜、法式蔬菜牛肉汤等菜谱建议后，培根肉块的销量比平时高出10~20倍。

照片31 超市为顾客提出菜谱建议，可用培根来制作西班牙蒜味炖菜，此举令培根肉大卖。除了西班牙蒜味炖菜，超市还建议顾客用培根来制作法式蔬菜牛肉汤，再一次大获成功。肉类加工商品的晚餐化正在不断发展进化。

这正是千禧一代逐渐成为消费者大厨的确凿证据。

②作为"第4类肉品"的羊肉备受瞩目

提到超市的畜产类商品，多年来都是由牛肉、猪肉和鸡肉这三大支柱构成。从超市的现状来看，下一种畅销的肉类还没有出现。

然而将目光转向在外就餐时，就会发现比起牛肉，顾客对羊肉更感兴趣，比起鸡肉，顾客对鸭肉更感兴趣，菜单上甚至还出现了野味料理。我认为，当千禧一代成为饮食潮流的主导时，那么是不是"第4类肉品"很快就会崭露头角呢？如果是的话，那么最有可能的就是羊肉。羊肉这一品类也的确呈现出了增长的趋势。

羊排、羊肉火锅、烤羊肉等热销商品开始不断涌现。特别是在那些千禧一代顾客较多的店铺里，它们正逐渐成为热销商品，在外就餐时，火锅店和羊排店的门前排起长队的景象也随处可见。

如图4-11所示，与牛肉和猪肉相比，羊肉含有更多被证实有脂肪燃烧效果的L-肉碱。由于被认为"减肥的肉=羊肉"，所以羊肉必然会获得以千禧一代为中心顾客的高度关注。

而且，随着饲养方法的进化，羊肉不再有其特有的膻味，口味也更容易被大众所接受。就像照片32所示，越来越多的企业开始用大型岛柜来推售羊肉。

因此羊肉非常有可能成为"第4类肉品"。这也可以说是千禧一代的消费者大厨化所引发的现象。

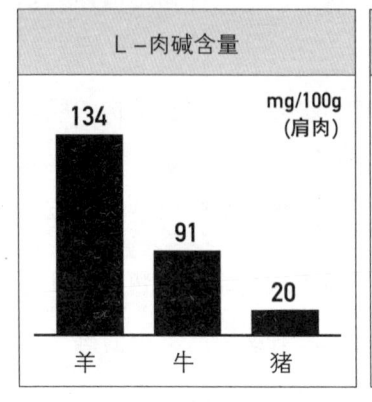

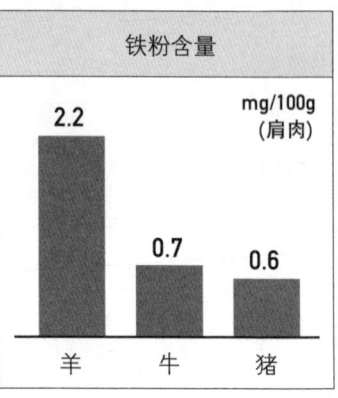

L－肉碱含量	铁粉含量
134 (羊) / 91 (牛) / 20 (猪) mg/100g（肩肉）	2.2 (羊) / 0.7 (牛) / 0.6 (猪) mg/100g（肩肉）

北海道大学大学院农学研究科调查
出处：日本食品标准成分表

图4-11　羊肉里含有的丰富成分

照片32　将羊肉放满12尺的岛柜，大受顾客欢迎。今后羊肉作为"第4类肉品"会备受瞩目。羊肉正在从"有膻味的肉"转变为"具有减肥效果的肉"。

③其他值得关注的商品

其他值得关注的就是鸭肉。这里指的并不是野鸭，而是家鸭，家鸭更容易让人觉得价格实惠，因此非常受欢迎。虽然还不能被称为日常消费需求，但越来越多的超市在以正月为代表的节日时开始销售鸭肉。

如照片33所示，在父亲节和盂兰盆节的商战中，该超市提出了用泰国产的鸭肉制作鸭排的企划，相当畅销。可以预见，今后鸭肉的市场毫无疑问会继续扩大。

照片33　超市推出了用鸭肉制作的烤肉排，结果出乎意料地畅销。可以被认为是消费者逐渐向大厨化发展的一个有力证据。

接下来值得关注的是汉堡包。各位读者朋友听说过"火焰烤架"这个词吗？它是一种自助烤肉用的烤架，在以千禧一代为中心的群体中非常流行。

在欧美，首先用肉馅制作汉堡包的肉饼，然后通过烤架来制作汉堡包是主流。在美国的超市里，经常能看到以肉饼为主的商品齐全。今后这种饮食文化也一定会传到日本。实际上，美国的汉堡包品牌"Shake Shack"在日本也很受欢迎。一个双层汉堡包要980日元，但每天都有很多人争相购买。像芝士汉堡包和牛油汉堡包等这种能用火焰烤架来烤的商品，今后会受到顾客的更多关注。

像这样，千禧一代正在改变肉类的餐食文化。随着菜谱网站的出现，以及大家喜欢在SNS（INS）上分享精美菜品照片的热潮，各式各样创新肉类菜肴正不断涌现。如果商家不去顺应这样的趋势，在商品品类上就无法摆脱以精加工肉制品为中心的传统观念的束缚。那样的卖场，将会失去顾客的支持。

■根据世界和日本的畜产行业的动向，来思考肉类食品的采购战略

在日本的畜产行业，肉牛经营者的老龄化问题日益严重。农林水产省《2015年农林业普查报告书》显示，经营者的平均年龄为64.4岁。另外，农畜产业振兴机构的日本国内统计资料显示，肉牛的枝肉（切去头部、尾巴、四肢等部位，除去皮和

内脏后的肉）价格在10年内上涨了17%。这样下去的话，牛肉有可能会像鳗鱼一样，成为普通民众消费不起的商品。

然而讽刺的是，牛肉的人气却越来越高。可是，肉牛经营者的老龄化问题，导致不断有人退休，牛犊的市场行情存在直线上升的风险。因此，将外国产的牛在日本国内饲育成肉食专用的种牛，是今后必须考虑的发展方向。

总部位于日本宫崎县虾野市的丸正食品株式会社，饲养着名为"720牧场团体牛"（由和牛的代表"黑毛和种"与在全世界广受好评的"安格斯种"杂交而成的牛，可谓最佳肉用牛）的肉牛品种，并向超市供货牛肉。另外，总部位于日本长野市的MARUICHI株式会社，饲养着"信州白桦嫩牛"，同样面向超市等地供货。

这种专门的肉用种牛的优点是可以稳定供应小牛，并且可以作为"国产牛肉"来出售。还有一个好处是因为含有安格斯种的基因，所以可以凭借现在很受欢迎的"红肉"为卖点，来进行宣传。

今后，比起雪花肉，美味的红肉会更受顾客欢迎。从这个意义上来说，"安格斯种×黑毛和种"这种杂交肉牛的种牛将会备受关注。所以非常有必要从现在就着手准备。

另外，从"美味的红肉"的需求和合理的价格来看，进口牛肉的市场潜力也会有所增长。问题是如何在这些进口牛肉上实现"差异化"。是从"原产国"方面，还是从"饲育时间"方面来实现差异化，有必要制定出相关标准。

事实上，有一部分企业已经开始着手，与美国、澳大利亚的供应商直接交涉，提出按照自己公司的要求来进行精肉加工等，还有一部分企业是直接并购美国或澳大利亚的牛肉批发企业，方便在整个美国或澳大利亚的范围采购便宜又好吃的牛肉。也有不少企业打算在澳大利亚养殖前面提到的"安格斯种×黑毛和种"肉牛品种，然后再将其进口到日本。

从世界人口规模来看，人口依然呈增长趋势，甚至有出现粮食危机的风险。这样一来，人口减少导致国力下降的日本，将有可能在竞拍采购中输给对手，而无法顺利采购到进口牛。

特别是牛肉类商品，如果商家从现在起不考虑未来5年到10年的战略，今后，呈继续增长趋势的牛肉商品将毫无疑问地无从实现差异化，店铺在采购方面也可能完全失去竞争力。我们不能再用以往的品种分类标准，来考虑是选择和牛、杂交牛还是奶牛。我们应考虑如何引入那些能保障稳定供应的专用肉牛，以及如何打造出体现自身企业经营理念的进口牛"品牌"的商品。

■思考加工肉制品（火腿、香肠类）的未来战略

目前，超市的加工食品的销售额出现明显下滑趋势。很大一部分原因是被药妆店夺走了市场份额。这样下去的话，恐怕有一天加工食品会从超市的冷柜中消失。

为什么会出现下滑趋势呢？用一句话概括，就是超市"忽略"了加工食品的经营。

以前，只要订货并将商品陈列到位，加价率（毛利率）就能轻松达到30%以上。而且不需要像精肉部门那样的专业技术，只要简单陈列就能获得高利润。

然而，当药妆店将加工食品作为"吸引顾客眼球的商品"，以极低的加价率来抢占市场时，不做任何努力的超市，面对药妆店的"低价攻势"，就此陷入了束手无策的局面。

今后超市该如何去做呢？如果依旧不认真考虑，或许有一天加工食品真的会从超市中消失。

因此我在这里提出几点建议。

①加强与当地小规模生产加工企业的合作

在地方城市依旧存在很多小规模的生产加工企业。其中认真生产优质商品的企业也不在少数。

日本东京都足立区有一家名为芳味株式会社的肉类加工企

业。他们只选用日本国产的猪肉，不仅味道鲜美，而且价格合理。由于他们的商品好吃又便宜，所以销量很好，全国各地的超市也都非常关注这家生产加工企业。一些超市不仅淘汰了那些作为竞争对手的药妆店也在销售的同款加工食品品类，还特意开设了一个专柜，专门用来摆放芳味公司的商品，以此作为对抗药妆店的策略，并取得了成功。

另外，之前在专门的肉用种牛的内容中介绍过的丸正食品株式会社，旗下拥有"虾的高原"这一加工食品品牌，这是一种在生产过程中完全不添加7大过敏物质和增稠剂的商品，也是一种安全、放心、美味且价格合理的商品。将这样的商品以专柜陈列的形式进行销售，作为与药妆店竞争的对策，这样的超市企业开始不断涌现。可以看出，加强与这些当地小规模生产加工企业合作的必要性越来越突出。

这里有三个要点：

①能否做到比全国品牌的商品更加"安全、放心"？
②能否做到比全国品牌的商品更加"美味"？
③能否与全国品牌的商品保持同等价位，实现"合理"售价？

如果能做到以上这三点，就完全可以实现与那些药妆店的抗衡。希望各位尽快尝试一下这种做法。

②打造自有品牌商品

提高自有品牌（PB）商品的占比也是一个对策。但是，不能仅停留在贴牌水平，只改换生产厂家的名称和品牌是行不通的。要做就应该像前面提到的那样，打造出既安全、放心，又美味、实惠的商品。

请大家看照片34。OK 株式会社在 2015 年时，配置了这样的 POP 广告，将所有火腿和香肠全部换成了无盐商品。虽然在当时销售并不太理想，但如今已经一跃成了人气商品。

照片34　OK超市在2015年将所有火腿、香肠商品换成了"无盐商品"。这是当时使用的POP。这一创举非常有勇气，也值得赞赏。

今后如果不打造出这样的 PB 商品，就无法同那些具有品牌力和市场营销力的全国品牌进行对抗。因此我们应该重新思考 PB 商品应有的姿态。

③改变"餐桌场景"

还必须考虑的一点是改变食品品类的构成。对于早餐和便当的食材，主妇们会尽可能"选择便宜的购买"。但对于晚餐的食材，比起便宜，她们更优先关注美味。

另外，除了一部分店铺，大多数药妆店都不会主营生鲜食品。因此原则上他们并没有把精力放在晚餐的食材上。在这一点上超市可以充分实现差异化竞争。

对于生火腿、安全放心又好吃的汉堡包、培根肉块、卷心菜卷、白火腿、长香肠、超粗香肠等这些商品，如果超市能贯彻专柜的陈列展示方式，并积极扩充商品品类，它们将成为抗衡药妆店的有效策略。

在照片35中，超市为顾客推荐可以使用培根肉块来制作法式蔬菜牛肉汤的菜谱提案。另外，在照片36中，超市为顾客推荐可以使用培根来制作西班牙蒜蓉炖菜。像这样，对于在菜谱提案中提到的食材，如果能再通过平台陈列等方式，进行场景展示销售，就能实现与药妆店的差异化竞争。

照片35　如今已经不是"加工肉制品=便当的小菜"的时代了。超市为顾客推出法式蔬菜牛肉汤等西式菜谱提案，有助于创造出新的市场。否则，超市便无法与药妆店的低加价率策略进行对抗。

照片36 超市可以为顾客提供法式蔬菜牛肉汤和西班牙蒜味炖菜等晚餐提案，而这是那些不经营生鲜食品的药妆店根本无法模仿的做法。像这种"餐桌场景"的提案也成为一种与药妆店抗衡的对策。

由于营销已经从过去的商品销售转变为今天的体验（场景）销售，所以如果超市不能顺应时代的变化，不进行大刀阔斧的改变，市场份额会被那些将畜产品加工品定位为招揽顾客的部门（类别）、以低加价率作为竞争优势的药妆店夺走。

当然，超市索性同药妆店一样，推出降低加价率的低价策略也不是不可以。但是，对于那些以毛利率而非以毛利润作为盈利计划的超市，能有勇气做出那样选择的企业恐怕少之又少吧。

唯一能与药妆店抗衡的，也是与药妆店采用同样加价率的，而且能以高单价的大容量商品，实现自有品牌化的企业，只有好市多。像好市多这样，主推大容量商品，以提高毛利润而非

205

毛利率的经营手法也是一种有效战略。

综上所述,布局加工食品的"近未来战略"的时机已经到来。

以上所介绍的就是我所思考的针对生鲜部门的"近未来战略"。现在经营状态良好,不代表今后也能一直保持良好。伊藤忠商事的濑岛龙三先生曾说过:"悲观地准备,乐观地对待。"毫无疑问,现在正是我们必须这样思考和行动的时刻。

熟食

随着越来越多的女性进入职场,以及老龄化的加剧、单身一族的增加,"熟食领域的未来一片光明"的说法早已传开。但是,在过去10年里,熟食部销售额占比几乎一直处于停滞的状态,最多也不过提高了1%~2%。顾客需求完全没有提高。不,应该说是我们没有抓住顾客的需求。

如今已经到了商家需要从根本上重新调整熟食商品的思路和品类的时候。在此,我将为各位读者提出熟食商品的"近未来战略"。

■保质期为 1 天的熟食商品还有未来吗？

众所周知，超市行业中存在"熟食的保质期＝（D+0）"这一常识。也就是熟食商品中的寿司、米饭、拌菜、烧烤食品等超过半数的食品必须在制作当天销售出去。

越来越多进入社会工作的女性，以及购物次数逐渐减少的老年人，他们会喜欢购买这种保质期为 1 天的商品吗？这种"必须当天食用"的压力，出乎意料地转变成了消费者的压力。因此，在思考今后的社会消费动向时，降低保质期仅为 1 天（D+0）的这种商品的品类占比，将变得尤为重要。

为此，我们应该重新调整一下熟食区的卖场结构。目前常温卖场的面积明显过大。我们参考成城石井超市的熟食卖场，就会发现商品几乎都是在冷鲜卖场销售，根本没有设置常温卖场。

但从其他超市的情况看，还都是以常温卖场为主。这样的话，无论多么希望减少保质期为 1 天（D+0）的商品，也会存在局限。商家如果不能从打造卖场的原点出发，进行卖场调整，就有可能面临无法抓住消费者未来需求的风险。

想必正是因为商品的"1 天保质期"对顾客来说形成了一种压力，所以才会导致熟食的销售额占比一直没有得到提升吧。

■应开发保质期2天以上的熟食商品

随着越来越多的女性进入社会工作，她们的来店频率也随之有所减少，所以可以预见到，她们每次的购物商品数和客单价都将呈上升趋势。另外，随着老龄化社会的到来，老年人的来店频率也会有所减少，无法亲自到店购物的人会越来越多。而那些单身一族也会因为商品分量大，一个人一次吃不完，会采用冷藏保存的形式，或者分成好几小份来吃，这样的需求呈现出逐渐上升的趋势。

这样一来，顾客对于保质期在2天以上的熟食商品的需求就会越来越高。然而，针对消费者当前的需求特征，这一领域的商品开发却还处于非常滞后的状态。

例如，炖菜等日式熟食就应该延长保质期，全力推广真空包装的形式，并需要全面进行商品化。请大家看照片37。总部位于日本东京都板桥区的YOSHIYA株式会社，就是一家以日式熟食为中心，致力于真空包装商品的公司。据说虽然初期销售并不太理想，但随着时间的推移，销量变得越来越好。

请大家再继续看照片38。总部位于日本静冈县滨松市的知久株式会社（门店名称为"知久屋"），以日本东海地区为中心，扩展熟食专卖店及超市中的熟食卖场。以日式熟食为中

第4章 | 生鲜食品与熟食部门的近未来战略

照片37　将炖菜进行真空包装商品化。由于保质期长，越来越获得顾客的支持与好评。再加上基本不含任何添加剂，也非常受职业女性以及老年人的喜爱与支持。

心，致力于真空包装商品的开发，而且注重不添加任何食品添加剂。

照片38　知久屋将不添加任何食品添加剂的熟食进行真空包装商品化。据说在母亲节、中元节以及年底等节日期间还会有人将其作为礼品送出。

因为不含食品添加剂，又可以长期存放，所以虽然是熟食，也会有一部分顾客选择把它当作"母亲节"的礼物来赠送给家人。也有很大一部分顾客会选择网购。

209

我可以断言，今后甄选原料（日本国产、本地化）、无食品添加剂、味道讲究的真空包装产品，将会赢得顾客的大力支持。能够长期存放的商品，不仅对工作的女性和老年人来说非常有利，对销售方来说，也能大幅减少损耗。因此，企业应该加速开发这种真空包装商品。

另外，当初不被看好的便利店冷藏便当和冷藏米饭，不断改进味道，使顾客逐渐消除了以前的抗拒心理，并变得乐于购买。我曾在便利店里进行过定点观测，确实感觉到冷藏便当和盖饭商品的销量在变得越来越好。

在便利店里，由于冷藏米饭的流行而人气大涨的是焗饭。之后急剧增加的是芝士系米饭。比如芝士拌饭、奶油汤饭、芝士辣炒鸡肉等商品，正因为冷藏米饭的技术得以实现，新商品数量才实现了稳步增长。

同样，超市也不应局限于销售便当和盖饭，还应在冷藏米饭相关的商品开发上发力，并将重心转向芝士系和西式菜系的熟食商品。今后消费需求越是趋于便利厨房，超市就越有必要开发冷藏米饭，并开发出接近外食菜谱的熟食菜品，这样才能满足消费者的需求。

■ "冷冻熟食"时代即将到来?!

在敝公司举办的"令人惊讶又有新发现的考察美国研讨会"

中，每次带大家去参观乔氏超市后，参与者一定会提一个问题。

他们会疑惑："这里没有熟食区啊。"

"就在这里哦。"当我边回答边用手指向冷冻区时，他们会惊讶地说："冷冻食品是熟食吗？"

乔氏超市的冷冻食品不仅有各种适合晚餐的餐盘式的熟食商品，还包含各种品类，顾客可尽享世界各国美食。

日本人通常会持有"熟食＝刚做好的菜品""熟食＝冷藏的菜品"这样的固定观念。欧美却没有这样的固定观念。目前进军日本的法国冷冻食品专卖店"Picard"的店铺已经超过1000家，英国超市"ICELAND"的店铺也已经超过了900家，各家的发展速度都十分迅猛。今后日本的消费者也会逐渐发现，比起那些加工后经过一段时间会冷却的传统熟食，用微波炉加热后即可食用的冷冻熟食更加美味。

在日本也开始出现了同样动向。永旺超市的 PB 商品"特惠优（TOPVALU）READY Meal"系列、YORK BENIMARU 超市的冷冻熟食由于畅销，销售额占比已经达到了近 20%。连关西的阪急 OASIS 超市也在加大冷冻熟食的销售力度。

熟食卖场中摆放冷冻专柜的时代已经到来。卖场中 1/4 至 1/3 都是冷冻柜的情况也有可能出现。包括生产冷冻食品的企业在内，也一定希望摆脱过去那种"冷冻食品＝吸客引流商品"

"冷冻食品＝低价商品（降价幅度大的商品）"的廉价形象。

对消费者而言，如果冷冻食品比自己在家做的还要好吃，就能毫不费事地做出"美味的晚餐"。也因此，冷冻食品可以成为一种不需对家人感觉愧疚，又省事的便利菜品。

此外，超市企业还可以同当地的餐饮店建立战略合作关系，使原创商品的开发成为可能。请大家看照片39。这是总部位于日本兵库县大子町的Yamada Store株式会社的商品案例。

照片39　这是超市与当地的意大利餐厅合作，共同开发出来的比萨饼。因为是当地顾客熟悉的味道，所以即使单价略高也十分畅销。除此之外还有焗饭和法式咸派等，超市不断开发意大利餐厅的新品进行销售。

该公司与当地的意大利餐厅共同展开合作，将比萨、法式咸派（Quiche）和焗饭（Doria）开发成冷冻食品，在熟食卖场进行销售。因为是冷冻商品，所以意大利餐厅不仅可以利用闲暇时间集中进行大量生产，Yamada Store 超市也可以放心地销售而不必担心损耗问题。比萨等商品虽然每份售价超过 1000 日元，但非常受顾客欢迎。这也证明了只要商品好吃，哪怕稍贵也能实现畅销。

我确信，未来这种不断开发冷冻熟食的企业将独自引领消费者的需求。只要消费者不排斥"美味""安全、放心（低添加）""外食菜谱"等关键词，未来就有可能进入一个冷冻熟食的新时代。

■引发"分量改革"？！

过去，超市的熟食商品基本都是一人份，因为到目前为止，熟食的角色并不是主食而是副食。但近年来有所变化。

这大概也是受到越来越多的女性进入职场的影响吧。另外，我认为还有好市多超市的影响因素。由于家庭装的需求逐渐升高，分量为 4 人份左右的商品十分畅销。

表 4-2 显示的是某企业的家庭装的分量。我想大家会为分量之多而感到惊讶吧。现实情况是，尽管是一家被认为最难销售家庭装的"东京市内 200 坪以下（约为 660 平米）"的小型店，家庭装商品却十分畅销。

请大家看照片 40。用我的话说就是"共享盖饭"。这是超市主推的，整个家族、夫妻可共同享用的超大份盖饭的商品提

表4-2 家庭装是几人份装，需要做到"可视化"

商品名	规格	几人份	售价	商品名	规格	几人份	售价
美味鸡腿肉炸鸡块	100g		180日元	中华浇汁炒面	800g	2	780日元
里脊猪排	4块	4	1000日元	日本产温泉蛋盖饭	1盒	2	698日元
名古屋式甜辣烤鸡翅	8串	2	780日元	极品叉烧盖饭	1盒	2	698日元
脆皮鸡	10串	2	580日元	三色蔬菜青椒肉丝盖饭	1盒	2	698日元
蒜蓉烤鸡	10串	2	580日元	芝麻油香中华盖饭	1盒	2	698日元
手工制大鸡排	1块		398日元	浓香回锅肉盖饭	1盒	2	698日元
切达奶酪鸡排	10块	2	580日元	W麻婆盖饭	1盒	2	698日元
甜辣鸡块	2块	2	780日元	洋葱酱的熏鸭盖饭	1盒	2	698日元
香葱鸡块	2块	2	780日元	日本产猪舌和卷心菜的微辣柚子醋盖饭	1盒	2	698日元
炸虾	15个	3	880日元	炸鸡排(NEW)	10块	2	580日元
奶酪炸北海道鲑鱼	10块	2	580日元	红小豆饭(NEW)	600g	4	980日元
美味炸牡蛎	12个	2	698日元	极品炸鸡块(NEW)	100g		188日元
猪肉洋葱串	10串	2	580日元	五彩鸡饭(NEW)	1盒	2	780日元
炒面	500g	2	580日元	章鱼小丸子&炒面(NEW)	1盒	4	980日元
煎饺	36个	4	980日元				

案。此商品也出乎意料地成了畅销商品。

因此，熟食商品的类似"500日元均一促销活动""1000日元均一促销活动"等"新型均一促销活动"也就应运而生了。促销活动时还推出了"任意3包1980日元"等，"新型捆绑销售"策略。

类似这样家庭装的均一促销活动或捆绑销售形式，如果能实现热销，由于商品的单价很高，销售方也不必再一味追求销售更多的数量。这样一来，经营效率会进一步得到显著提高。

这也称得上是商品分量上的改革所带来的益处。是时候摆

第 4 章 | 生鲜食品与熟食部门的近未来战略

照片40 这是两人份的盖饭。本以为只有年轻人才会购买,实际上很多老年夫妇也会选择买一份盖饭,所以该商品也十分受老年顾客的欢迎。

脱"熟食就应该是一人份"的旧观念了,因为我们已经进入到了一个熟食从副食向主食(主菜)进化的新时代。

■解决"食品损耗"是重要的企业战略

节分时节销售的惠方卷寿司,因存在大量浪费的情况,最终发酵成为社会问题。包括当事人在内的所有业界人士都未曾料到,这张宣传单引起的社会反响竟如此之大(照片41)。

减少食品损耗的风潮当前正在世界范围不断扩展。在 2015 年 9 月的联合国首脑会议中,通过了"到 2030 年为止,将零售和消费水平的食品报废量降低至一半"的数字目标,并由此制定出了"SDGs(Sustainable Development Goals,可持续发展目

照片41　2018年节分时节的宣传单。这份宣传单抓住了消费者的心理，在SNS社交网站上引起了各界的讨论，最终竟然连国家也有所行动，成为一个"社会化现象"。

标）"（图4-12）。

而最早对此做出反应的是欧洲。法国于2016年2月制定了《禁止报废食品法》。根据这一法律，那些占地面积超过400平方米的超市，被禁止报废过期食品。如果违反这一规定，将被处以最高7500欧元的罚款，或者最长2年的监禁。

英国的Tesco超市也制定了企业独自的食品损耗标准，以努力减少食品的浪费。还有美国最大的超市克罗格，像照片42所示，制定了独自的企业标准，致力于减少食品损耗。也就是零饥饿、零浪费（ZERO HUNGER ZERO WASTE）活动。

这样的活动在日本也终于开始显现，但仍远未达到欧美的

第4章 生鲜食品与熟食部门的近未来战略

图4-12 可持续发展目标 为了改变世界的17个目标

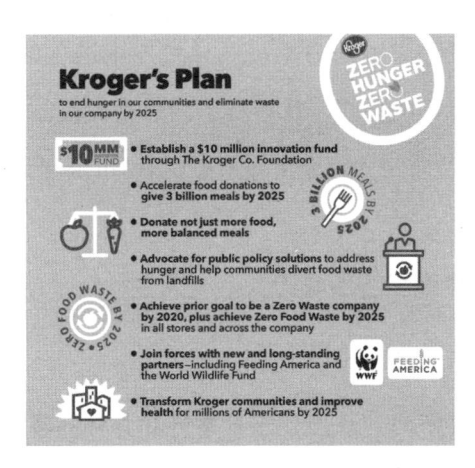

照片42 克罗格超市为支持可持续发展，而采取的降低食品损耗的行动。像这样的举措，今后日本的超市也同样需要。

217

水平。那么在日本，食品损耗究竟到了什么样的程度呢？

2018年6月日本消费者厅消费者政策科制定的《关于降低食品损耗相关参考资料》显示，日本每年的食品垃圾的数量为2842万吨。其中，食品损耗量高达646万吨。这个数字相当于联合国世界粮食计划署（WFP）的粮食援助量（约320万吨）的2倍。

今后如果企业不能致力于降低食品损耗，必然会受到来自国家的严厉惩治。另外，企业对待食品损耗的态度也会影响消费者对企业的社会评价。对待食品损耗的态度本身也是一种企业战略，会直接关联到企业形象。为此，我们必须从根本上重新考虑熟食商品的品类构成。

以上内容是针对因人力不足而导致停止进化的熟食部门，带着"一言惊醒"的蕴意，我所提出的熟食商品的"近未来战略"。接下来，我将为大家介绍一下熟食商品的新趋势。

■关注熟食商品的新趋势

①天妇罗炸串 & 不使用洋葱

请大家看照片43。总部位于日本爱知县稻泽市的山彦株式会社（店名为"生鲜馆山彦"）正在挑战开发一种在在外就餐的顾客中非常有人气的"天妇罗炸串"商品。他们还开发制作了不使用洋葱食材的，由胡萝卜、山芹菜、玉米混搭的炸什锦

第4章 | 生鲜食品与熟食部门的近未来战略

照片43 天妇罗炸串和不使用洋葱的炸什锦的均一价销售。由于天妇罗在在外就餐的顾客中十分有人气，超市的这个企划也大获成功。

等新商品，均实现了热销。他们还对地瓜天妇罗、大虾天妇罗、竹轮天妇罗、洋葱什锦、星鳗天妇罗等20多年来一直未曾改变的天妇罗食品种类进行了创新，开发出了诸多脑洞大开的熟食新品。

事实上，在过去的20多年里，天妇罗食品在商业化方面虽然没有任何进化，但销量一直在上升。这是由于每年需求都在不断增加。因此，大家可能认为即便不进行商品开发，也依然能够畅销。然而今非昔比，绝不能继续保持一成不变。

②超大炸串、超大炸肉饼

如今，"超大（Mega）"成了流行趋势。比如大粒（超大）

219

炸牡蛎、大粒（超大）炸竹荚鱼、厚炸（超大）猪排、大份（超大）炸鸡肉等，总之越大越受欢迎。作为畅销的原因之一，是这些都属于主妇在家无法自制的食品。近年来，家庭主妇变得越来越忙，很多时候不得不放弃做家务。这种情况下，她们就会想在外购买那些在家里无法制作、靠自己的水平做不出来的商品。这类商品也就是所谓的"既有面子又省事的美味菜肴"。

从这个意义上讲，今后那些低价的油炸食品或炸猪排可能会从超市的货架上消失。因此，超市应该尽快调整优化商品，必须从过去的那些便宜简单的油炸食品，向附加价值高的油炸熟食方向转换。

③炸鸡块的新趋势

自从便利店之间的炸鸡大战爆发后（各家便利店都提供炸鸡食品），干炸鸡块就从过去的"自己动手做"变成了今天的"买现成的吃"，消费者的购买行为发生了巨大的变化。之所以这样讲，是因为即使在圣诞节，精肉卖场的生鸡肉块也卖不动，相比之下，熟食区的炸鸡排和炸鸡块的销售额却实现了快速增长。

这样一来，那些因为在消费者心中成功占据一席之地，而马上被消费者想起的超市企业，例如"一提到炸鸡块就会想到××超市"，必将引领今后的炸鸡市场。炸鸡食品正在逐渐成为日本人的灵魂食物,今后为了获取炸鸡食品在消费者心中的分量,超市应大力开发炸鸡块、鸡肉天妇罗、炸鸡排、油淋鸡(中式)、韩国炸鸡(韩式)以及布法罗辣鸡翅等新商品。总之我们应该从各种各样的切入点来增加炸鸡商品的种类。

④手卷系沙拉

超市里售卖的沙拉总是无法摆脱蛋黄酱系沙拉和生蔬菜系沙拉的固有模式。

而成功做到脑洞大开,开发创新沙拉的就是好市多超市。提起该店受欢迎的沙拉,应属"墨西哥沙拉"(照片44)和"墨西哥蔬菜卷"(照片45)等手卷系沙拉。

照片44 好市多非常受欢迎的墨西哥沙拉

照片45 成为好市多爆款的墨西哥蔬菜卷

有的企业也在销售这种沙拉。就是前面提到的山彦超市。请大家注意一下沙拉的分量(照片46)。该商品一经推出,就十分畅销。

照片46 效仿好市多的墨西哥沙拉和墨西哥蔬菜卷所开展的商品化。商品十分畅销，以至这样的陈列量，不到傍晚也能销售一空。

另外，虽然手卷系沙拉的代表是"生春卷"，但在超市一直很难销售出去。其原因在于"分量"。如果超市能尝试推出像好市多那样的家庭大份装，就会成为热卖商品。

销售手卷系沙拉，有助于提升商品的单价。由于这样的商品很难在家自制，所以这样的手卷系沙拉将成为今后超市沙拉的主流。

⑤打造第二个日式牡丹饼的热潮

日式牡丹饼在超市里掀起热潮，已经长达10年以上。这之后，就再没有出现过能与日式牡丹饼相匹敌的畅销商品。

但是，我有一种预感，时隔10年，在零食品类中很有可能会再次出现超级热销的商品，那就是"熟食面包"。这是我自创的新词，指的是那些面包店销售的热狗面包、三明治和汉堡包。

我经常说，汉堡包、热狗面包和三明治这类商品应该由超市的熟食部进行制作。之所以这样说，是因为超市的熟食部中有丰富的食材可以作为夹在面包里面的芯材。

在面包店中，汉堡包、热狗面包和三明治等商品的制作方式完全不同，准备的食材也不同。另一方面，在超市熟食部，只需要把丰富的食材夹进面包即可。而对于制作三明治所需要的面包、小圆面包以及热狗面包这些基础食材，只要和那些美味好吃的面包店进行合作，直接采购即可。

因为操作上只是将熟食夹进面包，所以很容易实现"超大"和"量大"的商品化。面包店主要销售价格在 100 日元左右的糕点（点心面包），如果价格过高就卖不出去。但是，在超市的熟食区，以便当为首的，售价在 300 日元以上的商品多之又多。所以超市只要能开发出分量大，单价高且品质高的熟食面包，就能销售出去（照片47）。

如上所述，熟食面包很容易实现商品化，还能大量销售。不妨尝试打造出长销且畅销的"第二个牡丹饼"，各位读者觉得怎么样呢？

⑥其他熟食的新趋势

除了上述商品，还有其他各式各样的新型熟食商品，在这里为大家简单介绍一下商品名称和畅销的理由。

照片47　热狗面包的自助卖场。如果是食材丰富的熟食部门，就可以像这样展开多种SKU。而且可以尝试开发出分量大的商品，这样就有可能提高商品的售价。

・紫菜包饭（因受韩国料理热潮影响，在日本百货店地下食品馆成为热销商品）

・使用大个虾仁的干烧明虾（将人气菜品升级后大受欢迎）

・猪肉多的咕咾肉（不是依靠实惠感，而是因其分量充足而广受顾客支持）

・韩式煎饼（也许能成为第二个"大阪烧"）

・民族特色菜品（因去往东南亚旅游的游客剧增而热销）

・亚洲风味咖喱（以绿咖喱和椰子咖喱为首流行开来）

・亚洲风味面条（泰式炒河粉、河粉、叻沙米粉等，因大家喜爱"麻"的口感而热销）

总而言之，熟食部门毫无疑问会成为今后超市的一大重要支柱。而且，在强化电商无法提供的"供应食材+提供美食"线下优势，打造便利厨房的同时，必须着力进行商品开发，以打造出具有餐厅水平的菜品。

今后，作为超市，我们是努力进化成提供精美菜品的便利厨房，还是选择维持现状提供普通熟食呢？唯有对熟食菜单实现升级进化，才能给超市的未来战略带来巨大的变化。

"熟食销售额占比达到20%的时代即将到来"，这一说法虽然存在已久，但就现状而言，我们依旧看不到任何进化的迹象。若要实现这一目标，就需要从根本上进行改革。就需要超市从原有的销售额占比10%左右的商品营销模式，向销售额占比20%的新的商品营销模式进行转变。因此，我们只能向冷鲜熟食化、冷冻熟食化、外食菜单化方向进化，进而将超市的熟食区打造成满足消费者需求的便利厨房。除此之外，别无他法。

第 5 章

杂货部门的近未来战略

只有那些疯狂到相信自己能够改变世界的人，才能真正改变世界。

(苹果创始人　史蒂夫·乔布斯)

本章我们来说说杂货部门。该部门与电商、药妆店等不同业态的竞争尤为激烈，而且很容易在"价格（低价）"方面败下阵来。

我一直在认真思考，在这种激烈的市场竞争下，如果杂货部门依然沿用迄今为止的交易条件、交易方式及营销策略，今后可能很难存活下来。那么我们该如何应对呢？接下来我会给出杂货部门的"近未来战略"的相关建议。

将单纯的上下游的"交易关系"升华为双赢的"制贩同盟"合作关系

通常在"交易"中，供应商与超市属于上游与下游的关系。由于双方处在不同的立场，于是就容易出现类似"必须再便宜点！""还要给我更多返点才行！"这样的情况，从而形成了上下级的不对等关系。

相比之下，"合作"则是一种建立在双赢基础上的关系，供应商也可以为超市提供建议，比如"这样的商品可以挖掘出客户的潜在需求哦！""这个企划方案怎么样？这样做的话，就能与其他公司形成差异化哦！"等。这样的关系也可以称为一种提案型的合作模式。

既然超市无法再以"价格（低价）"作为竞争优势，那么今后如果与供应商依旧停留在"交易"的关系上，就无法战胜来自其他业态的竞争对手。因此，我认为在价格（低价）之外，委托供应商提供具有竞争优势的建议，将与供应商的关系转变为"合作"，变得非常重要。

此时，我想也许会有这样的反论："这些当然我也知道啊，目前，制造商和批发商也都会给我们进行'提案'啊，你说的这种方法我们一直都在做啊。"

但要知道，反论中提到的那些建议，绝不是完全符合各位所在企业的理念以及经营哲学的方案，充其量是面向所有超市企业的统一提案。

事实上，目前能够达到我所提出的这种"制贩同盟"合作模式的企业，可以说是凤毛麟角。大多企业都是听了供应商的新商品说明后，以"太贵了！""便宜点！"来进行成本的交涉谈判，最后提出返点等条件，自始至终是停留在这样程度的商务洽谈。

如果今后依旧延续这样的做法，企业将没有未来可言。因为在价格（低价）方面，超市已经无法胜过药妆店和亚马逊等电商企业。

因此，超市需要通过与供应商构建"制贩同盟"的互助同盟合作关系，来提高价格（低价）以外的竞争优势，比如说

"丰富的商品品类""经营思路、经营理念""提案能力"。这些才是今后超市制胜的关键法宝。

当然，如果仅靠自家企业的采购员去做，必然有一定的局限。我们可以转而借用外部资源，考虑采用一些能够理解自家公司经营理念的外部采购员。将超市与供应商的关系，从简单的"交易"关系转变为互助的"制贩同盟"的合作关系，这是为了能够在今后的时代存活下去，而必须采取的一大重要战略。

那么，如何尽可能与更多的企业建立这种制贩同盟的战略合作关系呢？

首先要做到"信息共享"。

在商人传道师每年举办两次的名为"充满干劲和感动的盛典"研讨会上，有些企业为了实现真正意义上的信息共享，会邀请很多合作企业一同来参加。目的就是让合作企业能与自己的企业在同一个地方学习，以求"我们在这样的地方，共同学习这样的知识！"。

一同参加过研讨会后，合作企业拿出的提案就会与之前的截然不同。究其原因，是他们充分理解了"原来这家客户企业真正追求的，是这样的商品啊"。

在信息共享化的过程中，还有一点非常重要，那就是企业与企业之间实现了"语言通用化"。像"独特性""差异化""特色"这些词，虽然大家一般都能理解，但实际上这些都是非常抽象的词语。而通过共同学习、信息共享，合作企业就能准确理解该超市企业所追求的"独特性""差异化""特色"的真正含义。

合作企业在理解这些内容后，就能够以外部采购员的角色为超市企业提供支持。因此，信息的共享化在制贩同盟的战略合作模式中是非常重要的一步。

接下来是"卖场与信息的共享化"。可是，制造商和批发商本身并没有卖场，怎么办呢？我们只要为他们提供卖场即可。

这里虽然说是"提供"，但并不是指单纯地把场地租借给他们，而是指超市方面将卖场商品的企划工作交给制造商或批发商，由他们主动进行超市商品企划的提案，比如"这次我们带来了这样的企划方案，我认为与贵公司的经营理念、发展方向十分吻合"。如果超市对这份提案非常认同，并产生共鸣，那么甚至可以全权委托他们进行 POP 以及卖场装饰物的制作等。而作为交换，超市方面将该企划的全部销售数据对提案的合作企业进行公开。

采取这种模式，有些经营者不免会有一些顾虑。

"他们会不会拿着这些数据，去我们的竞争企业那里，销售相同的企划呢？"实际上，这一点不需要过多担心，因为即使他们将相同的企划交给别家企业，由于不同企业的经营理念与发展方向并不相同，所以方案也并不会被采用。即使被竞争企业采纳，实际上也很难销售出去。因此这一点无须担忧。

接下来我为大家介绍一家通过卖场与信息的共享化，获得超市大力支持的企业。这家企业名为国分 Food Create 株式会社。该公司通过与超市实现"信息共享"，超市不仅将卖场销售委托给他们，还将"各种信息"也对其进行公开。照片 48 所示的是该公司为超市打造的卖场之一。

照片48　国分Food Create公司充分运用全国特色布丁的人脉优势，协助超市开展采购工作。他们还能为超市提出卖场陈列的提案。这就是"制贩同盟"合作模式。

总而言之，首先要充分理解该超市企业的经营思路和发展方向，然后在理解的基础上，来为该超市量身定制合适的方案，进而与竞争对手形成差异化。这种合作模式就是我所提出的"制贩同盟"战略合作关系。

像这样，今后如果不能从过去的"交易"关系转变成"制贩同盟"的合作关系，并以此来提高"价格（低价）"之外的竞争优势，那么超市里的杂货商品或许将面临消失的命运。

与本地制造商、批发商的可持续性战略关系

其实，制造商与批发商也同超市一样，深陷激烈的竞争市场环境当中。在本地的制造商、批发商中，不断出现缩小规模甚至倒闭的企业。

这样下去的话，作为与大型企业、低价折扣企业，以及以亚马逊为首的电商企业形成差异化特色的战略之一的"本地化战略"，将面临无法继续实施下去的局面。因此，本地超市应该尤其重视、关注当地的制造商与批发商的生存发展。并在此基础之上，和他们融为一体，提出可持续发展战略的合作建议。这才是今后的存活之道。

所谓可持续发展，是指"使持续成为可能"。简单来说，就是使资金、商品、人、信息这些资源在该地区内进行流通循环，最终形成可持续发展型社会的一种经营思路。

具体来说，就是建立一种可循环发展的流通体系，比如使

用当地农家生产的当地食材，由当地制造商生产商品（产品），再由当地的批发商负责物流，最后在当地的超市进行销售。

这样一来，通过资金、商品以及人在当地形成良性循环，不仅有助于促进地域社会的发展，最终也能创建可持续发展的社会生活。因此，超市商家非常有必要与本地制造商、批发商共同打造可持续性的战略关系。如果不这样做，按照目前的状况持续下去，本地食材与本地商品（产品）就有可能面临消失的风险。

不仅如此，甚至当地的传统菜肴也可能面临失传的局面。进一步来讲，孩子们在出生的土地上居住生活的价值，都有可能被剥夺。

而且，如果不能促进地区经济发展，不能使当地居民生活富足，超市的销售额和利润也就无从得以提升。从这一点来看，超市商家也应该积极与本地制造商、批发商进行战略合作。

下面我为大家介绍一个成功的案例。

创业140周年，位于日本兵库县龙野市的酱油制造厂"末广酱油株式会社"，是当地家喻户晓的老字号。由于其采用传统的酿制工艺与原料，所以和其他全国品牌厂家相比，价格要高出不少。他们的商品无法被超市选作常规商品来开展销售。即使被超市采用，销量也并不理想。

于是，末广酱油公司的员工去拜访当地的超市："请问能不能多销售一些我们的商品呢?"然而,以瓶装酱油形式销售的话,即使超市大力推销,由于其价格较高,销量始终并不理想。

在这种情况下,超市提出了"小袋酱油"的销售形式。也就是将商品随寿司和生鱼片一起捆绑销售的形式(照片49)。

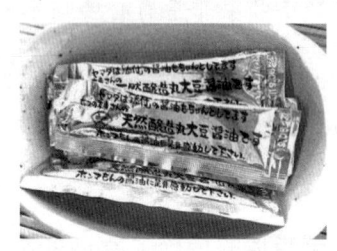

照片49 因为这种酱油是当地的特色酱油,所以按瓶装销售的话,价格会比较贵。于是,超市决定将其打造为随寿司和生鱼片销售的小袋酱油。有这种创新想法十分重要。

这种小袋酱油,只要有顾客购买寿司或生鱼片,就能随之被购买。

这样一来,酱油的生产量就会增加。而对于超市方面,顾客会认为"这家企业连寿司附带的酱油都坚持使用本地的品牌呢"。因此,超市可在这方面与其他超市形成差异化特色。也就是双方都达到了满意的双赢状态,同时形成了商品的"关联性"。

要知道,本地的制造商、批发商与遍布全国的制造商、批发商不同,掌握的信息量小,也没有专门的市场营销部门。由于不了解时代的变化,所以他们从创业以来,就一直在制作同样的商品。现状就是他们虽然具备精心制作商品的能力，但不了解如今什么样的商品才能畅销。

然而，作为超市的采购员，他们深知当今什么样的商品畅销。他们也掌握了今后大概的流行趋势。这样，超市就可以作为本地制造商和本地批发商的"市场部"，为他们提供畅销商品的提案。

总部位于日本石川县七尾市的 Dontaku 株式会社，就与当地的制造商和批发商建立了这样的制贩同盟的合作关系，并共同创建了原创品牌"Fooday"。构成品牌名称的"Food"表示饮食文化和地方风土，"Day"则蕴含了该品牌希望成为消费者日常生活中不可或缺的存在意义。

该公司尽可能采用在石川县自然气候中孕育出的、本地特产的美味食材，来打造富有浓郁特色的原创商品。他们希望将那些在得天独厚的风土中孕育出的当地食材的优质特色，传达给当地的顾客，旨在保留和传承当地的饮食生活文化。基于这种崇高的理念，像照片 50 中所展示的，该公司现在共开发出了 33 种原创商品。

这些商品就是可持续发展的战略性商品。各位读者理解了吗？

经常会有经营者强调"我们公司要从本土化入手，实现差异化特色"，现实却是很多生产本土特色商品的厂家，由于在竞

照片50 "Fooday"品牌是由"food"和"day"组合而成的名字。公司已开发出33种商品。我认为这是今后地方性超市应有的商品战略之一。

争中败下阵来，而陷入倒闭的困境当中。任其这样发展下去，超市恐怕无法再以"打造本土化"来实现差异化特色。遗憾的是，地方上能够真正理解目前这种严峻事态的企业还非常少。

我对地方的年轻经营者会这样强调，生产食品和点心的当地企业，以及生产日配品的小微企业，今后都将面临由于缺乏接班人，而不得不废业的严峻状况。到了那时，超市应该收购这些公司。通过公司并购行为，留下其老字号的品牌，使这样的传统老铺得以存续。超市还可以考虑通过出资购买新设备的方式，来进行投资。这样的救济和融资措施，其实也是一种重要的企业战略。

超市企业通过不断开拓新店的方式，寻求扩张成长固然重要，但也应该考虑以本土化为切入点，与本地企业实现同盟化成长。究其原因，是实体店铺在与无实体店铺企业的竞争中，存在陷入危机的风险。因此，今后超市应该考虑新的"成长战略"。

而且，与本地企业同盟化的成长战略，也会有助于打造制造业的零售化。如果超市企业不能实现制造业的零售化，就无法确保经营利润的最大化。

摆脱"返点制"恶习！

经常有年销售额超过 1000 亿日元的企业的商品部长，向我提出这样的问题："我接到了高层的指示，'现在应该生产 PB 产品！向制造零售业进军！'我该怎么办呢？"每到这时，我总会回答："如果不废除返点制度，我想是不可能实现的。"

因为即使超市生产了 PB 商品，如果该 PB 商品不具备独特的理念，而仅以低价为卖点，很难赢过已经有品牌形象的 NB 商品。NB 品牌商品即使不做宣传，也能畅销。而且重要的是，在每月期末的时候，这些 NB 品牌商品都会有返点（销售额返点）进来。于是，无论采购员还是负责人都会自然而然地选择更容易销售的 NB 商品。

甚至，还会有签订了返点合同的厂家，其分公司总经理级别的"高层人物"会越过采购员，直接与超市总经理洽谈，并威胁说："总经理！这样下去的话，我们的返点会变少哟！"

于是，总经理马上就会对采购员下达强制性的命令："想办法把××厂家的商品再多卖一些！"毕竟采购员只是普通的上班族，所以不得不听从社长的指示。像这样的事情早已司空见惯。在独裁型经营者模式和中小型超市，这种情况尤为常见。

如果不调整这种返点制度，PB 商品的开发就无从实现，即便开发了 PB 商品，也不能保持长久。这是过去的经验带给我们的启示。

一般每隔几年就会掀起一股 PB 商品的热潮。尤其在经济不景气的时候，热潮会如期而至，然后又悄然离去。一直都是如此反复。

而现在，已经到了无论在哪里、无论何时，都能买到畅销商品的时代。电商企业还会直接送货上门。

如果是像经济高速增长期那样，通过大量开店，年增长率就可以达到两位数的时代，这种返点制度还算一种有效的交易手段。

但现在，包括大企业在内，年增长率充其量仅有百分之几。即使算上新开的店铺，销售额的增长率也不会超过 5%。

在大量生产、大量流通、大量消费的大众时代已经面临终结的今天，返点制度还能维持下去吗？

大家都知道，销售额返点的金额，在经营上犹如"甜头"一般的存在，如果取消了销售额返点，甚至会影响到许多企业的营业利润。

但是，从近未来的角度来看，继续推行返点制并不是上策。因为这一制度正是开发个性化商品、差异化商品进程中的绊脚石。

在超市行业与其他行业，以及亚马逊等电商企业展开全面竞争的时代，"新的自有品牌时代"也即将来临。不！不如说如果不创造出这样的时代，NB商品从超市业界消失的噩梦可能会成为现实。

究其原因，是超市已经无法再靠单纯的价格（低价）竞争取胜。实际上，在电商购物盛行的中国，就已经陷入了这样的境况。现在已经到了应该做出改变的时候，我们应该从过去的返点制度，向以特色商品、差异化商品为中心的商品营销策略转变。

有些超市企业就因为能得到来自厂家的"宣传赞助金"，所以几十年来，一到母亲节就推出"母亲节买些咖喱吧"的海报。可事实上，顾客早就没了过去的那种消费倾向。

实际上，在企业财务结算期之前，会看到在一些大企业卖场的端头货架上，签订了返点合同的商品堆积如山。这种行为显然没有站在顾客的立场上考虑选品。每当我在卖场中看到这种充满了"想挣钱"念头的端头货架时，总不禁会想："这样做真的合适吗？"

从今往后我们要面临的是异次元之战。因此，是时候从根本上调整返点制度了。当然改革总避免不了"流血牺牲"。看看美国的零售业就会明白，就连世界第一的零售企业沃尔玛，也在果断进行着"吐血"般的改革。现在已经到了应该抛弃"甜头"的时代。

具有理念和哲学的 PB 时代已经来临

一直以来，顾客在选择 PB 商品时，最看重的是"价格优势"。但是，为了在与药妆店、亚马逊等不同业态的竞争中获胜，超市必须开发出体现企业的经营理念和哲学的 PB 商品。

而且，需要顺应潮流趋势。从创建"House Brand（本公司品牌）"开始，自行开展企划工作，直到销售自有品牌。开发 PB 商品的全过程中，如果不能遵循这种自有品牌的根本原则，就不能在竞争中胜出。

下面我为大家介绍三个自有品牌的成功案例。

第一个是"美味安心"品牌。

随着消费者健康意识的提高，能够放心食用的商品备受关注。像"美味安心"的商品那样，不使用化学调味料和合成色素的商品一定会得到顾客的支持。

作为开发这种商品的领军企业，美味安心株式会社的三科雅嗣会长这样强调："便宜只是一瞬，健康则是一生。"这个说法非常经典。截至 2018 年 2 月，美味安心公司已经开发出了 166 种商品，这个数字在继续增加。

在如今的老龄化社会中，"健康"作为一个关键词，十分重要。另外，千禧一代的过敏也是一大问题。因此，不使用化学调味料和合成色素的商品将成为今后的趋势，这一点已经在欧洲和美国的超市中得到了验证。

日本现在使用的指定添加剂约有 400 种，天然香料约有 600 种，一般饮料添加剂约 100 种。加起来约有多达 1500 种添加剂可以被使用。

放眼其他国家，在被许可的添加剂种类中，美国为 133 种，德国为 64 种，法国为 32 种，英国则仅有 21 种。日本可使用的添加剂的数量竟高达其他国家的 10 倍以上。由此看来，在不久的未来，像"美味安心"这样的自有品牌会受到消费者的关注。

第二个是刚才介绍过的"Fooday"品牌。

这是一个使用当地食材打造而出的自有品牌,制作起来也出乎意料地简单。该公司推出的"能登盐羊羹卷"(8个装380日元),是一款采用日本能登地区特产的天然盐制作的羊羹,配上口味不会过甜且松软可口的长崎蛋糕,卷制而成的商品。生产商品的企业并非本地厂家,而是京都的老字号"伊藤轩"。因为不是大批量生产点心的厂家,所以不必担心生产批次的问题。再加上能登的天然盐属于本地食材,所以采购也相对简单方便。

接下来就是如何调出符合当地居民口味的商品。此品牌获得成功的关键之处就在于开发出了符合当地居民口味的商品。所以"能登盐羊羹卷"成了非常受欢迎的食品。

该品牌的另一款商品,"中田面包品牌的能登牛奶切片面包"(5片/6片装440日元),是该公司委托当地面包制造商生产加工的商品。这是一款制作工艺中完全不加水,只使用能登产的牛奶制作而成的面包。

当然,这款商品也不使用任何添加剂。因其松软绵密的口感,大受顾客欢迎。尽管它的售价是便宜的PB面包的4倍以上,但依然因为其"美味可口""有特色""安全放心"的特点引起了顾客的共鸣,被大家争相购买。

像这种使用当地食材来开发PB商品的做法,对当地超市来说会成为今后的必走之路。

最后为大家介绍的是"成城石井"品牌。

从店名和 PB 商品名称一致这点也可以看出，成城石井的采购员们为顾客从日本乃至全世界采购而来的商品本身（虽然与严格定义有所不同），就成了他们的 PB 商品。

我一直认为，这才是采购员真正应该做的工作。由于商品的开发能力和开拓能力本身就构成了形成差异化特色的主要原因，所以超市无须特意为商品添加"品牌名"。即使不去刻意创建品牌，也能形成"品牌"。这才是最强的商品营销策略。

因为商品是超市走遍世界挖掘而来的，所以超市就拥有对商品的售价决定权。这是此做法最大的亮点，也是企业能够存活下来并成功突围的一大"优势"。

日本通过 TPP（跨太平洋伙伴关系协议）等途径，也与世界各国签订了自由贸易协定，因此，今后进口商品将变得更加方便。今后的时代也将需要更多行动力强、机智敏捷的买手。

综上所述，相信大家已经有所理解，企业开发 PB 商品的目的，绝不仅仅是"抢占价格优势"。开发出具备价格（低价）以外优势的商品，正成为企业的当务之急。我坚信，只有着手发力的企业，才能真正掌握杂货部门"近未来战略"的精髓。

日配品

■明确"商品主题"的选品

虽然我总是反复强调"差异化""独特化",但具体怎么做才能实现呢?我认为,首先应该明确"商品主题"。如果在没有明确商品主题的前提下,就盲目选品备货,那些主打低价的竞争企业一旦在商圈内开店,我们的销售额就会一路下滑。作为竞争对策,我们的商品需要具备明确的主题,以形成差异化竞争策略,我们可以推出类似下面的主题:

"健康"

"美味"

"商品种类的多样化"

"稀奇,特色"

"安全、安心"

"本土化"

像这样,构成商品的"切入点"可谓多种多样。若主推

"健康"主题，可采取扩充蒸豆等满足健康诉求的商品种类，并扩大商品的排面进行销售。若主推"美味"，可将辣白菜商品作为正宗口味泡菜的主要商品，减少泡菜风味的腌菜商品。若主推"商品种类的多样化"，就可将那些具有本土特色的拉面馆以及名店系列的拉面商品，打造成常规拉面商品。在商品种类上，保持超过竞争公司2倍以上的种类，以丰富多样化为特色。方法可以说是数不胜数。

如果只是简单地引进新商品、只销售超市行业中的畅销商品，这样同质化的商品结构，必会令企业陷入超市间的红海竞争的局面。今后将进入一个个性化的时代。而Daily（日配商品）就是一个特别能凸显个性化的部门。希望大家可以尝试在明确商品主题的基础上，进行选品备货。

■从制造商"心理占有率"低的品类中，窥视商机！

提起酸奶，大家第一反应就会想到"明治保加利亚酸奶"。像这种消费者心理占有率居高的品类，很难培育出差异化商品。相反，像"提起魔芋的话呢？""提起甜点的话呢？"这样，顾客一时想不起来代表性商品的品类，更容易重塑品牌。

那么，超市商家就可以通过彻底强化类似这样的品类，由自家企业亲自打造出"说到××商品，就想到××超市"的、在消费者心目中占有分量的商品。这样一来，即使今后有竞争对手出现，也能将竞争所带来的影响降到最低。

那么，制造商生产的品牌商品中，心理占有率还处于较低的，是哪些品类呢？我在表5-1中进行了汇总。细心的读者朋友们会发现，清单上的商品品类中，竟意外地有很多品类尚待开发。

表5–1　心理占有率低的日配商品类别

布丁类	通过订购策划等方式打造爆款商品
果冻类	借助博物馆化的策划活动打造爆款商品
甜酒类	近年来快速成长为一个很大的品类
奶酪类	以烹饪用奶酪为主，是正在成长的品类
纯果汁类	越来越多的人喜欢喝100%纯果汁
日式点心类	以美味取胜的品类

具体做法就是在这些品类中，大力推销自家公司的王牌厂家与商品。关键做法是要实行"3-3-3陈列原则"。也就是说，通过3倍的排面、3倍的体量（SKU）、3倍的故事POP，来实现价值的"可视化"。

■大量使用"平口冷冻柜"

提起Daily（日配商品）区的平口岛柜，几乎所有超市使用的都是冷藏柜。因此会出现损耗较高的问题。

我在此呼吁大家，应该尽量使用可以自由切换冷藏和冷冻模式的平口冷柜，因为畅销商品正逐渐向冷冻食品的方向发展。当前畅销的比萨正由冷藏品向冷冻品转变，同样，畅销的饺子也从冷藏的饺子转为冷冻的饺子。连乌冬面，今后也将从煮熟的乌冬面向冷冻乌冬面进行转变。再说甜点，如果甜点能够冷冻，就不会出现损耗。在举行促销活动时，如果日本国内生产的毛豆能够在日配品区用平口冷冻柜展开销售，就能够刷新纪录，卖出超常值。

这里提到的超常值，指的是在以往自身的经验中从未达到过的数据。一般来说，其反义词应该是"正常值"，不过在超市和从事销售的行业中以"经验值"作为其反义词来使用。我们将这种刷新经验值的具有挑战性的销售工作，称为"超常值销售"。

像这样，令人出乎意料的是，冷冻食品中也有很多畅销商品，不仅售价高，而且几乎不会产生损耗。商品的加价率也较高。要知道，日配商品的损耗能够降低到何种程度，对利润将会产生非常大的影响。因此，从现在开始，日配卖场目前的冷藏柜应该统统换成冷藏、冷冻模式可自由切换的平口冷柜，在新店开张和门店升级改造、重装开业时尤其推荐使用这种冷柜。

■商人传道师推荐"今后商品的新趋势"

日配部的趋势正在逐渐发生改变。为了与"近未来战略"

这一书名相对应，我为大家推荐一下今后有可能成为热门趋势的商品吧。

①正宗泡菜&除白菜之外的泡菜

由于泡菜与烤肉、火锅的关联性很高，所以绝对会成为具有上升趋势的品类。作为超市，还应该强化正宗泡菜和白菜以外的泡菜品种。

②装饰用咸菜

像照片51那样，在豆腐、米饭、面条等上面混搭配菜的咸菜，将成为一种新的流行趋势。咸菜不再仅作为咸菜被食用，还具有配菜装饰的作用，像这样的吃法应该会逐渐推广开来。

照片51　这种"并非只能当作咸菜吃"的咸菜，市场将呈上升趋势。这类商品可以点缀在米饭以及其他食品上，作为配菜之用。

③健康类豆腐

虽然豆腐本身就是健康食品，不过今后像芝麻豆腐、花生豆腐等这种主打"健康类"的食品更具备上升潜力。特别是这两种商品可以在常温状态下销售，所以无须担心损耗，可以进行大量陈列。而且它们都属于好卖且赢利的商品，利润也相当不错。

④切片魔芋、蒸豆

在大众追求健康的热潮中，由边角料制成的切片魔芋正在成为热销商品。最初大家像吃寿司一样，蘸着芥末酱油来享用，故此取名为切片魔芋。近年来有逐渐演变成"沙拉魔芋"的倾向。此外，还有蒸豆类商品，在健康、减肥和美容的热潮中，蒸豆类商品一直保持持续上升的趋势。

⑤无汤拉面

现在一家人一起吃拉面，不再追求统一的口味，而是想各自品尝不同的口味。为应对这样的消费需求，"无汤拉面"品类呈上升趋势。这里的重点是汤料的品种和配料的品种一定要丰富多样。通过销售无汤拉面来提高单价和销售数量的战略，将成为今后的新趋势。

⑥袋装关东煮

关东煮已经从原来的"现制商品"变成了"买来即食"。而且重要的是，袋装关东煮从高档品到低档品应有尽有，所以超市可以在商品种类方面打造出差异化。也因此，关东煮不容易形成价格战。而且，由于其属于消费潜力巨大的商品，如果能形成商品的差异化，也不容易产生损耗。

⑦冷冻比萨饼，冷冻饺子

因为是冷冻商品，所以不容易破坏食品原有的风味。又因为可长时间保存，所以即便大容量商品也很畅销。

售价高达500日元以上也能销售出去，且没有损耗，是一种加价率高的、呈上升趋势的商品。

⑧豆浆、杏仁牛奶

这是在健康意识高涨的美国超市中，经常可以看到的商品。豆浆在日本一直卖得很好，今后，杏仁牛奶也将成为流行商品。

⑨低脂牛奶

随着大家健康意识的提高，"乳脂肪含量1%""乳脂肪含量2%""脱脂"等调制乳呈现出上升趋势。

⑩烹饪用酸奶

随着健康、美容需求的提高，消费者开始用酸奶代替蛋黄沙拉酱，并开始更多地使用酸奶来烹饪。好市多超市的"1kg装希腊酸奶"就是很好的证明。这类商品一定会成为流行趋势。

⑪冷冻甜品

随着越来越多的女性步入职场，那些"犒劳自己的商品"逐渐呈上升趋势。存放时间长的冷冻甜品尤其受女性消费者的欢迎。作为超市，也希望销售更多像这样不会产生损耗的甜点商品。

⑫流行饮料

从2019年至2020年，香蕉汁、西瓜汁、海带茶等成为流行饮料。这些流行饮料，都是起源于美国的热销饮料，所以今后我们有必要多借鉴美国的流行趋势。

⑬天然奶酪、干酪

奶酪将成为今后的流行趋势。这里所说的奶酪并不是作为下酒菜吃的奶酪，而是作为烹饪食材的奶酪。可以将奶酪与生鲜食品以捆绑销售的形式进行售卖，尤其是干酪，今后增长趋势将会越发明显。

以上介绍的就是我为读者们提供的、今后有热销趋势的商品提案。像我经常强调的那样，"有潜力会流行的商品远胜过便宜货"。希望这些内容能在大家选品备货以及促销时起到参考作用。

杂货

■引入"动态定价"

也许大家早已有所耳闻,亚马逊的售价每天会改变高达 250 万次。就连沃尔玛,售价也会每月改变 5.4 万次。两者均是根据供需平衡的变动,来随时调整自己的价格。这种形式被称为动态定价。

反观日本,由于日本的超市强调 EDLP(每日低价策略),所以售价并不会发生动态变化。而且自从药妆店进军食品行业以来,提起"低价",消费者的心理占有率已经转移到了药妆店。如果价格(低价)方面能与药妆店抗衡,那在价格战上竞争到底也无可厚非,然而若没有实力与其抗衡,就应该以固定的每日低价 EDLP 商品为中心,实行动态定价。

很多超市在实际尝试后,有了出乎意料的发现,即使不采用一直以来的售价,卖出的数量也不会出现太大的差别,而且只要售价稍微便宜一点,竟会比平时多卖 2—3 倍。

今后无疑会进入利用人工智能等方法,积极实行动态定价的时代。您的店里是否还存在这样的商品：尽管配有"每月促销品"价签卡，售价却好几年都未曾变过呢？如果能将售价改为动态定价，利益必然会有所改善。

■明确"商品主题"后再调整商品！

在 Daily（日配商品）中我也提到过，如今已经进入一个明确商品主题、淘汰常规商品的时代。因为如果常规商品的种类与竞争对手基本相同，那么就只能在"价格"方面展开较量。因此，我们要做的是大胆调整品类的张弛度（扩大或缩小卖场）。具体内容我会在后文提到，希望大家参考那些呈上升趋势的商品品类。

要知道，药妆店将千禧一代定为目标客户群，正在以方便面和轻饮料为中心，开展每日低价的 EDLP 战略。然而，几乎所有药妆店都没有配备生鲜部门。也就是说，药妆店很难将餐食进行关联销售。因此，超市方面可以尝试强化那些与餐食关联性高的商品品类，各位读者认为这样做如何呢？

比如干货类商品。虽然干货类商品给人的感觉是呈下降的趋势，但是从其在电视的健康节目中屡次被介绍的情况来看，如果能以"健康"为切入点，干货类商品今后将呈上升趋势。

沙拉酱也同样如此。沙拉酱和蔬菜的关联性很高，而且现在每个家庭的冰箱里都放有两三瓶沙拉酱。如果超市把沙拉酱的商品种类增加至现在的 2 倍，会如何呢？这样做无疑可以提升顾客的心理占有率。

相反，方便面的卖场可尝试减少商品种类并缩小卖场。因为药妆店为了吸引顾客，战略性地降低了这类商品的价格，所以作为超市，不必直接与之对抗，只需把方便面的卖场缩小。软饮料也是如此。

以上仅是一些例子，在超市里，其他与餐食有关联的品类数不胜数，只要强化那些品类即可。对常规商品进行淘汰优化时，建议有效运用"战略画布法"（见图 5-1）。以现有的品类为基础，大幅度地分别实行"添加""消除""增多""减少"的措施，也就是将优势最大化。请大家一定尝试去充分运用这一战略。

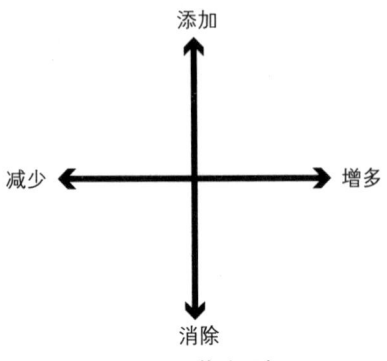

图5-1 战略画布

■ "毛利额至上"主义？还是"毛利率至上"主义？

还有另一种经营思路，那就是实现销售额最大化，赚取毛利额的方式。超市以此来实现与那些为了招揽顾客而实施 EDLP 战略的药妆店，以及在最具优势的杂货部门采取低价策略的电商们进行抗衡。

"作为超市，若在食品方面输给他们，成何体统?!"超市商家应该下定这样的决心，搭建出一种毛利率方面可与药妆店持平（10%~12%），并能与药妆店相抗衡的经营战略。通过采取 EDLP 政策、取消宣传海报的方法，只要人时销售额能够达到 4 万日元以上，即使毛利率与药妆店持平，超市的经营利润也能实现赢利。

说实话，我希望能对这样的企业给予更多支持。究其原因，那些滥发传单、以常规商品来对抗药妆店等战术，根本无法提高人时销售额，甚至有时部门收益（经营利润）也会出现亏损情况。

如果超市要与药妆店、亚马逊相抗衡，就需要彻底贯彻每日低价的 EDLP 策略，停止促销海报的特价促销战术。如果做不到这一点，那么就该掉转航向，转向"毛利率主义"。

具体做法是倾力推销那些"畅销且赢利的商品"。杂货部原本就是人时销售额偏高的部门，只要此部门的毛利率能提高

1%，就能大幅改善经营利润。

在实现这一目标的过程中，包括采购员在内，所有负责人的"意识"对结果会产生非常大的影响。如果采购员认为"毛利率达到20%就可以了"，那么就无法实现20%以上的目标。

另一方面，如果负责人认为"毛利率要达到25%！"，那么就可以将那些毛利率超过30%的商品，放在卖场最显眼的位置，以"3-3-3"的陈列原则进行推销。因为与生鲜部门不同，杂货部门无须在意商品报废及打折等所造成的损耗。

■商人传道师推荐"今后商品的新趋势"

虽然杂货部不如Daily（日配品）的流行趋势那样变化强烈，但同样在逐渐发生变化。那么，什么样的品类与商品今后会呈上升趋势呢？我来大胆地推测一下。

①干货类

随着千禧一代的"消费者大厨化"，干货类商品将呈现出销售上升的趋势。另外，在电视健康节目中，干货出现的次数也较多，所以应该扩充这类商品的品类。

②醋类

以在韩国很受欢迎的美容饮料"美醋"为首，具有美容效果的醋类商品呈上升趋势。

随着健康热潮的兴起，食用醋今后也可能成为具有上升趋势的商品。

③沙拉酱类

此类商品十分流行，大家甚至创造了"我的专属沙拉酱"这样一个新词。由于这类商品用途广泛，所以在商品数量方面和卖场陈列方面都应该进行扩充。

④米油

随着健康食用油的流行，米油类商品今后将呈上升趋势。如果附上照片52那样的说明米油功效的POP宣传广告，米油就可能成为爆款商品，且销售额甚至可能超过菜籽油。

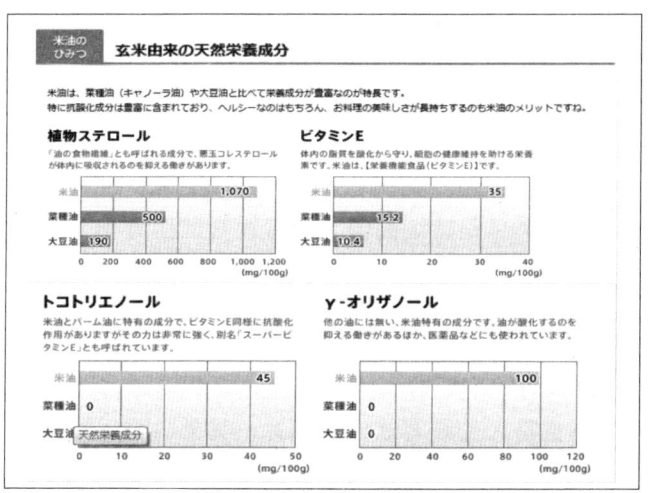

照片52　这是说明米油功效的POP宣传广告。此POP通过三种食用油的横向对比，对米油含有众多营养成分的优势进行"可视化"。因为这张POP的成功展示，米油的销售份额一下子提升了许多。

⑤配菜味噌

"糟粕味噌""生姜味噌"等，作为蔬菜和豆腐配菜的味噌也有进一步上升的空间。尤其是随着大家饮食的西方化，配菜味噌有可能取代走下坡路的味噌汤，成为新的主角。

⑥即食咖喱

这是受亚洲咖喱热潮的影响，而大受顾客欢迎的品类。由于即食咖喱与顾客省时的需求相符，因此呈现出上升趋势。顺便提一下，块状咖喱的时代已经成为过去。

⑦炖煮牛肉

这有可能是从奶油炖菜演变而来的一种菜肴。随着消费者对畜产部的炖煮牛肉需求的增长，炖煮牛肉这道菜将呈上升趋势。

⑧意大利冷面

日本的夏季总是持续高温。随着饮食的西方化，今后的流行趋势很可能从日本传统的素面转变为意大利冷面。

⑨罗宋汤等欧洲料理商品

罗宋汤也是大受顾客欢迎的商品。另外，今后法式蔬菜牛肉汤、西班牙大锅饭、西班牙蒜味炖菜、意大利水煮鱼等欧洲料理商品也均将呈上升趋势。

⑩**亚洲风味汤**

由于在日本人中掀起一股去亚洲其他地方旅游的热潮，受其影响，亚洲风味汤也在呈上升趋势。

⑪**速食商品（蒸煮袋密封后高压杀菌）**

在众多速食商品中，那些大家选择不再在家中自行制作的商品，例如粥类、小豆汤类等商品有上升趋势。另外，"速食米饭"今后也会继续成为超级流行的商品。

⑫**蜂蜜**

这依旧是受健康热潮的影响，而大受欢迎的热卖品类。今后，只要充分备货，就有望提高顾客的心理占有率。

⑬**脱离咖啡**

外资咖啡店通过强化抹茶拿铁等拿铁商品，以及可可、奶茶等，成功改变了饮品的潮流趋势。外资咖啡店的人气商品今后也将呈上升趋势。

⑭**罐头**

不仅是"青花鱼罐头"的热潮，浓缩营养的罐头类商品在今后也会一直保持流行趋势。由于其用途广泛，所以非常有潜力，因此负责人需要在卖场中规划出一个专门销售罐头的主题区来进行销售。

以上是我作为战略咨询师总结出的、尝试根据各种"切入点"所提出的商品提案。毫无疑问，今后有个性的选品备货以及商品营销策略将成为企业生存之道的关键。要想战胜对手的低价策略，就要看准一点进行突破，深耕垂直品类。希望大家今后在布局卖场时，这些意见可以起到参考借鉴的作用。

零食

■ "鼓起勇气"调整优化常规商品

如果无法在价格（低价）方面与药妆店拉开差距、保持优势，那么就应该鼓起勇气，对常规商品进行全面优化。是结合价格（售价），降低毛利率？抑或是改换品类，迈向蓝海领域？无论选择哪条出路，都能从侧面体现出不同企业的不同思考方式。

事实上，零食部与杂货部、Daily（日配部）不同，可形成差异化特色的商品种类非常繁多。然而，现状是各家超市的产品阵容，大多都是与"行业的畅销商品"保持一致。既然药妆店已将零食商品定位成"吸引顾客"的战略商品之一，那么超市能做的，不外乎就是将加价率降低到与药妆店相同的水平，或者是考虑重新对常规商品进行全面的调整优化。

是选择红海战略，还是蓝海战略？选择权在你的手上。

零食属于个人嗜好品，也是复购率较高的品类，还是马上可以判断出其价值的商品种类。超市要做的就是鼓足勇气，大胆地调整优化这些常规商品。

重新优化常规商品时，可以将那些畅销但不赢利的 A 类商品从卖场中淘汰，选择优化并引进那些符合自家企业的经营理念、哲学以及主题概念的常规商品。能够做到这一点的企业，才能够顺利跻身蓝海领域，才能够在保持 30% 毛利率的同时，业绩也能远超上一年。

在商品品类上能够创造出蓝海领域的部门，非零食部门莫属。

■需要改变价格区间的品类战略

所谓"价格区间"，是指在某类商品的售价中，价格分布最多的中心价格带。超市有必要改变商品的价格区间。

其中，成功被改变价格区间的品类就是"巧克力类"。

之前巧克力的价格区间为 100 日元左右，现在提高到了 300 日元以上。也因此，在销售额和利润上都获得了大幅改善。

随着越来越多的女性进入社会工作，许多"成熟女性"会将购买巧克力作为消除压力和奖励自己的一种消费方式。因此，随着女性购买需求增多，巧克力呈现出销量上涨的趋势。尤其是随着葡萄酒逐渐成为一种日常化的饮品，高价巧克力也开始格外畅销。

另一方面，千禧一代是"不怎么让孩子吃零食"的一代。如今大家能够马上获取各种各样的信息，所以他们对孩子的健康与成长格外敏感。

同时，他们又是"在药妆店买零食"的一代。从他们那一代懂事的时候开始，药妆店就已经在经营各种食品。因此他们不会有"药妆店=药店"的印象。倒不如说他们觉得"药妆店=也可以买到药的超市"，对在药妆店购买零食的这一行为没有任何抵触。

因此，对于那些价格区间较低的商品，市场份额会被药妆店抢走，这一点显而易见。超市有必要增加更多"有价值的商品""美味的商品"的种类，并提高商品的价格区间。这里请大家参考好市多超市。在好市多超市中，1000 日元以上的零食销量非常好。我确信，提高商品品类的价格区间的战略，才是杂货部门的"近未来战略"。

■根据需求变化来选品

"零食=孩子的小零嘴"这种想法，是昭和 40 年代到 50 年代（1965年—1975年）经济高度成长期的产物。随着少子化的发展，在可以通过网络随时获取各种信息的当下，若依旧仅以孩子为目标客户群来进行选品备货，那么销售额必然会呈现出下降趋势。

大家知道"Guilt-free"这个短语吗？Guilt是罪恶感、负罪感的意思，"Guilt-free"在这里指的是那些吃起来没有罪恶感的零食。近年来，越来越多的母亲更希望让孩子吃一些"Guilt-free"的食品。因此，如果零食品类依旧仅以孩子为目标客户群，进行选品备货，销量一定会呈下降趋势。

另一方面，有两类需求在逐年上涨。一类是面向职业女性，满足其奖励自己的需求；另一类是面向老年人，满足其想品尝到美味零食的需求。能够应对这些需求的商品，将会呈上升趋势。如果不能捕捉到消费者嗜好的变化，销售额肯定无从实现增长。

这里用谷麦片来举一个简单的例子。虽然严格来说它并不属于零食类，因为它瞄准的是"早餐"这一市场，由于饮食的西方化以及其满足了忙碌的上班族的需求，谷麦片成了非常热销的商品。

另外，坚果类商品也没有主攻零食市场，而是瞄准了"健康"市场，因此杏仁、核桃等商品也都十分畅销。如果不能捕捉到这些变化，并随之改变商品品类与促销企划，就会有可能面临消费者远离零食的风险。

消费者需求的变化与新市场的创造息息相关,这并不是一件坏事。只有那些抓住这些变化,并及时优化品类与变更企划的企业,才能赢取胜利。

■借助蓝海商品来提高毛利率

零食与杂货不同,即便并非 NB 品牌商品,只要好吃,就会实现热销,成为爆款商品。而且复购率高,爱吃的顾客很快会再度购买。也就是说,售价决定权可以掌握在销售方手中。

我经常对零食采购员这样说。

"零食与杂货和日配不同,销售方拥有售价决定权。也就是说,采购员选品的眼光很重要,要能够发掘出有价值的商品。如果认为"这个商品,以这个价格销售绝对畅销",就应该相信自己的直觉,充满自信地制定商品的售价。

今后,零食部门如果能在选货备货方面,选择那些符合蓝海领域的商品品类,毛利率达到30%以上也将不再是梦想。

实际上有些企业的毛利率已经超过了30%。我确信,让销售方(超市方面)拥有售价决定权的商品结构,与今后的差异化特色息息相关。

另外,零食部门的话,也很容易采取试吃销售等方法。如果对那些畅销且赢利的商品,以试吃的方法进行销售,销量会发生非常大的改变。因为零食部门能够很好地运用试吃这种"效果绝好的销售方法",所以将那些畅销且赢利的商品,以试吃的方式进行销售,来追求超常值,力求改善毛利润的目标,这点至关重要。

目前为止,超市由于总是一味地推销那些没有售价决定权的商品,总是无法获取利润。所以今后超市应该在商品品类上引入更多的蓝海商品,来改善毛利润。

■**商人传道师推荐"今后商品的新趋势"**

很多人一直认为零食部门的销售总体呈下降趋势,但事实并非如此。我甚至认为,应该缩小杂货区的卖场面积,转而扩大零食区的卖场,因为在零食区,超市拥有售价决定权的商品较多。

那么,让我们直奔主题,说说今后将成为新潮流的商品吧。

①坚果

这里所说的并不是传统的豆制品零食。杏仁、核桃、腰果、开心果等坚果,它们不再被当作"零食",而是被定位为健康食品,还可以用于烹饪。这样的坚果今后将会呈上升趋势。

②水果干

同样不是作为"零食"来食用的商品。水果干可以作为早餐，搭配酸奶食用，也可以作为葡萄酒的下酒菜食用，是可以创造新市场的品类。

③咸味饼干

很适合与葡萄酒、奶酪搭配食用。另外，作为健康商品、灾害储备用的食品，也备受关注。今后，比起甜味曲奇饼干，咸味饼干的需求可能会更高。

④高价巧克力

消费者对自己奖励的需求越来越高。作为满足这种需求的商品，美味的巧克力永远不会过时，是稳步增长的品类。

⑤谷麦片

谷麦片的趋势会从水果谷麦片转为糖分较低的谷麦片以及木斯里（发源于瑞士的一种流行营养食品，主要由未煮的麦片、水果和坚果等组成）。另外，玉米片也因为早餐的西式化而受到忙碌的上班族的支持。所以谷麦片类商品会一直呈现上升趋势。

⑥软糯的米果（以大米为原材料制作而成的零食）

从米果的畅销情况和特征来看，"软糯的米果"比较畅销。以高龄者为中心，今后依然会受到顾客的支持。这种商品俨然成为下降趋势品类中的一线光明。

⑦**半生点心（成品点心的含水量为10%—30%的点心）**

与其说它呈上升趋势，倒不如说是我将其强行算到上升趋势的品类中。让半生点心最显眼的卖场是面包和点心区。将存放时间长、加价率高的半生点心摆在面包区（和式点心区）进行关联销售，可以减少损耗，还能提高半生点心品类的销售额。

⑧**果冻**

每年夏天，能够在炎热天气下食用的果冻类食品会呈上升趋势。超市需要认真对待果冻类食品，有必要的话可以设置专门的主题区进行销售。

综上所述，在杂货品类中，零食部门无疑属于战略性部门。超市如何对商品进行战略性的选品备货，与零食的"近未来战略"息息相关。

酒类

首先请大家看图5-2、图5-3。这是过去5年中，日本人均啤酒年消费量和日本啤酒年消费量的推移情况。可以看出，消费量明显呈下滑走向。

图5-2 日本人均啤酒年消费量的推移情况

图5-3 日本啤酒年消费量推移情况

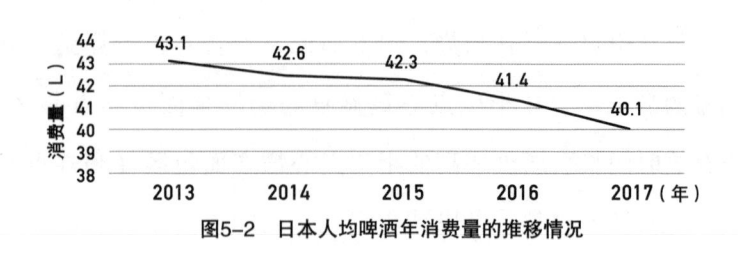

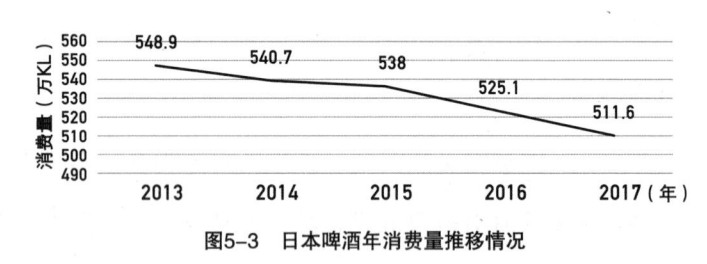

不过，在酒类部门中，啤酒占到销售额总体的50%以上也是事实。虽然啤酒销量呈下降趋势，但作为采购员，依然希望保持啤酒品类的销售额，这是他们的真实想法。

超市现在有必要做出"重大决断"。也就是啤酒类产品应向毛利额至上主义进行转变。这是因为啤酒类产品的毛利率太低。如果不将毛利率进一步提高，人时产能只会越来越差。超市应该从销售额主义转变为毛利额主义，同时缩小那些呈下降趋势的品类在卖场中的面积。

啤酒类（啤酒、发泡酒、新品类）商品的购买渠道很多，比如电商、药妆店、家居卖场、便利店等，均可买到。也就是说，啤酒类商品除了价格（低价），并没有附加价值。

那么，我们就应该着重强化附加值更高的领域。在此，我就酒类部门的"近未来战略"为大家提供一些思路。

■ 啤酒、发泡酒、新品类

目前看来，要想成功突围，并存活下来，唯有采取"提高自有品牌商品的销售额占比"这一方法。自有品牌可通过自由连锁经营（Voluntary chain）等模式进行共同开发。如果超市仅销售全国品牌的 NB 商品，在与那些电商进行"服务"与"途径（Access）"等方面的较量中，根本没有胜算的可能。我们可以很容易地预测到，今后一键购买（途径）并送货上门的电商将占据绝大多数的市场份额。所以从现阶段开始，超市需要将重心转向自有品牌商品。否则，就会像前面提到的那样，市场份额将被其他业态逐渐压缩。

或者，如果今后能像美国那样，迎来精酿啤酒（Craft beer）的热潮，届时超市可以将"本土化"作为切入点，来进行差异化竞争。但就目前的情况来看，还很难期待。

我认为，今后以都市地区为中心，在便利店的服务台就可以像买现磨咖啡一样，轻松购买到一杯 100 日元左右的生啤。超市曾经从酒类专卖店和酒类的折扣企业手中夺走了啤酒类的市场份额，现在却陷入被夺走的境地。因此，超市企业应该及时转换方向，以应对残酷的竞争。

■日本酒

虽然日本酒是呈下降趋势的品类，但我认为不会比啤酒品类的问题严峻。因为日本酒是可以打造差异化特色的品类。

顺便问一句：各位读者认为在日本，总共有多少日本酒的酒窖呢？截至2019年，多达1400余家。而且品牌更是多达1万余个。从制造厂商的数量和品牌的数量来看，是能够打造"差异化"的特色品类。

但是，超市大概没有富余来安排专人负责日本酒的采购吧。那么，怎样做才可行呢？其实可以效仿葡萄酒的做法。有超市与"爱诺特卡（ENOTECA）"和"Vinos Yamazaki"等葡萄酒专卖店合作，在葡萄酒的品类方面实行了差异化战略。日本酒也可以与当地的日本酒专卖店进行合作，在品类方面尝试打造差异化特色，各位读者觉得这种方式如何呢？另外，还可以与名为"日本名门酒会"的自由连锁经营组织进行合作等。

虽然顾客对于日本酒的需求确实在减少，但真正喜爱日本酒的人，对日本酒的钟爱甚至超过了葡萄酒。因此，我们可以预测到，日本酒的单价将会提高。而且对日本酒十分讲究的顾客，通常对食物也同样讲究。因此我认为经营生鲜食品的超市很适合销售日本酒。超市通过与日本酒专卖店进行合作，就能够构筑出与其他公司或其他业态不同的品类战略。

■烧酒

随着曾经畅销一时的热潮的终结,烧酒显然成了一种已到达顶峰,并开始走下坡路的品类。但烧酒的经营方式与企业的战略、方向存在密切的关系。我认为,今后的策略可以分为以下三种。

第一种,门店整体以"价格"为中心推进战略。如果企业决定采取这种战略,就应该推动甲类烧酒的自有品牌化,采取单品量贩策略,主打那些"畅销且赢利"的烧酒商品。

第二种,正视烧酒的下降趋势,不盲目扩张卖场和产品阵容的战略。如果企业决定推进这种战略,就应该倾力推销那些能赢利且大众皆爱的乙类烧酒,以确保利润。

第三种,认为烧酒是可以实现"差异化"的战略。如果企业决定走差异化路线,烧酒原料的差异就像芋头一样,企业需要根据原料品种的不同,在产品阵容方面制定差异化策略。

除此之外,我认为,随着烧酒的消费逐渐转向Chu-Hi气泡酒以及鸡尾酒,会出现这样的局面:虽然烧酒本身的消费量会有所增长,但烧酒的种类不会增加。因此,烧酒品类更应该转向毛利额主义。随着消费的转型升级,今后超市的烧酒品类可能呈现出减少的趋势。

■威士忌、高球鸡尾酒

目前在以惊人的速度实现增长的品类，是威士忌和高球鸡尾酒。这一趋势与曾经一度掀起的烧酒热潮非常接近。今后威士忌和高球鸡尾酒将代替烧酒和日本酒，成为"畅销且赢利"的王牌级品类。

尤其是高球鸡尾酒，作为"可以轻松小酌的酒品"，依然有很大的上升空间。但如果日本制造的威士忌上市，预计将面临与烧酒相同的命运。因此，可以效仿推销葡萄酒的做法，为顾客提供威士忌的详细信息，例如"什么是苏格兰威士忌？""什么是波本威士忌？""不同国家之间威士忌的差异是什么？"等，提供这样的商品信息十分重要。

现在葡萄酒备受瞩目，威士忌也和葡萄酒一样，属于上升趋势的品类。如果拥有不同国家的产品阵容，并结合故事POP等方式打造差异化，就完全可以将威士忌打造成为差异化特色十足的品类。

此外，超市可以单独打造一个"男人专用酒"的主题区，销售高球鸡尾酒以及高度数的Chu-Hi气泡酒，同那些低度数的Chu-Hi气泡酒与鸡尾酒进行分区销售。因为随着老龄化社会的发展，今后会有更多男性顾客光顾超市。这样的话，可以推测，他们不知不觉地就会选择去那些酒类品种齐全的超市进行购物消费。

从这个意义上来说，按照国别进行分类且产品阵容齐全的威士忌等商品能够起到集客效应。今后，超市需要将威士忌定位成打造酒类部门差异化的品类。

■Chu-Hi 气泡酒、鸡尾酒

随着职业女性的增多，为了缓解压力，女性饮酒的次数今后会逐渐增加。从这个意义上来说，这个品类肯定会呈上升趋势。遗憾的是，陷入红海领域也是不争的事实。

而且商品更迭换代的速度之快，也是其他领域所无法比拟的。在库存管理和卖场维护方面，也属于相对比较困难的品类。

今后将呈现出两种发展方向。

第一种方向是，因为 Chu-Hi 气泡酒和鸡尾酒属于红海品类，无法形成差异化，所以不将它们作为重点品类考虑。第二种方向则正相反，尽管身处红海领域，但由于女性与男性的消费倾向不同，比起单纯的"低价"，女性消费者们更注重"精心挑选所带来的乐趣"。

第二种方向是，将 Chu-Hi 气泡酒和鸡尾酒定位为打造差异化特色的品类，通过拥有绝对优势的商品种类的数量，以及多到令人赞叹的商品阵容，来促进该品类今后的发展。

在我看来，如果卖场面积够大，那么就应选择后者。因为我认为，如果商品阵容强大到能够在 SNS 上引起热门话题，也就是营造出所谓的"酒品博物馆"程度的话，就一定能够起到吸引客流的效果。

针对这一品类，有截然不同的两种对策。也正因为如此，可以说 Chu-Hi 气泡酒和鸡尾酒是非常独特的品类。读者朋友，你会选择哪一种做法呢？

■利口酒、烈酒

该品类呈上升趋势的可能性很高。我之所以这样判断，首先是因为在日本的外国人正在逐渐增多，而他们对利口酒、烈酒的需求非常高。其次，"酒类爱好者"的需求也在增加，且在喝酒这方面并不分男女。

而且最重要的是，在超市的酒类品种中，这是最不容易买到的一类。我认为，与烧酒相比，利口酒和烈酒这一品类更具上升趋势，是能够进行差异化的品类。从世界范围来看，这个品类的商品种类很多。因此可以充分实现差异化。

超市在与电商的竞争中，对于商品种类繁多的品类，电商的优势往往更大。作为超市，必须为顾客提供超过电商的商品信息，以此来提高消费者的"购物的经验价值"。不过，单从品类上来看，我认为这是一个非常具有潜力的品类。

■梅酒

梅酒也属于上升趋势的品类。随着越来越多的女性进入职场，梅酒的销量也在增加。与 Chu-Hi 气泡酒和鸡尾酒一样，梅酒也属于顾客会顺手购买的商品，但梅酒不像 Chu-Hi 气泡酒和鸡尾酒那样容易陷入红海竞争。

如果超市走"专柜化"路线，再利用故事 POP 为顾客提供有用的信息，就会将梅酒成功打造成差异化的品类。我们可以用"面向男性＝威士忌""面向女性＝梅酒"来看待这个品类。

如今，梅酒已经自成一派。我认为今后应该以女性为目标客户群，继续强化这类商品的品类。而且作为顾客顺手购买的商品，梅酒不会与电商形成竞争，这一点也是优势。梅酒是以千禧一代女性为中心，有集客效果的品类，今后超市应该继续强化这一品类的产品阵容。

■葡萄酒

根据 EPA 和 TPP 等经济合作协定，葡萄酒作为"不加关税的酒类"，今后必将备受瞩目。另外，随着葡萄酒的日常化与饮食的西方化，顾客对于葡萄酒的需求也是与日俱增。

并且由于葡萄酒是一种需要专业知识的品类，也很难陷入红海化，这一点是优势。另外，由于葡萄酒的商品数量庞大，所以虽然感觉上是适合电商销售的商品，但实际上选择起来，会使消费者备感压力，所以我认为还是比较适合通过实体店来进行销售。

首先是性价比。众所周知，价廉但品质差的葡萄酒肯定无法受到顾客的支持与喜爱，因为消费者需要的是"物超所值（口味）"的商品。如果做不到这一点，那么葡萄酒就无法成为差异化品类。

然而，这是一种在销售额中有希望能达到占比30%的品类，而且最重要的是，葡萄酒是酒类领域中唯一一种销售方能够掌握售价决定权的品类。毫无疑问，葡萄酒可以成为畅销且赢利的品类。

由于欧洲关税被取消，今后有一定销售能力的企业应该考虑直接从欧洲进口葡萄酒。或者成立团体，以团体的名义直接进口。像这样，主动建立拥有售价决定权的机制显得尤为重要。

另外，日本葡萄酒的品质在不断提高。今后超市也应该多多关注，并需要考虑实现日本葡萄酒的PB化。

实际上，销售葡萄酒最大的壁垒在于，包括公司高层在内，很多人仍然认为"这类商品也就只能占到销售额的10%左右"。如果大家能够转变想法，坚信"我们能让葡萄酒占到销售额的30%以上！"，我们的行动也会随之有所改变。

如今，超市已经具备了从世界各地直接采购葡萄酒的条件，但如果超市依然只是销售第三方采购来的红酒，那么销售额占比就无法达到30%。我认为，只有自己采购、自己定价的企业，销售额构成比才能达到30%以上，甚至能够达到50%。因此，培养自己的葡萄酒侍酒师和葡萄酒专职买手是当务之急。因为酒类是有可能确保与生鲜达到同样毛利率的品类，所以需要培养这样的人才。

可以断定，酒类商品的"近未来战略"，就是将葡萄酒的销售额占比提高到30%以上。

综上所述，第5章我为大家介绍了杂货部的"近未来战略"。杂货部是最容易与其他业态形成红海竞争的部门。如果按现在的情况继续发展下去，超市的市场份额肯定会被其他业态夺走，这一点大家应该有所体会了吧。因此超市有必要进行大刀阔斧的改革。若不及时采取措施，恐怕就来不及了。

因为杂货部是生产效率（人时销售额、人时毛利额）较高的部门，所以可以理解大家对改革抱有的恐惧心态。在改革前，脑海中总会先冒出类似"万一失败了……"这样的想法。虽然情有可原，但想必大家也已经心知肚明，若此时不进行大刀阔斧的改革，超市行业只会一步一步走向衰退。

这时最需要的就是总裁（经营者）的领导能力。公司高层如果不明确表明切断退路、"破釜沉舟求变革！"的坚定决心，真正的变革就无法实现。而长此以往，公司必将走向衰退。

因此我强烈希望各位能在早期就着手进行大刀阔斧的改革。

Be daring, Be first, Be different（无所畏惧、敢为人先、与众不同。）

这是麦当劳创始人雷·克拉克（Ray Kroc）的名言。在此我把它转献给各位经营者以及杂货部的相关人员。希望大家能够无所畏惧、敢为人先、与众不同地实行改革。

第 6 章

店长的近未来目标

Change People, Change Future!

我们做出改变,(公司的) 未来也会随之改变!

(商人传道师)

"店长是管弦乐团指挥一般的存在！"

这是我在2009年出版的《超市的蓝海战略：创造良性赢利模式》一书中，所大力倡导的概念。之后，日本全国陆续出现了很多优秀店长，对我的这种想法产生共鸣，也成功打造出许多充满特色的店铺。

然而，出于人口减少、老龄化等种种原因，如今想仅靠店长一个人的力量，来维持店铺的销售额与利润，变得越来越难。

因此，作为"管弦乐团指挥"的店长，需要对自己的定位做出一些改变与调整，以迎接全新的时代。

当然，店长的职责与管理方面同样需要与时俱进。

目前，店长被赋予的职责是"门店的数字负责人"，包括营业额、毛利润（率）以及经营效率等。但我认为今后的店长大概会转型为人时产能效率等"经营效率的总负责人"的角色。

话虽如此，那么是否代表店长不再需要肩负销售额以及毛利额（率）的责任了呢？实际并非如此。今后，店长依然是将公司领导以及采购员的指示，在店铺百分百贯彻执行的负责人，这一点不会改变。

在本章中，我想就"店长的近未来目标"提几点自己的想法。

今后的店长要成为提高"人时销售额"① 的最高负责人!

今后,人口会持续减少,且有愈演愈烈的趋势。尽管如此,竞争对手依然会持续不断地开设新店,这样的话必然会导致自家门店的销售额下滑。在这种情况下,如果超市还是一如既往地奉行"销售额"至上主义,就会被迫采取低价销售的方法。然而,今后是否只要低价销售,就能吸引顾客呢?这个概率是非常低的。

那么人口减少、竞争愈加激烈的情况下该怎么办呢?我认为企业若想得以存续,有必要将"销售额"至上主义转变为"人时销售额"至上主义。无论竞争对手如何开店,只要确保自家企业的人时销售额不下滑,或只要努力提高人时销售额,就能够在人口减少、竞争愈加激烈的情况下存活下来,并成功突围。

最糟糕的情况,莫过于销售额下降,人时销售额也随之下降,陷入"恶性循环"的状态。这样一来,很快就会变成亏损的门店。

---

① 指每位员工每小时创造的销售额。

第6章 店长的近未来目标

而且，亏损的门店如果不对人时销售额进行改善，其亏损的情况会越来越严重。作为店长必须担负起最高负责人的职责，负责将人时销售额最大限度地加以提升。

顺便提一句，各位店长，你们知道自己店里的人时销售额是多少吗？

事实上，有很多店长连这一点也不清楚。在此，我将表示"劳动生产率"的指标分类总结成图6-1，作为基本常识供大家参考。

= 附加价值额/员工人数
= 附加价值额/销售额 × 销售额/员工人数
= 附加价值率 × 员工人均销售额

= 附加价值额/员工人数
= 附加价值额/有形固定资产 × 有形固定资产/员工人数
= 设备生产性（设备投资效率/资本生产性）× 劳动装备率（资本装备率）

= 附加价值额/员工人数
= 附加价值额/总资本 × 总资本/员工人数
= 资本生产性（总资本附加价值率/总资本投资效率）× 资本装备率（资本集约度）

※附加价值额=经营利润+（薪资总额+福利待遇）+动产不动产租赁费+租金缴税+折旧费

图6-1 劳动生产率相关指标

其中，在52周中能掌握的指标，只有"员工人均销售额"。而附加价值，也就是所谓的毛利润，在52周计划中很难把握。因此，管理人时毛利额相对来说会比较困难。

因为超市采用一年52周的促销计划，所以管理上也必须用52周来进行管理。通过52周能够管理的经营效率额指标，只有人时销售额。

因此，需要有人来充分把握人时销售额的目标，并在此基础之上，提前制定下一周或下下周的人时计划。这就是今后店长的理想形象。

那么，如何才能提高人时销售额呢？每个企业在不断挑战提高人时销售额的过程中，都会反复遭遇挫折。在这里，我想提出几点能够提高人时销售额的方法。

今后的店长要成为"教育者"！

我认为，要想实现人时销售额最大化，关键在于一点：要使每一位员工都能真正理解"为什么一定要提高人时销售额？"。理解之后，还要让他们做出承诺。

这里所说的"承诺"，指的是"负责任的承诺"。如果员工们不做出承诺，那么即使高喊"我们要提高人时销售额！"也会半途而废。

如果门店的整体氛围变差，离职率就会增加。而由于人员减少，无法进行卖场的维护，所以无论是销售额还是利润都会下降。反过来，又会引发人时销售额的下降问题，于是就会形成一种恶性循环。

因为超市是劳动密集型产业，所以提高人时销售额具有重要意义。如果无法做到令每个员工都能充分理解这一点，并采取实际行动，就无法顺利进行下去。即使短期内进展顺利，也不会长久。

有家企业就通过充分让员工理解这一点，而成功地让人时销售额获得非常显著的提高。这家企业就是总公司位于日本鹿儿岛市的 Taiyo 株式会社。

首先请大家看该公司公开的经营指标（图 6-2）。从表中可以看出，他们的营业利润率得到了非常明显的改善，甚至被称为"奇迹的 Taiyo"。

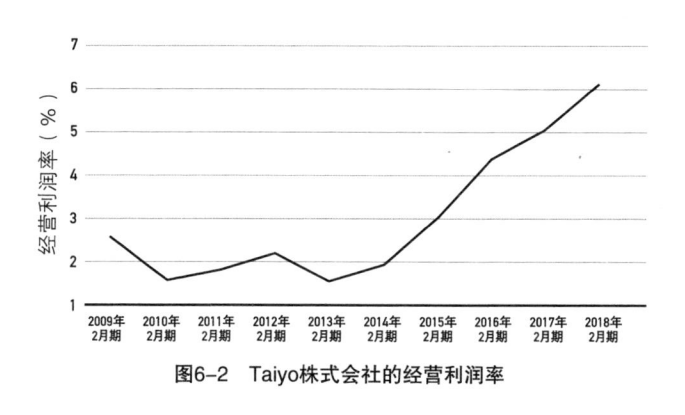

图6-2　Taiyo株式会社的经营利润率

之所以能够创造这个奇迹，完全是因为企业让店长与采购员彻底理解了"为什么一定要提高生产效率"，并要求他们承诺绩效的成果。据说这是每位员工在自己的工作和职责中，对经营效率进行思考后，在各自的岗位上努力实践的结果。

收益获得大幅改善，绝不仅仅是店长一个人的力量。从Taiyo的情况来看，不难推测，这是公司全体员工努力的结果。

因此，店长必须成为一名"教育者"，向每一位员工进行说明，直到他们理解为止，并让他们做出承诺。也就是说"今后的店长要成为教育家"！

即使成功说服一个人，可能他也不会马上行动。因为只要不是发自内心地对一件事表示认可，人就不会采取行动。但是，一旦接受并做出承诺，人就会发挥出令人震惊的能力。我希望大家能够感受到，提高员工的能力，才是提高人时销售额的捷径。

今后的店长要成为"有创造性的破坏者"！

"改善"与"改革"有什么不同呢？其实两者大有不同。

所谓改善，是指从"肯定现状"的观点出发，加以改良。

所谓改革，是指从"否定现状"的观点出发，建立新的体制。

显而易见，两者的意义完全不同。而对现状的认识不同，会导致结果也大不相同。

我认为，超市至今为止采取的提高人时销售额的措施，都是在"肯定现状"的前提下进行的，所以很难得到真正的改善。

我坚信，以否定现状为前提，进行改革，才是提高人时销售额的捷径。接下来我为大家介绍一个成功案例。

■为什么腌制作业一定要在早上进行？

一直以来，我们被教导"在生鲜食品区域，早上的工作非常重要"。店员们一大早（开店前）就开始做腌鱼干的相关工作。

但是，腌鱼干与鲜鱼不同，腌鱼干的保质期很长，即使当天卖不完也没事。这样的话，早上是不是就无须优先处理腌鱼干了呢？

于是，某企业将腌鱼干的处理时间从早上调整为当天傍晚到第二天傍晚之间，第二天一早仅将货架上的商品摆好，除此之外的工作一概不做。由此省出来的人力以及时间，全部用到鲜鱼加工的工作上。

这样一来，人时销售额自不必说，销售额也得到了大幅提升。这到底是为什么呢？答案是从傍晚到超市关门这段时间的机会损耗实现了骤减。

实际上，腌鱼干与鲜鱼不同，在傍晚到关店的这段时间的销量非常好。而未改善之前，尽管腌鱼干与鲜鱼的保质期管理完全不同，却采取了与鲜鱼同样的操作，导致在傍晚到关店的"畅销的时间段"，腌鱼干频频出现缺货的情况。改善后，超市在傍晚时分做到将腌鱼干100%陈列到位，就成功地消除了机会损耗，销售额也随之大幅提高。

这样的做法可以说并不算"改善"，而是真正的"改革"。

■你敢对超市的上货现状进行否定吗？

一直以来，从熟食加工中心上货，作为超市上货的一大原则，就是尽可能将早上第一波的供货量实现最大化。因此，员工不得不从半夜就开始上货，也就是说必须聘用能够上夜班的人才。

然而现实是很难招聘到这样的人才。所以许多超市不得不依赖外国籍的劳动者。

这时，某企业采用了"否定现状"的做法，也就是将"D+1"以上（保质期1天以上）的熟食商品放在傍晚最后一波上货，而不是早上第一波。早上第一波仅将"D+0"（当天销售）的商品上货。这样一来，只需招聘白天工作的员工。

以这种方式，这家超市实现了门店销售额的剧增。未改善之前，"D+0"商品以及"D+1"商品均为早上上货，改善之后，现在"D+1以上"的商品都改为傍晚的最后一波上货。

于是，超市傍晚到夜间的销售额得到大幅提升，晚上的来客数也得到了增长。而且由于打折促销都是在傍晚高峰前开始，仅用小幅的折扣就能实现商品售罄，这样一来，折扣损耗降低，毛利率也有所改善。当然，人时销售额自然而然地得到了提高。

像这样，从"否定现状"的观点出发，从根本上进行改革，才是提高人时销售额的捷径。要记住其实**并非"改善"，而是"改革"；并非肯定现状，而是否定现状**，这才是提高人时销售额的关键。

今后的店长要成为"有创造性的破坏者"！

也就是说，为了创造新的体制，必须否定现状，有时甚至需要从根本上破坏原本的体制。如果不这样做，就无法提高经营效率。

今后的店长要成为"沟通达人"！

要想提高人时销售额，店长要记住，不是"给人分配工作"，而是将"按工作内容安排合适的人"作为最基本的原则。但是，为什么总是进展不顺利呢？

我认为原因在于"沟通不足"。实际上，店铺人时销售额高的店长，都具备很强的沟通能力。"你们部门什么时间段缺人？""你们目前的工作还能再进一步简化吗？""你这个时间段可以去协助其他部门吗？"店长通过这样的沟通，可以让对方完全理解并接受，去协助其他部门。

至今在很多企业和店铺，部门之间的壁垒仍然很高。另外确实也有很多现实问题，比如由于每个部门的时薪不同，所以在各部门之间无法自由地进行人员调动等。但是，我们的目的是要提高人时销售额，所以面对问题和障碍，只有一边试错一边寻求解决方法。毕竟店里的问题，只能在店里解决。

给大家讲一个例子。有一位沟通能力很强的店长，和总是抱怨熟食部门人手不够的主管进行了一番讨论。主管央求道："熟食部门人手实在不够，无法制作商品，所以请给我部门多加些人手。"

然而，经过仔细沟通，店长发现所谓的人手不够，其实只是"1点到3点的时间段缺人"，而这个时间段完全可以由其他部门来协助填补空缺。

像这样的例子还有很多。

如果能够真正做到"按工作分配人"，而不是"给人分配工作"，很多时候你会发现，其实并没有人手不够的问题。所谓"人才多能化"，换句话说就是实现"按工作分配人"。

众所周知，无论哪家超市，每个月都会进行商品的盘点。从现在开始，"工作的盘点"也将变得非常必要。

盘点工作的关键在于"提问能力"。寻求"是"与"不是"以外的答案，我们称之为"开放式提问"。如果能够让员工在回答问题的过程中做到独立思考，解决问题的答案就会浮现出来。

总之，让大家学会独立思考是非常重要的。著名的丰田企业的行业革新，据说就是从"自问5个为什么"开始的。由此可见提问能力的重要性。

以上就是"今后的店长要成为沟通达人！"的内容。

今后的店长要成为"艺术家"！

越来越多的家庭不再选择订阅报纸。很多超市却因为抱有"万一顾客数量骤减怎么办"的不安，而无法停止派发折页传单。

有一些企业曾短暂地尝试过改变，虽然抱有不安，但也有过一两次减少折页传单次数的经验。由于客流量明显减少，所以很快就放弃改变，恢复原状，继续发折页传单。相信很多企业都有过这样的经验。

但现在已经到了下决心放弃报纸折页传单的时候了。即使不放弃，也该下决心大幅度削减预算。我经常被问到这样的问题："我想把每个月8次的传单减少到6次，你觉得怎么样？"我每次都会直截了当地说："如果不大胆一些，把一个月8次减少到2次，很快就会恢复原状。如果不抱着'切断退路'、破釜沉舟的气魄去进行改革，大家就不会认真思考发放传单以外的集客方法了。"

下面为大家介绍一个例子。丸正连锁商事株式会社经营的"丸正购物中心总店"，总部位于日本东京都新宿区。其店长决定把每月8次的报纸折页传单减少为每月2次。于是，大家都开始认真思考如何才能不使客源流失，以及如何把每月只有2次的宣传单做到在视觉上更有冲击力。

照片53是比较每月8次和每月2次传单的结果。大家可以看到，效果完全不同。

像这样，大家齐心协力，想出不依赖宣传单的办法，结果来客数反而比前一年更多，且保持着持续增长。而且重要的是，在停止发放传单后，毛利润大幅改善，人时产能也得到了飞跃性的改善。

店长感叹："再一次感觉到以前在制作传单上消耗的人时实在是太多了！"

"现在会时刻意识到，要在黄金位置放上应季的商品。即便

第6章 | 店长的近未来目标

照片53-1 这是每月发放8次的"父亲日"的商品宣传海报。虽然没有什么不妥,但并没有明确哪些是商家主推的商品。

照片53-2 这是改为每月仅发2次的"父亲日"的商品宣传海报。因为超市减少了制作海报的时间,主推的商品也变得更加明确,还增加了"直接订购"的商品企划。结果自然不言而喻,变化非常大。

295

不用传单的形式，也有各种各样的销售技巧呢！"

他理解了自己一直以来是如何被宣传单所束缚。

接下来，是向网络传单的转变。

在此之前，报纸折页传单的市场有多大呢？请大家看图6-3。虽说每年都在减少，但仍有将近4000亿日元的市场。但是，

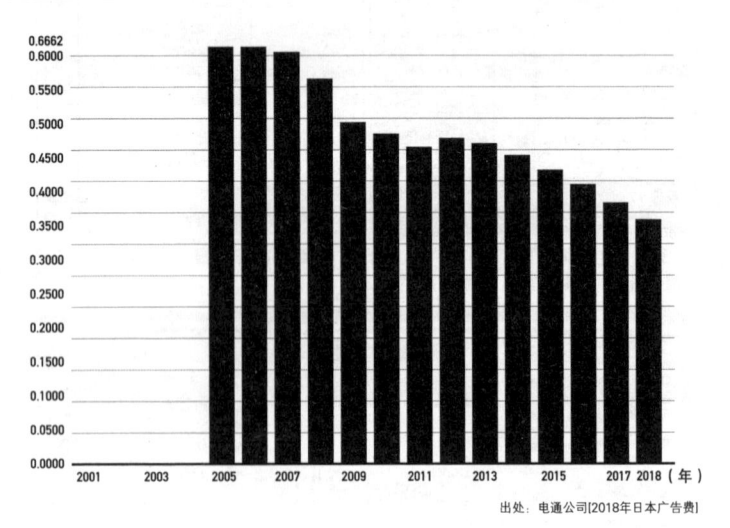

出处：电通公司[2018年日本广告费]

图6-3 报纸折页传单的市场规模

请大家再看图6-4。图6-4是报纸发行量的推移情况。我们可以看到报纸的发行量从2005年开始急剧减少。这与智能手机迅速普及的时期相重合。在2020年，一跃进入了"智能手机时代"。要知道现在已经没有人用地图册，电车时刻表也可在智能手机上随时查阅，而看不懂纸质电车时刻表的年轻人会越来

越多。

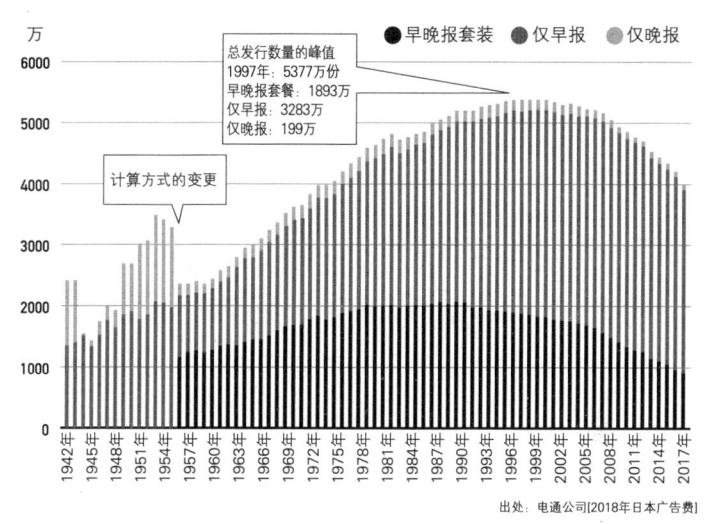

图6-4 报纸发行量的推移情况
出处：电通公司[2018年日本广告费]

图表数据：
- 总发行数量的峰值 1997年：5377万份
- 早晚报套餐：1893万
- 仅早报：3283万
- 仅晚报：199万
- 计算方式的变更

想必报纸的折页宣传单也很快会无人问津。目前，网络传单的成本与报纸折页传单相比，非常便宜实惠，价格仅为其1/200左右。因此超市应该马上将重心转向网络传单，大幅减少或取消报纸折页传单。

到了那时，最重要的就是突出"店铺的魅力"。迄今为止，无论是在工作上还是在意识上，大家普遍都是"传单至上"的视角，今后应将视角转换为"应季商品至上""顾客至上"，这一点比什么都重要。

经常能看到这样的企业，一旦失去了宣传单，会连"店铺的魅力"也随之丧失。另外，经常听到一些企业将停止发传单的成本投入到 EDLP 每日低价策略中。但是，在药妆店和折扣店都大肆以"低价"策略来提高顾客心理占有率的今天，超市仅靠把降低传单的成本补贴至商品售价上，也依旧很难增加来客数。

因为比起低价，更重要的，也是接下来我会在第 7 章 "五维定位战略"中提出的，是明确自己公司需要通过哪些方面来突出"优势"、实现"差异化"竞争，并对此进行彻底实践。为了实现"顾客至上"，必须做的事情都有什么——要以店长为中心进行讨论，并通过实践来反复试错。这就是提高"店铺魅力"的方法。

是时候从传单依赖中摆脱出来，转型为"顾客至上"的店铺了。我坚信只有这样，才能提高客流量和销售额。

以上就是"今后的店长要成为艺术家!"的内容。

今后的店长要加强超市和地域社会的关系!

随着电商不断深入到食品行业，实体店确实有很多方面难以望其项背。例如送货上门的"服务"、点击一下就可以在任何地方进行轻松购买的"便捷途径",以及具有绝对优势的"商品"种类。

那么,这就代表实体店将面临消失的命运吗?我认为并不是这样的。当然,有一点是肯定的,那就是如果继续按照目前的做法不思创新,不考虑新的集客方法,实体店很有可能失去其存在的价值。那么,究竟应该采用怎样的"集客"方法呢?我认为应该实施"让顾客能够自动聚集"的集客战略。

提起招揽顾客的战略,通过传单等"吸引顾客"是迄今为止的主流。但我认为今后超市应该成为社区的中心,成为能够"让顾客自发聚集"的场所,这一点很重要。社区中心的职能,将由超市及GMS(综合超市)来实现。

尤其是GMS,只有从销售商品向销售体验进行转变,才能生存下去。如果采取销售体验、成为社区中心的定位战略,GMS就会成为非常有价值的场所。

也就是说如果能在GMS内引进医院、药局、高温瑜伽、老年人运动俱乐部、补习班、4小时保育园、超市内餐厅等服务企业,令超市成为集约城市化的中心、社区的中心,就再好不过了。

超市也可以从堂食区开始,逐渐向社区空间进化,为当地的生活者提供社团和教室等场所。通过这样的做法去强化服务,怎么样呢?

顺便提一句，总部位于日本福冈县朝仓市的株式会社 Sun Pit（店名为"Sun Pit Value"），在店内设置了一个专门的区域，用来展示来自行政部门的信息和介绍，以及来自政府机关的通知等。甚至还有员工担任讲师，为当地的孩子开设补习班。这正是把店铺打造成社区中心的典范。

另外，日本奈良县立医科大学正在推进 MBT（Medicine-Based Town，以医学为基础的城市规划）的构想。

大家是否对"可穿戴设备"这个词有所耳闻呢？这是一种通过佩戴的智能手表，对身体所有信息进行测量的服务。

如果能够把这些数据收集起来，就可以参考今天顾客的身体状况以及气温等，并以此为基础，提供为大家推荐合适的食谱等服务。

比如以声音的形式提示顾客："今天血压略高，气温略低，吃点麻酱凉拌菜吧？"

像这样的服务，电商是无法提供的，若不与当地的医疗机构合作，恐怕也是无法实现的。超市在"饮食、健康和医疗预防"这些方面，可以起到一定的积极作用。例如国家最重视的医疗费用增加问题，超市甚至可以促进医疗费用的减少。

现在是 IoT 时代，所以应该可以实现。我认为，像这样，成为"社区的中心"，采取"让顾客自发聚集"的集客战略，才是与电商抗衡的对策。

虽然我确信实体店依旧有其存在的价值，但如果依旧坚持目前为止的"吸客引流"的集客战略，已然是行不通的。

如果不将集客战略改为"让顾客自发聚集"，实体店就会失去其存在价值，这样的时代已经到来。

顺便提一句，在美国的超市，有专门的负责人在当地的小学和中学开展饮食教育的讲座。而且还是超市的员工担任讲师。除此之外，美国超市还会积极向当地社区捐款，加深与当地社区的羁绊。我认为，在这一点上，日本与美国有非常大的不同。但毫无疑问，在日本，强化与当地社区的关系也是生存之道之一。

总之，希望大家能够明白，从吸客引流的方式转变为让顾客自发聚集的方式是十分重要的。

以上就是"今后的店长要加强超市和地域社会的关系！"的内容。

今后的店长要实行超越行业常识的"逆向战略"！

人们常说"行业的常识，就是社会的反常识"。无论是在店铺、销售，还是待客、服务等方面，尝试采取与以往行业常识完全相反的做法，怎么样呢？

在我经常使用的战略中，有一种叫作"逆向战略"。我认为，越是在时代发生巨变的时候，这种完全相反的战略越有效。在此，我整理了几点与大家分享。

■不降价卖不动→不降价照样畅销！

店长经常苦恼，"不降价的话就卖不动啊"！

这已经成为行业的惯用句了，但真的是这样吗？难道不是自认为"不降价就卖不出去"吗？

一般，厂家会设定建议零售价，"按性价比考虑的话，这个价格应该好卖"！但若以这个价格卖不出去的话，就说明存在问题。

担任成城石井社长的大久保恒夫先生，总是强调"不需降价，只需全力推销"。具体做法是，在卖场的黄金位置，以"3倍的排面"，营造出"3倍的体量感"，再配上"3倍大小的信息、场景"的故事POP，来向顾客展开推销。有时店里还会安排专人负责销售。这样一来，就能实现"即使不降价，照样能畅销"。各位店长也试着在店里建立"不降价照样畅销""不降价也能推销出去"的文化怎么样？

毫无疑问，今后的消费者和千禧一代将会进入"智能（智慧）消费"时代。他们会随身携带可以与其他公司或亚马逊进行实时比价的移动设备。

低价（价格）的价值正在消失。比起低价，以味道、时令、功能性、安全、安心（无添加）、对健康有益等为卖点的销售方法，才是今后的潮流。如果超市再不做出改变，今后将会被时代淘汰。

要记住，"不降价销售"，相当于"向顾客传达商品低价以外的'价值'"！

■**按经验订货！→挑战超常值销售！**

合理订货——这在行业内简直可以称为"神的指令"。然而究竟什么叫作"合理"呢？如果"合理=经验值"，那么店铺就会为了避免过度订货，而陷入在维持均衡的水平上，市场不断缩小的状态。在"增长的时代"，经验值会不断升高。但是，现在人口减少，竞争环境越发激烈，已经进入了所谓的"衰落时代"。在这样的时代，经验值会逐渐下降。因此，如果依旧遵循"合理订货=经验值销售量"，就会导致店铺实力不断下降。

我认为，今后应该让"合理订货"成为"不再使用的术语"。为了提高店铺综合实力和员工的能力，我希望"挑战超常值销售！"能成为一句行业用语，同时我希望"提高售罄能力！"也能成为标准的行业用语。

下面为大家介绍一个成功的例子。总公司位于日本茨城县土浦市的株式会社 Japan Meat，就是将"超常值销售"作为公司内部用语，并力求在所有会议上，将一些与超常值销售相关的内容进行发表以及共享。

这样一来，店铺力和商品力迅速得到提升，公司最终也成长为一家在东证一部上市的企业。这正是因为他们采取了"逆向战略"，才取得了如此傲人的成绩。

要知道，该公司根本不存在所谓"合理订货、合理销售"的说法。在所有场合，都活跃着"挑战超常值！"这样的说法。也因此，企业实现了快速成长。

而且这家企业的过人之处在于，他们挑战的是那些畅销且赢利的商品的超常值销售。说起超常值，人们很容易联想成"必须价格便宜才行"。但是，如果对那些价格低廉却没有利润的商品进行超常值销售，就没有任何意义。只有实现那些畅销且赢利的商品的超常值销售，才能为公司的利润做出贡献。

顺便一提，"超常值"的反义词并不是"正常值"。"超常值"的反义词应该是"经验值"。这种说法虽然不适用于其他行业，但在超市行业，应该这样去解释：

超常值销售——在"衰落时代"是绝对必要的销售方法。

下面为大家介绍一个超常值销售的实际案例。

拥有 11 家店铺的 A 公司，在所属的自由连锁经营组织举办的 3 种巧克力销售竞赛中，销售量达自由连锁经营组织的总销量的四分之一，其 11 家分店均占据了排行榜的前几名。这是完全没有商品知识的收银员，通过运用故事 POP、现场叫卖、开展"3-3-3"的促销手法，以及借助免费试吃和发放样品等各种举措，所取得的成果。这样去做，就能创造出意想不到的优秀成绩，实现超常值销售。

各位超市的负责人还有很多"潜能"尚待发掘。我坚信，能将这些潜能充分发挥出来的，就是"挑战超常值销售！"这一"魔法术语"。

■推销畅销好卖的商品→推销"想卖的商品"！

"全力推销畅销好卖的商品、A 类商品！"

这又是行业的常识。乍一听，感觉这一说法并没有任何问题。但是，在今后的时代，大家会普遍使用智能手机等设备，也就意味着大家在任何地方都能够以低廉的价格买到"随处可见的商品"。

今后，特别是对于千禧一代来说，"展厅现象（Showrooming）"将会越来越严重。所谓展厅现象，是指顾客到实体店亲眼确认实物后，并不在实体店购买，而选择去网上购买的行为。

也就是说，只要是"随处可见的商品=畅销商品"，实体店的销量就100%会下降。所以，在充满展厅现象的时代以及不久的将来，我们不应再有"把畅销商品推销出去！"这种想法。

在展厅现象化越来越明显的时代，我认为应该将"推销畅销商品！"调整为"推销想卖的商品！"。

所谓想卖的商品，我认为就是"根据企业理念及哲学，由采购员进行商品开拓、商品开发的商品"。也就是说，"想推销的商品=符合企业理念及哲学的商品"。

各位店长，你们是否正在倾力推销符合自己企业理念及哲学的商品呢？

各位采购员，你们又是否在努力开拓、开发符合自己企业的理念及哲学的商品呢？

今后的时代，能够开拓、开发出多少这样想卖的商品，并将其推销出去，以及对此进行提案的能力，将变得非常重要。

实际上，作为前面提到的"展厅现象（Showrooming）"的反义词，"网络展厅现象（Webrooming）"这个单词正受到大家的瞩目。网络展厅现象，是指与展厅现象完全相反的购买倾向，具体来说，是用户先在网上搜索商品，然后到实体店确认商品，最终在实体店进行购买的行为。

例如，当顾客以"销售糖度在13度以上的美味橘子店"为关键词进行搜索时，为了让自家的店铺出现在搜索的前几位，商家需要先对网站的搜索引擎进行优化。然后，当顾客搜索到商品后，对该商品的介绍产生兴趣，就会产生"明天去那家店看看吧！"的想法。

到了卖场后，顾客会对商品进行确认，然后完成购买行为。如果该商品的味道远远超过该顾客的期待值，那么他一定会成为回头客，反复来店购买。

正因为如此，超市企业今后必须加强开拓、开发符合自己企业理念及哲学的商品。也正因为如此，必须挑战以超常值销售，来销售符合自家企业理念及哲学的特色商品。

今后，消费者的购买行为一定会出现网络展厅化。不如说如果不出现网络展厅化，顾客就会失去光顾实体店的动机。若继续坚持要"把畅销商品推销出去"，那么超市可能会成为展厅现象的牺牲品。而若调整为"将想卖的商品推销出去"，就可以享受网络展厅化的红利。因此，现在正是超市挑战"逆向战略"的最佳时机。

■销售实物→销售体验！

我的处女作《超市新常识1：有效的营销创新》发行于2008年6月。那时，是我首次将"故事POP"这个词介绍到这个行业。

我倡导的POP，并不是仅需写上"商品"和"售价"的

"价签卡",我认为POP是将商品的价值等进行"可视化"的"销售工具"。后来很多人也都注意到了这一点,甚至形成了一大热潮。

也有一些人持相反的意见,认为"我们开超市,不是在销售POP""我们是在卖商品,所以POP不能太过显眼"等,这确实也是客观事实。如果是商品畅销的时代,商家有"POP不能太过显眼"的想法,倒也可以理解。但是,大家要认识到,现在是商品滞销的时代,比起销售商品,更重要的是销售价值。而且如今的时代,无论何时何地,只要消费者一键购买,就能享受送货到家的服务,这种便捷的电商购物已经成为现实,而超市正在与这样的行业展开竞争。如果超市依旧坚持单纯销售商品,那么就无法与在服务、购买途径以及价格等方面均拥有绝对优势的电商企业进行竞争。

因此,销售体验与故事POP变得越来越重要。唐吉诃德是最先意识到这一点的企业。

请大家看照片54。这是大家都非常熟悉的唐吉诃德的POP。很明显,他们在销售POP,也是在销售场景体验。而且,千禧一代非常喜欢这种故事POP。要知道他们是从小就接触互联网的一代。他们喜欢欢欣雀跃、兴奋刺激的感觉,他们也是通过在SNS上"炫耀"而感到愉快的一代。

我特别喜欢唐吉诃德式的卖场,相反,对那些井然有序却

第6章 | 店长的近未来目标

照片54-1　在唐吉诃德的POP上并没有写"超级便宜"这一常用词，而是用"惊安"一词来凸显"令人震惊的便宜"。这种震撼的表现手法更容易抓住顾客的心理。

照片54-2　销售的不是"美味棒"这一商品，而是一个"美味棒神社"。这种"40个装"会成为畅销商品。

照片54-3　通过POP上的"热情价"这一富有感情的表达方式，将企业、负责人的想法和心意传达给顾客，同样成功抓住了顾客心理。

毫无生机的卖场，我丝毫提不起兴趣。毫无疑问，今后超市将进入"销售 POP 的时代"。

其实美国也有故事 POP 的概念，以及"销售 POP"的企业，那就是著名的乔氏超市（照片 55）。

乔氏超市积极录用艺术大学毕业的人，以及各种艺术家，鼓励他们亲手在墙上或宣传板上画出当地的特色图案。当然，POP 在进化为"故事 POP"，乔氏超市也在销售体验。"把商品卖出去！"的"逆向战略"，是指"销售场景体验，让顾客主动想购买！"。也就是说，不是将商品"推销出去"，而是"让顾客主动购买"。

我认为，超市的唐吉诃德化必然会出现。所以必须在 SNS 等网络上获得人气，继而成为千禧一代蜂拥而至的店铺。

店长们，挑战一把"销售体验"，怎么样？

■ "免费"的试吃销售→"收费"的试吃销售

近年来，很多新店都会设置"免费试吃区"，我认为这是非常好的事情。

因为"试吃销售"是电商无法提供的服务，也是实体店铺的优势之一。不过，可以免费试吃的菜单内容与商品，毕竟还是有限的。

那么，如何才能进一步将"试吃销售"这一优势放大呢？

第6章 店长的近未来目标

照片55-1 乔氏超市充满艺术性的POP。所有POP均由店内员工亲手制作。

照片55-2 乔氏超市的店里有专属的设计师。很多设计师都毕业于艺术大学。

照片55-3 充满艺术气息的POP。为了达到宣传商品的效果，乔氏超市在POP上竭力追求艺术性的这种姿态，非常值得我们学习借鉴。

想成功，就需要采取完全相反的做法，也就是不再提供"免费试吃"，而是改为提供"有偿试吃"。

"有偿试吃？"

大家可能听得一头雾水，毕竟试吃给大家的印象一般都是"免费"的，所以大家可能认为有偿试吃根本不现实。但实际上，有偿试吃是可以实现的，主要可以通过两种方法来操作。

第一种方法是让顾客以"尝鲜价"购买并品尝商品。这对于副食、生鱼片、寿司等即食系食品很有效果。另外，对于附加值高的商品（销售利润高的商品），也是非常有效的销售方法。

熟食商品的话，可以将销售利润率能够达到40%～50%的商品，进行半价销售。因为是半价，所以相信很多顾客都会购买，然后和家人一起享用。"这个太好吃了！"当家人的欢呼响起，就意味着"有偿试吃"获得了成功。

由于家里人爱吃，所以下次即使恢复原价，顾客依旧会选择购买。与其给前来购物的主妇一个人提供免费试吃，不如以半价等体验价的方式给全家人提供试吃。当家人提出"还想吃"之后，顾客就会再次回购。对于熟食和寿司来说，这是一种非常有效的促销方法。先实行有偿试吃，之后再以原来的常规价出售时，销量一定会增多。我非常推荐这种方法，希望大家能够试一试。

第二种方法是"原料熟食化"的收费试吃。例如把非常好吃的红薯做成天妇罗，以尝鲜价的形式便宜提供给顾客。尽管如此，超市依旧有利润。销售的场所可以是蔬菜卖场，也可以是熟食卖场。

如果顾客买了红薯天妇罗，品尝过后觉得"好吃"，就会很自然想到"要不然自己在家也做一做？"。这样一来，红薯就能销售出去。

实际上，如果开展这种有偿试吃活动，之后商品真的会变得畅销。有一个成功的例子就是炸猪排。请大家看照片56。

照片56　这是使用加拿大产的香草三元猪肉制作的猪排，常规价格为一份980日元。超市对此商品以500日元一份的尝鲜价，开展了试吃促销活动。之后即使猪排恢复到原价的980日元，也依然热卖。

超市将瘦肉部门销售的加拿大产香草三元猪的里脊肉，做成了里脊猪排。该里脊猪排分量很足，一份售价980日元，半份售价500日元。根据定价，我们可以看出商品并不是主打低价策略，而是主打分量感。最开始这款超大里脊猪排作为新品上架时，仅以每份500日元的价格销售，由于售价已接近半价，所以十分畅销。但是，各位也许会有这样的不安："如果之后恢复原先的定价，会不会卖不出去呢？"这种不安其实是杞人忧天。事实证明，即使卖回正常价格的980日元一份，猪排依旧十分畅销。因为顾客认为"商品的量很足""很好吃"，所以依旧会选择购买。而且此猪排后来竟然成了熟食部门销量第一的王牌商品。

这就是"有偿试吃"带来的效果。当然，肉制品卖场的"加拿大产香草三元猪"和"里脊肉块"都十分畅销。所以为了让更多的顾客试吃，我认为超市的促销形式应该向有偿试吃进行转变。

无论是免费还是收费，试吃都是一种电商无法提供的体验。所以我认为应该将这个优势最大化。

以上为大家介绍的是"逆向战略"的例子。其实随着各方面的不断进化，这个世界上以往的一些常识，会变为非常识。当然，也会不断产生新的常识。如果我们超市不能随着时代的变化，不断改变常识，吸收新的知识，就会被社会淘汰。

曾经，当汽车最开始在美国出现的时候，铁路的工作人员们一致选择无视："那是汽车，又不是火车！"但是，他们并没有注意到，汽车作为出行工具，同样是一种交通手段。

于是，转眼之间，主角从火车变成了可以随时自由驶向任何地方的汽车。

现在，超市就像是"火车"。而电商企业、药妆店都在销售和超市同样的商品，就像是"汽车"。作为火车，必须将汽车所没有的、铁路独有的魅力和优势最大化，实现与汽车共存共荣。也因此，如果超市不舍弃过去的"成功经验"和"行业常识"，就无法应对如今的新时代。

店长们！到了要挑战与以往常识180度不同的"逆向战略"的时候了。

今后的店长要和"气温"做朋友！

如今受各种反常天气的影响，至今为止超市一直在实行的"52周MD计划"，已经行不通了。今后的店长和负责人应该好好学习"气象MD"这一概念。

例如，在传统的52周MD计划中，"中华冷面"要从4月的第二周开始在超市推出。然而7-ELEVEn便利店却从2月21日就开始销售了。而且据说2月21日中华拉面一经推出后，和盛夏时节一样畅销。

另外，每年只要一过了盂兰盆节（每年8月中旬），便利店就会正式推出"关东煮"商品。大多数超市则是从秋分前后（每年9月中下旬）才开始推出关东煮。为什么超市与便利店会产生如此大的差异呢？答案就在于店铺是否进行了基于"生物气象学"的气象促销。7-ELEVEn便利店每天的销售额曾比罗森便利店高出20万日元左右，大家请教日本7-ELEVEn的创始人铃木敏文先生："别家便利店的销售额究竟差在哪里呢？"他给出了非常有名的回答："差别就在于这家店是否进行了基于生物气象学的商品营销。"如今对便利店业界来说，将生物气象学应用于商品营销，已经是理所当然的事情了。

与便利店相比，超市则显得过于依赖传统的52周MD计划。所以，超市在销售方面正在被便利店抢占先机。不过反过来说，如果超市能够学习这些知识，并着手改变卖场和商品结构，就能够在价格（低价）方面以外，拥有竞争优势。也就是说，超市也能够打造蓝海卖场，进行商品提案。

请大家看表6-1。这是株式会社Life Business Weather的石川胜敏会长提出的"饮食嗜好的8个时期"的想法。从这个表来看，2月下旬（2月21日~）已经开始进入夏季之前的躁动期。那么，在夏季和冬季，人们有什么差别呢？差别就在于"基础代谢量"。请大家看表6-2。夏季和冬季，不同季节，男

表6-1 饮食嗜好的8个时期

周	日期	生理特征
1~9	1/12~2/20	寒冷驯化完成期（极寒期）
10~13	2/21~3/31	热收支混乱期（入夏之前的躁动）
14~24	4/1~6/15	热放散不足期（健康不安）
25~29	6/16~7/20	高湿度不爽期（梅雨）
30~33	7/21~8/20	暑热驯化完成期（梅雨结束，易中暑）
34~39	8/21~9/30	气温低下过敏期（身体上准备过冬）
40~48	10/11~1/30	热放散良好环境期（食欲旺盛）
49~52	12/1~12/31	寒冷驯化完成期（日照不足）

女的基础代谢也有所不同，30岁男性的基础代谢是150千卡，30岁女性则是120千卡。也因此，大家在夏季喜欢吃"清淡、爽口"、热量相对较低的食物，到了冬季则喜欢吃"浓厚"的、热量相对较高的食物。

基础代谢发生变化的分界线大概在每年的2月21日以及8月21日。因此，即使是在持续高温的夏季，只要最高气温低于28度，我们的身体体验过一次后，基础代谢就会变为冬季型，继而想要吃高热量的食物。

但是毕竟8月的天气依旧非常热，大家也不会想吃浓厚且烫口的食物。大家会想饮用冰凉且卡路里高的啤酒。

317

表6-2 夏季与冬季的基础代谢量的不同（以30岁的人为例）

		基础代谢量	运动代谢量	能量代谢量总和
男	平均	1500kcal	500kcal	2000kcal
	夏	1425kcal	500kcal	1925kcal
	冬	1575kcal	500kcal	2075kcal
女	平均	1200kcal	600kcal	1800kcal
	夏	1140kcal	600kcal	1740kcal
	冬	1260kcal	600kcal	1860kcal

天气变热之后，人们会变得不愿吃热量高的食物，转而吃热量低的食物。天气转冷之后则会相反。若到了夏天依旧按照冬天那样来吃，会增胖2kg。

也因此，啤酒在盂兰盆节之后会开始新一轮的畅销。

以7-ELEVEn为首的各大便利店都在学习这些知识，并基于此来决定商品的销售期间。与便利店相比，超市就显得太不重视学习生物气象学了。

但是，只要超市学会生物气象学，就能够创造新的市场，也能挽回曾一度失去的顾客。

今后的超市只要用心学习"气温、气候以及身体的变化"，并将其运用到卖场中，那么即使不靠降价，也能将商品销售出去。将气温与天气视为伙伴的企业，将走向蓝海领域。

综上所述，作为"店长的近未来目标"，我为大家提出了9个提案。在如今人口减少、超级老龄化的消极环境下，竞争却越发激烈。"衰落时代"的店长形象，与"增长时代"的店长形象必然有所不同。

领导并不是站在大家的上方，而是站在大家的前方。我认为，所谓领导能力，就是掌握正确的知识，并引导部下朝着正确的方向前进。

学习正确的知识，并正确地进行实践——这条道路的引路人，是今后店长应有的形象。这里所说的"正确性"，是随着时代的变化而不断变化的。希望各位店长能够随着时代的变化，不断地学习"正确的事情"。而如果本书能够作为大家继续学习的契机，我将不胜荣幸。

德鲁克说过，"领导作为被大家尊敬的存在，并不一定被所有人喜欢"。

现在我把这句话转献给在超市工作的各位店长。

第7章

超市的五维定位战略法

在瞬息万变的时代,有些战略注定会失败。

那就是不想承担任何风险的战略。

(脸书创始人 马克·扎克伯格)

通过什么来"突出优势",通过什么来实现"差异化"

"最终能幸存下来的人,既不是强者,也不是智者,而是能适应变化的人。"

这是提出进化论的查尔斯·达尔文的至理名言。

虽说"只有能够不断变化以适应变化的物种才能够幸存",但很多读者不知道作为企业,该如何去改变。

况且任何事情也不是随意改变,就一定能取得成功。

今后的时代,我们必须彻底明确我们的企业需要通过哪些方面来"突出优势",又需要通过哪些方面来实现"差异化"。于是,就衍生出了"价格(低价)""服务""购买途径""商品""经验价值"这5个维度的判断标准。

我将其命名为"五维定位战略"(见图7-1)。

实际上,这一战略最初是由美国的弗雷德·克劳福德和瑞恩·马修斯在其著作《实现竞争优势的五维定位战略》中首次提出的概念。享有"现代营销学之父"美誉的菲利普·科特勒(Philip Kotler)也对这一方法表示充分认可与推崇。原著主要阐述了"究竟怎样做,才能用少量的经营资源实现差异化?"这一

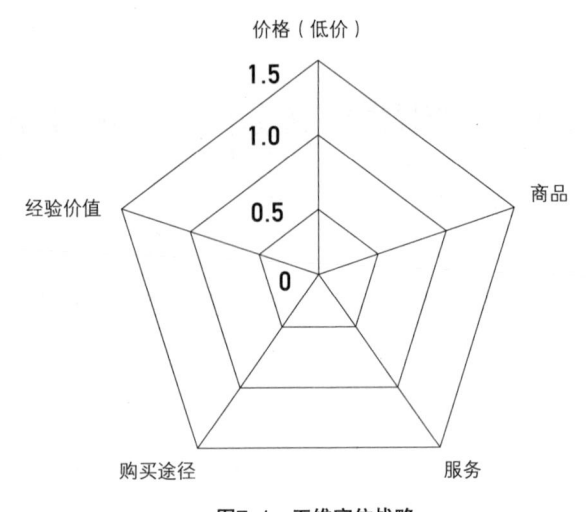

```
                  价格（低价）
                    1.5
                    1.0
   经验价值          0.5              商品
                     0

      购买途径              服务
```

图7-1　五维定位战略

问题，对企业来说，这是一本解决企业终极命题的经营战略之书。

我认为，在此基础上衍生而成的"超市的五维定位战略"，非常适用于超市这一业态。同时我也坚信，对于正迎来百年一遇大变革期的日本超市行业来说，此战略能够鼓舞人心，甚至是救世主一般的存在。

本章我将详细为大家解说五维定位战略法。希望大家能够进行深度思考，自家的企业究竟在哪条路上（Five Way）可以突出优势（原著中用"支配市场"来形容）、在哪条路上能够实现差异化。各位读者如果认真思考，并付诸实践，就一定能找到让企业成功突围的最佳定位。

价格（低价）

过去，超市经常利用发放宣传海报等方法，通过"特价促销（高价＆低价政策）"来打造店铺低价的形象。这种方法虽然曾一度十分奏效，但那样的时代即将迎来终结。

造成今天这种局面的很大一部分原因，是药妆店业态的出现。由于相比于超市业态，药妆店属于一种即使商圈人口很少也能成立的业态，所以药妆店会在超市的商圈内不断侵蚀扩张，并开设分店。只要药妆店将食品部门定位为招揽顾客的部门，并采取每日低价 EDLP 策略，超市的特价促销就会变成一种无效策略。

那么，作为超市，如何才能在"低价"方面突出优势，实现差异化呢？

①绝对的低价（EDLP）

关于低价这一点或许我们没有讨论的必要。但今后，所谓"绝对的低价"，将会进入全方位的"可视化"时代。因为顾客只需打开智能手机，就能瞬间判断出哪家店的商品最便宜。

到那时，必会出现像亚马逊的企业，构建出一套完整的定价系统，根据顾客需求状况来对价格进行浮动调整。也就是通过"动态定价策略"，来实现实时降价。

我断言，今后，只有那些资本雄厚、单店销售额（坪效）非常高的企业，才能实现绝对的低价销售。

顺便提一下，据说目前在采取EDLP战略，拥有多家分店的Cosmos药妆店，其食品部门的毛利率约为12%。另外，唐吉诃德的生鲜、杂货部门的毛利率预估均在15%以下。甚至连现在被称为"日本最强"的Lopia超市也同样，除生鲜4个部门外，食杂部门的整体毛利率仅有12%左右。包括好市多的食杂部门的总毛利润率也仅达到12%左右。

就像这样，过去企业的毛利率能够达到15%～18%时，EDLP战略算是一种非常奏效的方法，但现如今毛利率若不到12%左右，EDLP战略就无法适用。按照这个趋势，恐怕今后毛利率还需降到10%左右，才能适用这一战略。因此，大家应该能够清晰地意识到，绝对低价（EDLP）的成本正在不断提高。

②**相对的低价**

要想让高品质的商品显得便宜，还有一种比较有效的方法就是"相对的低价"。想要获得蓝海市场定位，就只能将重心转向那些靠低价胜出的企业无法推销的商品（高品质商品）与价格区间。

当然，高品质的商品很难标榜绝对的低价。那么，我们可以打出"比定价低×折""×折优惠"等,突出相对低价的标语。这或许是一种能够在"低价"方面实现差异化的方法。

这种标榜低价的方法对生鲜食品十分有效。只要是在口味、美味程度、安全、安心方面,有顾客信任基础(信用、信赖)的企业,就完全可以采取有偿试吃的方法,来打造相对的低价。为此,超市企业赢得顾客的信任(信用、信赖)是不可或缺的一步,而信任的关键在于如何提高顾客的心理占有率。关于心理占有率,我将在之后的内容中再次为大家详述。

③低价入侵

对于追求绝对低价(EDLP)的企业来说,最大的困难在于常规商品的固定,以及必须贯彻日用品的低价战略,否则无法进行 EDLP 化。

作为对策之一,超市可以实行非常规商品的"低价入侵"战略。在超市行业的潜规则中,有一项被称为"三分之一规则",即超市不会采购超过保质期三分之一的商品。但如果我们使用逆向思维来思考,刚好可以利用这些超过保质期三分之一的商品,来打造"低价"优势。大名鼎鼎的唐吉诃德正是利用这一方法,实现了即使商品价格非常便宜也能确保赢利,这样一种低价入侵战略。

总部位于日本东京都品川区的文化堂株式会社,就合理运用这种三分之一规则,与那些绝对低价的企业进行抗衡。请大家看照片57。尽管售价如此便宜,但其加价率依然能够确保高达60%以上。

照片57 这是保质期超过"三分之一规则"的商品。通过对批发商的库存积压商品以"奥特莱斯折扣促销"的形式进行销售,确保加价率在60%以上。

当然,这种商品通常可遇而不可求,数量也很有限,而且没有足够的量分配给所有分店。即便如此,我们也不能放弃这一选项。正所谓"要想寻得宝藏,需要另辟蹊径"。

在进口商品中,这种破坏性的低价商品尤其多。请大家看照片58。

因为进口商品很难实现"低价"的"可视化"。所以,这家企业通过与亚马逊进行价格对比来主打低价商品。由于顾客认为低价的标准就是比亚马逊更加便宜,所以该商品的销量极好。当然,商品的加价率依旧能够保持在50%以上。

第7章 | 超市的五维定位战略法

照片58　因为进口食品与进口零食很难实现"低价"的"可视化",所以该超市通过对亚马逊与自家店开展价格对比的方式,令顾客一目了然,最终使商品畅销。

"要想寻得宝藏,需要另辟蹊径",类似这样的低价入侵战略,也是通过低价来突出优势,从而实现差异化竞争。

综上所述,提起"低价",其实也包含各种各样的低价。怎样才能在价格(低价)方面突出优势,成功实现差异化竞争呢?接下来为大家介绍一些我的观点。

■以制造型零售业为目标

所谓制造零售,是指像神户物产和大黑天物产等企业,在人工成本便宜的国家自行进行生产并开展营销的方法。也就如同采取和家具行业里的 Nitori 相同的做法。因为企业是自行加工生产,所以成本非常低。再加上企业会选择在人工成本便宜的国家生产，成本能够进一步降低。

超市企业只有成为这样的制造型零售企业，才能在价格（低价）上突出优势。尤其是超市销售杂货、零食，以及水煮蔬菜、咸鱼干、冷冻鱼、肉类加工品等这类保质期较长的商品，所以只有向制造型零售转型才是最佳选择。

否则，日本的超市就无法在与好市多、亚马逊的较量中获胜。当然，这样做虽然存在库存负担等缺点，但各位读者要理解，"没有风险，就没有利润"！

企业若想不承担一丝风险，还想在价格（低价）上突出优势，并实现差异化竞争，不会那么容易。今后绝不可能再出现那样容易的经商环境。毕竟在价格（低价）方面，超市企业不仅要与同行业的对手竞争，还要与电商等企业进行异次元的竞争。

■向品类限定的店铺（Limited assortment store）转型

聚焦自己所经营的品类，不提高那些费事的生鲜食品类占比，而是将重心放在日用品和畅销商品上的业态，被称为"品类限定的店铺"。德国的奥乐齐就是其中的代表性企业。这种店铺开店的基本原则，是对那些已倒闭的店铺进行再开店，店铺内部仅做最基本的装修，不做任何过度装饰。这是一种为了能够低价销售，杜绝一切浪费的战略。

还有一种像代表性企业历德（德国）那样的做法，即首先聚焦于日用品和畅销商品，然后打造自有品牌，通过大量生产来降低成本，使得商品更加便宜。按照这种做法，超市只需要聚焦于日用品及畅销商品，并将其成本控制在最小，就能在价格（低价）方面突出优势，实现差异化竞争。

■日本或将出现仓储式超市？

仓储式超市（Warehouse club），也被称为 Wholesale club，采用的是像好市多那样的"会员制仓储型批发零售业"模式。

这种模式的代表企业好市多，现在已经跻身为世界第二大零售企业。而且好市多是经营食品的欧美零售业中，唯一在日本获得成功的企业。

以前，大荣公司（DAIEI）曾挑战过"好市多会员"这种会员制业态，但以失败告终。在大荣公司之后，日本就没有再出现过这种业态。我希望今后能多出现一些日式的好市多企业。

我总结的好市多价格低廉的秘密大致有以下四点。

①实现从厂家直接进货，省去中间商利润。

②所有物流均统一采用好市多标准。生产厂商根据好市多专用周转箱的规格，来设计产品包装的规格。

③保持不过多增加利润的低加价率。据说好市多的加价率一直保持在 10%~20%。

④从顾客的年会费中挤出成本（销售管理费）。

好市多的 CEO 表示，到 2030 年为止，好市多在日本可能会达到 50 家门店的规模。按照单店的年销售额为 200 亿日元来计算，50 家门店的年销售额将高达 1 万亿日元。这也可以从侧面说明日本的市场潜力巨大。

■通过单店超高销售额来实现！

接下来我要为大家介绍的是，通过使单店的销售额实现最大化，来突出店铺低价优势的一种方法。

像目前被大家称为"日本最强超市"的 Lopia 超市，以及在日本经营效率总部、服务业生产性协会的顾客满意度调查中，连续 7 年排在超市部门第 1（截至 2018 年）的 OK 超市那样，超市业界还存在一种通过单店销售额的绝对优势，来实现低价销售的情况。

对于制造商、市场和批发商来说，他们所拥有的单品营销能力，非常具有吸引力。因为超市拥有卓越的销售单品的能力，所以能从生产厂商和市场中获得优惠的条件。尤其在生鲜食品和日配商品等方面更加有利。

在生鲜食品领域，像美国威格曼超市（Wegmans）那样单店实现超高销售额的企业，就是通过低价来突出优势，从而实现了差异化。顺便提一句，威格曼超市也被称为"Whole mart"。

这意味着，该店同时兼具全食超市（Whole Foods Market）与沃尔玛超市（Walmart）两者的特点。

要想采用这种方法，即使在日本，单店至少需要达到 50 亿日元的年销售额。威格曼超市单店目前的销售额为 80 亿日元。单从销售额来看，在日本最接近这一数字的是 Lopia 超市，但真的会出现"日本的威格曼超市"吗？

若真的出现"日本的威格曼超市"，生鲜食品、熟食、日配商品就能实现绝对性低价。因为食杂类商品属于每日低价 EDLP 的范畴，超市以 12% 以下的毛利率展开销售即可。

以上都是常年在日本各地奔波考察的我的一贯主张。最后，我还想为大家介绍一段话，这是 Nitori Holdings 株式会社的董事长似鸟昭雄的原话。

"我们的座右铭是'第一，要便宜'，'第二，要便宜'，'第三，还是要便宜'。这句话能够表明为了让顾客再多省出哪怕一日元，我们也会迎难而上，克服一切困难的决心与态度。说到底，我们是为了这个世界，也为了我们的顾客。至于赚不赚钱或者销售额有多少，门店数量达到多少等方面，并不在我们的考虑范畴之内。我们只是一门心思地考虑如何让商品更便宜，并为此全力以赴。"

如果不持有这样的使命感去创造低价商品，企业就无法在价格（低价）方面突出优势，真正实现差异化。可以说，这是一段让人深有感触的金玉良言。

服务

对于"服务"这一单词,词典中是这样解释的。

"服务是指为对方效劳、奉献、招待客人。"

"服务是指打折、附赠商品或服务。"

如上所述,服务可以分为人与物两种。在这里,我想以人为中心,思考企业如何突出优势,实现差异化战略。

特别是在今后的时代,随着AI人工智能和智能手机应用软件的普及,恐怕人的服务将会逐渐被取代而消失。随着无现金支付、自动订货、机器人送货等服务逐渐普及,我担心未来的超市也许会演变成无人超市。

那么如果我们反其道而行,将流行趋势的反方向做到极致,是不是就能在服务方面成功突出优势,从而实现差异化呢?这样的超市服务究竟都有哪些呢?

首先,让我们来看看顾客在超市里经常使用的服务有哪些吧。请大家看表7-1。

顾客在超市里最常用的服务还是"积分卡、借记卡的积分

表7-1 顾客在超市里经常使用的服务

1	积分卡、借记卡的积分服务	66.2%
2	资源垃圾、可回收物（牛奶盒、泡沫托盘等）的回收服务	42.3%
3	自带购物袋返积分	39.1%
4	提供保冷用的冰、干冰	22.5%
5	菜谱（卡片）和免费杂志传单	18.8%
6	提供饮用水	18.5%
7	提供微波炉	5.8%
8	商品的处理、加工服务	5.0%
9	免费寄存	4.7%
10	出快递服务	4.7%

出处：朝日集团问卷调研

服务"，但值得我们注意的是那些排名在第2位后的内容，其实超市在很多方面都能突出优势、实现差异化。

■资源垃圾、可回收物的回收服务

这项服务虽然每家企业都在做，有的企业却通过这项服务，获得了顾客的绝对性支持。这家企业就是总部位于日本德岛县德岛市的KYOEI株式会社。

如照片59所示，作为与NPO团体"合作"的社会福利服务活动的一环，从周一到周六，在KYOEI超市的分店里，会由残障人士进行资源垃圾的回收工作。超市还会为那些携带资源垃圾前来的顾客，免费赠送可在该超市使用的"绿通券"（仅限一种商品的9折优惠券）。

照片59 "快乐环保广场(Happy Eco Plaza)"作为一项社会福利活动，通常在每周一至周五展开。超市会为那些携带资源垃圾前来的顾客，赠送一张可在该超市使用的打折券(仅限一种商品的9折优惠券)。

这是一种对顾客而言非常方便的服务，要知道当地的地方自治团体每月只能来回收一次资源垃圾，而KYOEI超市每天都会在各家分店提供回收的服务。对于NPO团体而言，可将回收的资源垃圾卖给专业公司，来增加收入。而对于那些残障人士而言，尤其具有重要意义，因为他们所从事的工作是对社会有益的行为，是社会活动的一部分，所以他们工作起来也非常有动力。

对KYOEI超市而言，也能达到很好的集客效果，所以说这是一种对三方都有利的服务。

这项服务叫作"快乐环保广场（Happy Eco Plaza）"。我认为是个非常贴切的好名字。

■ 自带环保袋（My bag）、环保购物篮（My basket）的返积分服务

当我去美国超市考察的时候，我发现美国有各种各样非常时尚的环保袋。

特别是乔氏超市、全食超市和新季节超市（New Seasons Market）等的环保袋，都设计得十分优秀（见照片60）。在日本国内，纪之国屋的环保袋也变得很常见。可以预见，在今后，时尚的环保购物袋（My bag）将成为话题性与品牌化的重点。

照片60 在日本也能经常看到的乔氏超市的环保购物袋。由于民众反对塑料制品的情绪日益高涨，可以预料到今后的日本也会迎来环保购物袋的热潮。

另外，由于海洋污染等环境问题，民众反对塑料制品的情绪持续高涨，今后的塑料购物袋将变成收费商品。我们可以充分预料到，下一步会朝着不使用塑料袋的方向发展。这样的话，我想从现在开始，超市十分有必要推进自带购物袋的返积分服务。

■菜单食谱和免费邮寄服务

据说"菜板（Cookpad）"等食谱网站的搜索量已经不再增长。这是为什么呢？

实际上，据说是因为人们产生了"搜索疲劳"。只要用户在食谱网站上输入一个关键词，就会出现大量的食谱可供其选择。用户在选择的过程中，不断产生压力，从而产生了搜索疲劳。从现在开始，如何代替人们做出选择，将与超市的服务息息相关。有人说，我们即将迎来这样的智能时代，随着 IoT 的普及，只要我们拍下冰箱里食材的照片，手机就能提示我们"冰箱里的食材适合做哪道菜"。

另外，如果菜单食谱能够与电子海报、应用程序实现对接，作为一项专业的服务就变得理所当然了。

那么，超市如何做才能在这方面突出优势，实现差异化呢？

开门见山地说，就是要在超市卖场里开展烹饪加工的营销服务。

虽然我们可以单独设置专门用来烹饪加工的场所，但最好选择在陈列商品的卖场中，开展加工服务。因为，今后与顾客的交流沟通将变得十分重要。员工可以一边使用"今日推荐商品"进行现场烹饪，一边给顾客做推荐，同时可以借机倾听顾客的需求与不满，过后，还可将其悉数传达给店长，并进行改善。通过这种员工与顾客之间不经意的交流，我们可以不断改善店铺，从而消除顾客心中的各种"不"。

听说有家公司就设立了"试吃部"，店员一边进行食材的烹饪加工，一边听取顾客的意见，过后把顾客的意见传达给店长和总公司，来作为改善业务的参考。

今后，随着人工智能的自动订货化和无人收银化的发展，超市以往的人工作业将逐渐被人工智能化和机械化取代。这样一来，从事这方面工作的员工很有可能面临失业。

那时超市可以让他们从事与客户沟通的服务业务。

■购买商品后的烹饪、加工服务

首先，大家要明确，这是一项电商无法提供的服务。我认为，在今后的时代，超市通过服务来凸显优势，是实现差异化的必经之路。

但是，并不是免费提供服务。在这里我想强调的是，超市应该提供有偿服务。

下面我给大家分享一个真实的案例，总部位于日本福岛市的 Ichii 株式会社，将鲜鱼的免费加工服务调整为有偿加工服务（照片61）。一般大家会认为，改为收费的话，加工的次数必然会有所减少吧？

照片61 调整为有偿服务后，顾客更加安心，加工服务的次数也得到了增长。

事实上 Ichii 超市的加工次数有明显增长。这是为什么呢？

因为如果是免费服务，顾客就会有这样的顾虑："要是告诉员工让其处理得细致些，那他肯定不会给我好脸色吧？"而如果是有偿服务，顾客就可以理直气壮地委托员工进行细致的加工处理。所以，烹饪加工服务的次数得到了显著增长。

这种烹饪加工服务还有一个优点，那就是能够加强店铺员工与顾客的沟通交流，甚至可以从客人那里打听到各种各样的食谱。

"我想用这条鲷鱼做一道法式煎鱼……"

"什么！您要自己在家做法式煎鱼吗？法式煎鱼要怎么做呢？"像这样，对于平时不做菜的男店员来说，这也是一种交流学习。因为是有偿服务，所以客户对服务的要求会更高，交流也就会更加深入。这种烹饪、加工服务的有偿服务化，是超市能够突出优势、实现差异化的重要因素。

除此之外，"送货上门服务"可以像第1章中所述的那样，采取"懒人提货"和"代购服务"的形式。这样一来，就不再需要使用现在的免费储物柜。

还有，"虽然现在没有，但如果有的话就更好了"的服务是指哪些呢？表7-2是根据朝日集团、客户生活文化研究所运营的信息发布型网站，"青山快乐研究所"提供的网络调查结果。消费者希望超市提供这样的服务。

按摩服务———随着工作的女性增加，她们会有按摩放松的需求。

检索库存功能——在这个应用程序的时代，也许是可以实现的服务。

自带容器——像我们以前去豆腐店买豆腐的感觉。

可以看到，每一种需求都非常独特。其中，设置意见角、烹饪教室、散装称重销售、食材处理、蔬菜试吃等服务，都不是超市无法实现的服务。超市只有为顾客提供这样的服务，才

表7-2　如有这样的服务会更好，新型服务

上门了解需求	"去那些外出困难、不会上网的老人家里，为他们提供上门了解需求的服务"(60多岁男性)
上网查看库存的功能	"叫店员——查看非常麻烦，最好能让顾客自己就能上网查看库存"(20多岁女性)
意见箱	"希望超市中能设置'意见箱'，因为有很多商品超市没有在销售，所以如果顾客能提出'想要超市进这种商品'的意见，就好了"(20多岁女性)
无须排队	"无须排队结账，等待时间为零的服务"(40多岁男性)
烹饪教室	"如果配有简单的烹饪教室，会很有趣"(30多岁女性)
散装称重销售	"为了不造成浪费，希望超市提供散装称重的销售服务。以前味噌、酱油、醋等都可以自带容器来超市购买……"(50多岁男性)
食材处理	"把食材交给员工后，他会把食材处理成可以回家直接下锅的状态。比如饺子、烧卖的话就包好皮，油炸的东西回家可以直接放进锅里炸，炖咖喱的话也是回家可以直接炖煮……"(40多岁女性)
按摩	"如果有只需1个硬币就可享受的按摩、足疗等服务，感觉会很放松"(20多岁女性)
蔬菜试吃	"经常能看到新的蔬菜上架，如果超市能够提供新品蔬菜的试吃就好了"(40多岁女性)
适合包饺子的促销活动	"对于家庭主妇来说，比购物更辛苦的是需要决定吃什么菜。比如超市将猪肉、韭菜、芝麻油、饺子的皮，大蒜一起进行促销，并宣传'今天做饺子吃很划算'，若有这样的服务，家庭主妇就不会再迷茫了"(40多岁女性)
自带容器	"可以用自己带的容器，来购买豆腐和熟食"(20多岁女性)

出处：朝日集团客户生活文化研究所"青山快乐研究所"

能突出特色、形成差异化。各位不妨认真考虑一下。

"服务会完胜低价！"也有另一种说法是："低价会让顾客省钱，而服务会令顾客一直铭记在心中。"最后我想再为大家介绍一句经营之神松下幸之助的名言，"做生意就是要让顾客感动"。希望大家能够通过服务，来挑战差异化，带给顾客深深的感动。

购买途径

"超市如何在购买途径方面，实现差异化？"

"购买途径到底指什么呢？"各位读者也许会抱有这样的想法。接下来我会以亚马逊为例，为大家进行说明。

与实体超市相比，亚马逊在购买途径方面具有非常大的优势。不管怎么说，无论顾客身在何处，只需手机轻轻一点，一键选择就可购买商品。与亚马逊相反，实体店则是顾客不到店里就无法购买商品。因此，在购买途径这方面，作为实体店的超市，确实无法在与电商的较量中取胜。但这仅是实体超市与亚马逊等电商企业进行较量的情况。

那么，实体店铺如何才能在购买途径方面突出优势，实现差异化呢？我针对这一方面，给大家提供几点思路。

■推进废旧建新（Scrap and Build）

在购买途径方面，要想突出优势，实现差异化，"选址"是重中之重。有一段时期，人们常说："店铺业绩是否优秀，选址决定一切。"当今的时代依旧如此。

但是，好的选址并非一成不变，而是会随时代的发展而改变。随着时间的流逝，新兴住宅区会变成老年人住宅区；随着新道路的开通，人流会发生变化，这样的情况屡见不鲜。

因此，超市应该进一步推进废旧建新。

到2018年12月为止，以佛罗里达州为中心，实行区域集中化策略（dominant strategy）的美国大众超市（Publix），已经拥有了1211家分店。这家企业通过不断重复废旧建新，实现了扩张成长，且因此闻名。

美国大众超市的做法与众不同，例如，若在一年内开了100家新店，就会关闭50家，美国大众超市就是如此大胆地反复进行着废旧建新。

与日本的超市不同，美国大众超市并不需要在建筑上投入费用。而在货架（岛柜）方面，美国大众超市会不惜重金进行投资。这是因为在新店，使用稍显陈旧的旧货架（岛柜）的情况，在美国的其他超市里屡见不鲜。

美国超市的经营者对废旧建新这一行为并没有任何抵触。

他们甚至没有"总部"这一概念。这与非常重视起源地（总店）的日本，形成了非常鲜明的对比。

美国超市的折旧年限非常短。据悉，沃尔玛等企业的初期投资回报（折旧）几乎都控制在 5 年以内。然后，不断地进行废旧建新。

不可否认，店长和员工方面的努力也非常重要。但是，无论员工怎样努力，若店铺处在没有存在价值的选址，再怎么努力也不会得到满意的成绩。

所以超市企业应该积极进行废旧建新，让员工在有发展前景的选址上进行努力，这样才能取得满意的成绩。日本也必须更加积极地进行废旧建新，来应对选址方面的变化。

2016 年在东证二部成功上市（2018 年被指定为东证一部的股票）的 Japan Meat，是少有的积极推进废旧建新的日本企业。他们会利用已经闭店的建筑重开新店，但如果销售额没有达到预期的增长，即使支付违约金也会及时撤店。

对此，境弘治会长这样强调：

"如果我们的做法不奏效，那么无论由谁来做，恐怕都不会成功。所以尽快放弃，然后寻找其他好的选址才是上策。若不这样做，就会太为难员工们了。没有比在不佳的地段上工作，更让员工们痛苦的事了。我们的做法是先向大家道歉，'选址不好是公司的问题'！然后让大家到好的地段去工作。"

希望年轻的经营者们要铭记,废旧建新将成为一条重要的企业战略。

若超市能够在购买途径上突出优势,实现差异化,就不需要进行过分的低价竞争。说到这里我想提一句,也许有些经营者会怀着嫉妒的心情,对那些选址好的店铺说一些揶揄的话,"因为那家店的地段很好,所以他们不必卖得便宜",其实这种说法是错误的。超市能够在购买途径上突出优势,实现差异化是非常优秀的战略。

■缩短购物时间

2013年,7-ELEVEn开始推出"Seven Cafe",一杯标准容量的咖啡仅需100日元。"Seven Cafe"以其便利性大获成功。到2018年2月为止,"Seven Cafe"的咖啡已经卖出了39亿杯,据说现在依然保持1年销售10亿杯的节奏。

由于这种咖啡大受欢迎,各大超市也纷纷效仿,引进了现磨咖啡,然而结果并不理想。其实,便利店的现磨咖啡正是一种在购买途径上成功突出优势的商品。

便利店咖啡是人们把车停在停车场后,马上就能买到的商品。

这种速度感和良好的购买途径造就了1年10亿杯的爆款商品。

可以看到，现在的都市型超市，会将熟食卖场设置在入口附近。这也是超市为了在购买途径上突出优势，试图与其他超市拉开差距，实现差异化的尝试。

像这样，便利店成功地在购买途径上突出优势，实现了差异化。具体来说，就是在购买途径方面，通过"缩短顾客的购物时间"，获得竞争优势。

那么，今后超市该如何在购买途径方面获得竞争优势呢？我想就购买途径引出的竞争优势，为大家提供几点思路。

■合作销售

合作销售也被称为"关联销售"。特别是超市将生鲜食品和非生鲜食品进行合作销售，也是提高销售效率的方法之一，这一点相信大家早已知晓。我想为大家重点介绍的是近年来效果显著的"西式菜单"型的合作销售。

总部位于日本东京都品川区的文化堂株式会社，正是因为抓住了这种饮食西式化的潮流，而大幅提高了销售额。店长们通过考察美国的超市，均认为"今后食品的西式化将会流行"，于是文化堂超市果断推行了如下方案，成功地获得了顾客的好评。

例如，美国的超市都在大力推销坚果类商品。那么，若将核桃和蔬菜进行合作销售会如何呢？文化堂超市试着这样去做，于是，与上年相比，销售额增长了165%（全店），月岛分店更是增长了382%。

鲜鱼方面，他们将西式酱汁与鱼进行合作销售，目的是促使顾客在购买酱汁的基础上，也一同购买鱼的"酱汁促销活动"。这又是一次非常受顾客欢迎的活动，鱼块类销售额比上年增加了114%，花蛤的销售额也从上年的84%跃升至234%。

在奶酪和火腿的合作销售中，日本超市常见的做法是在奶酪区域，摆放生火腿进行关联销售。但在美国的超市里，则是在火腿区，摆放奶酪进行关联销售。

文化堂推测，在美国，奶酪也许并不是作为下酒菜，而是作为料理食材来使用，于是，他们在生鲜卖场开展了奶酪的关联销售（照片62），销售额同比从100%跃升至140%。大家也由此意识到，做菜时使用的奶酪商品十分畅销。

除此之外，他们还推断葡萄酒也会在日本掀起"日常化"的风潮，于是在超市的生鲜区域进行了葡萄酒的合作销售（照片63）。结果销售额同比从124%跃升至151%。

由此可见，定好一个主题，进行合作销售，会给超市带来巨大的喜人成果。而且这种合作销售操作起来十分简单。各位要不要马上行动起来，进行实践呢？

第7章 | 超市的五维定位战略法

照片62 在生三文鱼切块的卖场中,开展了奶酪等关联销售活动,通过在生鲜卖场广泛开展奶酪合作销售的形式,获得了十分喜人的效果。

照片63 将不到1000日元的日常款葡萄酒摆放在生鲜卖场进行关联销售,不仅十分畅销,还为生鲜卖场添加了时尚的气息与满满的美食感。

布局上应从"商品视角"调整为"购物视角"

日本的超市,有很多是由最初的蔬菜店、鱼店、肉店等"专卖店",逐渐转型为超市的企业。因此,日本超市无论是在布局设计方面还是货架陈列方面,思路上都很容易陷入从"商品视角"出发的困境。

与日本不同,美国的超市多来自"不同的行业",很多企业都是直接从超市开始进行创业的,所以美国的超市更多会从"购物视角"出发,来打造门店、布局以及棚割。

这就是两者最大的不同。我认为今后日本的超市也应该从顾客的角度出发,将商品布局和货架上的陈列方式调整为"购物视角",而且这样做能缩短顾客的购物时间。

我经常这样强调:

"如果按照食品批发商提供的陈列方式设计软件来制作陈列计划的话,恐怕永远无法实现从顾客购物的视角出发的布局。"

"通过自己的陈列方式软件来制定陈列计划,才是以购物视角布局的开始。"例如,同样是油,"菜籽油""米油""橄榄油""芝麻油""亚麻籽油",对顾客来说都是不同的商品。超市要做的应该是将其划分为"健康系列油"与其他分类的油。再例如，大阪烧面粉、薄煎饼粉等被归类为"粉类"，超市是不是应该将它们与其他商品（大阪烧酱汁和蜂蜜等）进行关联销售，为顾客提供"派对用提案"呢？

因为不同的商品有着不同的用途，若采用以购物视角打造陈列布局的方式，确实面临着重复陈列，操作起来也会十分麻烦，抑或是会增加工作量。但是，如果超市再不开始挑战以顾客购物视角来打造卖场、货架陈列布局的话，就会在购买途径方面，在与电商企业的竞争中败下阵来。毕竟亚马逊等电商企业可以实现一键检索商品。所以，各位所在的超市，特别是那些卖场面积在 300 坪（1000 平方米）以下的店铺，是不是应该鼓足勇气，以购物视角来重新审视并打造卖场呢。

接下来请大家看图 7-2。这是 7-ELEVEn 全新的布局形式。从图 7-2 中我们可以看出，这显然是一种"迷你超市"的布局。从结果来看，据说 7-ELEVEn 平均日销售额提高了 1.7 万日元。

其中，冷冻食品的增长尤为显著。其单品从 57 个增加到了 81 个，销售额也比上年增加了 128%。7-ELEVEn 的商品分类结构、布局等方面，对我们超市来讲，十分具有参考价值。

我提倡根据"战略画布法"（详情请参照 248 页），超市大胆地进行"添加""增多""减少""清除"，我们不应做成小超市的形式，而应该成为专门化超市。

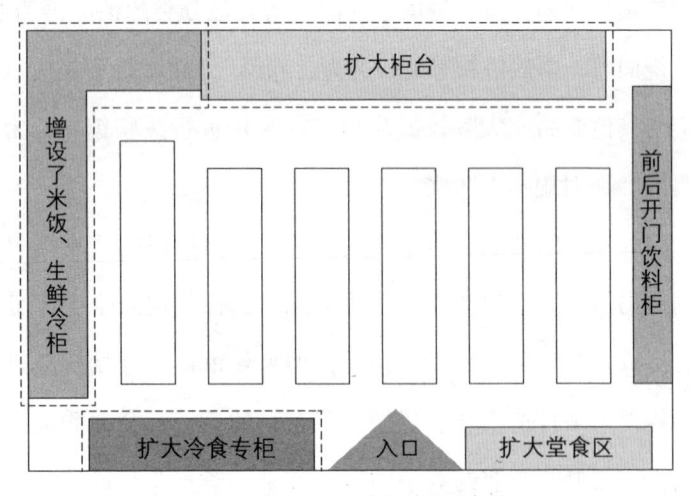

图7-2　7-ELEVEn全新的平面布局

今后，便利店将会抢占300坪（约1000平方米）以下超市的销售份额，这一点显而易见。这就是为什么我一直强调超市的布局要参考"7-ELEVEn"，目的就在于缩短顾客的购物时间。再加上我们可以通过战略画布法为自家超市打造"专门化"的品类组合和商品结构，来增加"目的性购物"的顾客数量，从而也能达到缩短顾客购物时间的目的。

■改善停车场

众所周知，便利店的"停车场"正在不断扩大，甚至很多地方还配备了可以停放大型卡车的空间。

与便利店相比，超市的停车场存在太多的问题与不足。"停车位狭窄""停车线磨损严重，难以看清""没有设置车位挡车器"等，都是目前许多超市面临的问题。

近几年，老年人将油门当作刹车，踩错的事故频发。从这一点来看，超市在设置停车位时，即使减少停车位的总数量，也应该确保每个停车位都停车方便。

如今，大家普遍认为每个停车位的空间至少要达到宽2.5m×长5.0m。其实超市若想让顾客停车更方便，在购买途径上突出优势，最好每个停车位的宽度能够达到3.0 m。当然，如果停车位是"双线"，对女性来说也会更加安心。

还有，为了方便老年人停车，必须设置车位挡车器。

"那家店的停车场不好停车……"像这样，购买途径为店铺带来的负面影响，将来可能成为致命的问题。

如果一家超市离家近，且停车方便，就等于在购买途径上发挥了优势。对于老年人来说，因为超市设置的是带有车位挡车器的停车位，所以可以放心停车，由此带来的安心感与其来店动机息息相关。作为我们超市来讲，只有用心将最普通的事情做到极致，才能成功突出优势，实现差异化。

停车场带屋顶的超市，在雨天或酷暑时节，会有非常多的顾客光顾。这就是超市在购买途径这方面发挥了优势。激发店铺活力的第一步，要从改善"停车场"开始。

■强化移动销售

移动超市"Tokushimaru"（照片64）的服务于2012年在日本德岛县正式推出。创始人是住友达也先生，其生活在日本中山间地区（指从平原的外缘到山区的地域范围）的母亲出现了"购物难民化"的情况，由此，他开创了移动超市的服务。

照片64　比便利店还方便的移动超市"Tokushimaru"。现在很多加盟商的日销售额可实现每台车10万日元以上。

现在，在日本全国有430辆Tokushimaru的汽车投入运营（截至2019年8月3日）。这一商业模式成功的最大原因是，它切实帮助到了那些因无法实现日常购物而烦恼的人。

就像网上超市经常会遇到的情况那样，会有顾客认为："我可以出去买，不过如果能送货上门的话，就给我送过来吧！"于是必须面对顾客的各种"任性"要求，例如"要和店里保持相同的价格！""送货费就免了吧！""宣传海报上的商品也要能买到啊！""准时送到我家来吧！""365天随时都能买才行！"等。

但是，那些真正为日常购物发愁的人，几乎从不会说这种"任性"的话。他们认为只要你能来，就已经非常难得了。因此，他们可以接受每件商品统一加价10日元的"另加10日元的规则"。

另外，对超市而言，有一个很大的好处，那就是可以重新吸引那些随着老龄化而减少来店购物的次数，或者不再来店的顾客。

而且，这个"Tokushimaru"模式的精明之处，在于它采用的是"个体户制"。

因为加盟的商户是靠自己借钱（初期投资）创业，所以必然会全力以赴。毕竟每天的销售额与自己的生活息息相关。这样一来，他们会非常亲切，待人接物的态度会非常友善。此外，他们也会不厌其烦地满足顾客各种各样的要求。

如果是普通的上班族，可能就无法做到这样的程度。据说，很多个体户的年薪比普通工薪阶层相对要高。可以说，这是在购买途径上突出优势的一种经营。

这种经营还有一个优点。那就是因为当地的超市是顾客

"年轻时经常去购物的店铺",所以会赢得顾客的支持。大家以前常去购物的"本地"超市,也不知不觉成了一种品牌。

也就是说,其他超市很难"作为新的竞争对手参与进来"。竞争少,这是非常大的优势。随着老龄化的发展,像"Tokushi-maru"这样,在购买途径方面突出优势的商业模式,一定会大受欢迎吧。

说到这里,大家是否已经理解了在购买途径方面突出优势、实现差异化的思维方式和方法了呢?超市并非只能通过价格(低价)和商品来实现差异化,在购买途径上突出优势,也是一种优秀的差异化战略。

最后,我想和大家分享一句微软创始人比尔·盖茨的名言。

"成功的关键在于不迷失目标,看清自己最大的优势,并投入时间和精力专注于此。"

如果你所在的超市能够在购买途径上突出优势,有可能实现差异化的话,那么就将目标集中于此。

商品

看似最简单,实则最难的就是在"商品"方面突出优势,实现差异化。因为不是说超市简单地将"特色商品"备齐的话，就代表在商品方面突出了优势、实现了差异化。如果商品得不到顾客的支持与喜爱，无法销售出去，就只是售价高昂的不良库存商品而已。

那么，是不是"便宜就好"呢？也并非如此。市场上总会有更"便宜"的商品出现，但如果是"价廉物不美"的商品，那么无论多么便宜，也无法突出优势、实现差异化。

那么，超市应该如何去做呢？接下来我要讲的，是我思考的通过"商品"来突出优势、实现差异化的方法。

首先，我要声明一点。

这些提案并不适用于一切企业。希望大家把它当作一个成功突出优势、实现差异化的案例来看待。

■心理份额化

"心理份额"指的是企业或品牌在消费者心中所占的比例。也表现为首先被顾客想到的企业或品牌的占有率。

例如"大和宅急便"。这是一个成功实现消费者心理份额化的名字。"宅急便"是日本大和公司注册的商标。"宅配便"是行业用语。但只要一提起快递，"大和宅急便"就像烙印一般印在大家的心里。

再比如"索尼随身听"，虽然例子有些陈旧，但确实也是一个成功案例。"说到蔬菜,就要去××超市""说到红酒,就要去××超市"等,像这样,在顾客心中形成了印象,就被称作占有了顾客的"心理份额"。

"心理份额"经常与"市场份额"对比着来使用,对单纯的商品来说,只有实现消费者心理份额的最大化,才能突出优势,实现差异化。

大家的企业和超市是如何被顾客想起的呢？如果提起你的超市,顾客首先想到的是"便宜""品种齐全""商品安全放心""服务好"等,那么顾客并不是在以商品的心理份额来进行评价。因为对于商品,必须至少通过"某一类商品部门"来抓住顾客的内心,让其留下深刻印象。

从这个意义上来说,总部位于日本神奈川县藤泽市的Lopia株式会社正在将"Lopia品牌肉"这一形象,根深蒂固地植入顾客心里,最大化地占据顾客的心理份额。包括其店内的背景音乐和POP也都在努力营造气氛,将"从肉店起家的Lopia"和"Lopia的品牌肉"最大限度地进行"可视化"。

不仅如此,店里还以合理的价格提供高级和牛,且绝对不是"价廉物不美"的商品。除此之外,从冷冻肉到和牛,店里都能以便宜的价格为所有顾客层（目标客户群体）提供对应其需求的商品。这才是真正的心理份额战略,十分令人钦佩。

另外，总部位于日本茨城县土浦市的 Japan Meat 株式会社，一直在赞助专门制作肉类料理的日本最大级别的美食活动"肉品美食节"。因此，他们可以对顾客说："我们就是那个'肉品美食节'的 Japan Meat！"以求实现顾客心理份额的最大化。

而且，最终 Japan Meat 成功并购了运营肉品美食节的 AATJ 株式会社。这在日本超市中是非常罕见的。他们也是意识到心理份额战略的重要性，而获得飞速成长的少数企业之一。

总部位于日本新潟县长冈市的角上鱼类控股株式会社也是如此。该公司在位于寺泊地区的"海鲜的 AMEYOKO 商店街"设立据点，打造"寺泊的角上鱼类"品牌，在提高顾客心理份额的同时，以 150 多坪（约 500 平方米）的超大卖场面积以及面对面的销售方式，提高了业绩，实现了顾客心理份额的最大化。由此，角上鱼类也成为经常利润率约 7% 的高收益企业，与那些不赢利的超市水产部门形成了鲜明对比。

像这样，推进心理份额化，在商品方面突出优势，成功实现差异化的企业已经开始崭露头角。尽管如此，超市企业里还是有这样坚持的经营者："我们的特长就是没有特长。我们也不可以打造特长，就让门店保持标准水平，因为我们重视的是能让所有部门一起努力来打造好的成绩。"

的确，这种做法到目前为止还算奏效。但今后并不会仅是

359

超市行业内部的竞争，超市更要面对来自其他业态的竞争。如果哪家超市不积极追求心理份额最大化，很有可能被消费者淡忘。从另外一方面来讲，能够意识到心理份额的重要性，并将其战略化的企业，很难被其他企业抢走销售额的份额。

那么，超市如何才能将心理份额最大化呢？以下是我的几点建议。

■将消费意识高的类别和商品进行心理份额化

讲到这里，我想大家应该已经大致理解了心理份额的最大化，即在商品方面突出优势，实现差异化有多么重要。然而，是所有商品或类别都需要达到这样的程度吗？事实并非如此。

我们还是需要从消费意识高的商品，也就是消费者购买欲望高的商品或类别入手，实现最大化，才能最大限度地使商品突出优势，实现差异化。

例如，在冬季水果方面，我们就选择销售额占比近50%的橘子来提高顾客的心理份额。这样的话，顾客就会在脑海中浮现出"买水果的话，就去××超市"。在这个时期，很难通过橙子、葡萄柚、进口柑橘和香蕉来攻占顾客的心理份额，也就很难突出优势，实现差别化。希望大家能够认真思考并理解这一点。

还有一件非常重要的事情,就是超市一定要瞄准消费意识上升趋势的商品类别。

比如酒类。销售额占比较高的是啤酒类,能够占到50%以上。但是,想要提高啤酒的心理份额,只能靠"低价"战略,也就是说只有通过降低利润的销售,才能提高顾客的心理份额。这或许是一种方法,但如果可能的话,我还是希望超市能够通过其他类别来实现心理份额化。

那么,选择顾客的消费意识呈上升趋势的葡萄酒怎么样?虽然葡萄酒的销售额占比根本无法与啤酒相提并论,但是,此品类的销售额增长率绝对是第一名。

如果超市能够在葡萄酒方面实现顾客的心理份额最大化,就会让顾客滋生"要买葡萄酒,就去××超市"的念头。因为葡萄酒是毛利率很高的品类,所以超市用葡萄酒商品来突出优势,进行差异化战略的话,有明确购买目的的顾客会增加,也会给卖场带来积极的变化。

像这样,利用消费意识高的商品以及呈上升趋势的商品,实现顾客的心理份额最大化,将成为今后超市进行商品战略的重点。我将自己所思考出的心理份额商品及品类归纳为表7-3。希望可以给大家作为参考。

表7-3 按不同部门心理份额高的商品类别

部门	心理份额商品的品类
果蔬	西红柿、小西红柿
鲜鱼	腌渍鲑鱼
寿司	手握寿司
精肉	烤肉
熟食	米饭
酒	葡萄酒
食品	食用油、香料
零食	纯巧克力
日式日配	鱼糕
西式日配	乳制品

■重视商品品类的心理份额化

我们先要决定好打造心理份额的商品和类别。接下来我想就如何实现心理份额，来提出一些建议。

首先是"品类管理"。

"选择"的乐趣，是能够让人铭记不忘的。超市要想将顾客的心理份额最大化，最容易操作的方法就是准备好最齐全的商品阵容。也就是与竞争对手相比，以具有绝对优势的商品种类，实现顾客的心理份额最大化。这就是超市突出商品的优势，从而实现差异化的做法。

我将这种从商品品类方面实现心理份额的方法，称为"博物馆化"。请大家看照片65。

照片65　此照片为沙拉酱汁的博物馆，这里汇聚了200种以上的沙拉酱汁。不仅销售沙拉酱汁，还会展开沙拉碗等商品的关联销售。

总部位于日本北海道中标津町的东武株式会社，正在通过应用卓越的连锁店理论与逆向战略，来实现顾客的心理份额最大化。他们不是仅"扩大A类商品的陈列面"或"发现滞销商品并减少品类"，而是将重点放在"打造强大的商品阵容，备齐各种各样的商品"方面。

值得一提的是，冬天的时候，东武超市以"火锅博物馆"为名，集齐了多达247种火锅汤底，以这种令人吃惊的商品阵容,来打造博物馆化。顾客们几乎都处于"今天想吃火锅,等回过神来,已经在开车去东武的途中了"这样的状态。就这样,东武超市以具备绝对优势的商品种类,来实行与竞争对手拉开差距的战略。

对于学习过连锁店理论的企业而言,这种做法可能属于"无稽之谈"。

然而,对顾客而言,这意味着什么呢?超市通过博物馆化,实现了商品的"可视化"。"太有意思了!""好期待啊!"想必超市这样的做法一定会被顾客喜爱并夸赞吧。

对超市来说,一年四季都可以举办各种各样的活动,以当季的商品和品类、以绝对优势的商品种类,实现顾客的心理份额最大化。我相信,只有这样,才能算作在商品方面突出优势,实现差异化的最佳方法。

■重视美味的心理份额化

能够通过齐全的商品品类,来实现顾客心理份额最大化的企业和超市,需要有一定程度的卖场面积。

超市可以通过"味道"和"好吃程度",来实现顾客心理份额的最大化。不过,这比我们想象的要难许多。

齐全的商品阵容,是能够实现"可视化"的。但是,对味道和美味程度无法进行"可视化"。所以依靠这种方法提高心理份额需要一定的时间。而且，味道和美味程度因个人喜好而有差异，没有统一的标准。

另外，好吃的商品在价格方面往往不会让人有超值的感觉。但如果超市能够依靠美味来实现顾客心理份额的最大化，就会成为被大家争相传诵的"传说"和"神话"，商品在SNS等网站上非常容易被扩散，这也是一个非常令人心动的优势。

总部位于日本山口县防府市的"Yours Value"株式会社，就是一家对"美味"非常执着的公司。比如"金枪鱼碎"这一商品。

市面上的很多款金枪鱼碎商品，几乎都吃不出金枪鱼的味道，而Yours Value的金枪鱼碎不仅有浓浓的金枪鱼味道，而且不含有任何像甘氨酸、酸度调节剂、抗氧化剂等合成添加剂，顾客可以放心食用。该公司为了销售这种美味的金枪鱼碎，特意从日本神奈川县三浦市的三崎港以快递的方式进行产地直采。

Yours Value超市还销售以"没有鼻环的牛"而闻名的、日本岛根县益田市培育的"松永牛"。此牛因为没有鼻环，压力小，肉质非常美味。而且牛肉不含激素和抗生素，在安全、放心方面的评价也很高。

像这样，该公司所有部门均执着追求美味，顾客会认为"想吃好吃的东西，就去Yours Value"！Yours Value超市就是以这样的方式来实现顾客心理份额的最大化。

该公司所在的防府市，据说是西日本屈指可数的激战地。尽管是人口仅有2万人的小城市，却有TRIAL、大黑天物产、BIG（永旺旗下）、Youme Town、Youme Mart、ARUK（RETAIL PARTNERS）、MaxValu、COSMOS药品和MORI药局等多家知名企业，可谓是非常拥挤的红海领域。在这样的环境下，Yours Value超市由于成功实现了美味方面的心理份额最大化，在生鲜食品方面获得了顾客们的绝对支持。

不过，超市要想在味道和美味上实现心理份额的最大化，如果不从"进货"转变为"采购"模式，也无法实现。为此，在赢得顾客支持之前，超市需要充满耐心、坚持不懈地经营下去。

俗话说："低价会让顾客省下一点小钱，美味却会让顾客一直铭记在心中。"如果能通过美味将商品做到顾客的心理份额最大化，此商品就能够作为"神话"般的存在，留在顾客心中。因此，这种方法是十分有挑战价值的。

我希望各位读者一定要记住的是，若超市从同样的地方采购与其他企业相同的商品，再以同样的方式进行销售，就无法通过美味来获得顾客的心理份额。

■重视独特的心理份额化

首先，我们来看一下"独特"的解释。日语片假名中的

"独特（ユニーク）"可以用来表示"有趣""愉快""独特"的含义。而英语中的"独特（unique）"则表示"举世无双""独一无二""无与伦比"的意思。

咱们这里所说的"独特"，实际上兼具以上两种含义。也就是需要超市通过"有趣""愉快""独特"并且"举世无双""独一无二""无与伦比"的商品种类，来实现顾客的心理份额最大化，最终在商品上突出优势，实现差别化。

这一方法也不是那么轻易就能实现的。首先我们必须从寻找独特的商品开始。如果一种商品很容易就能到手，那么它就失去了其独特性。

下面我为大家介绍一下通过独特的商品，成功将顾客心理份额最大化的企业吧。这家企业是总部位于日本兵库县太子町的山田超市株式会社。

果蔬方面，山田超市极大地丰富了超市中的生产者直销专柜，连各种原生菜也一应俱全。而且商品以特殊栽培农产物为中心，品种齐全。

鲜鱼方面，山田超市选择不破坏红树林的养殖方法培育出的粗放养殖虾。使用环保的养殖方法培育的蓝色圆鲑鱼（Blue circle salmon）（照片 66）等，表明山田超市追求可持续的养殖方式。

畜产方面，山田超市尽量销售不使用抗生素等药物的肉类，

照片66 顾客通常会持有"养殖＝环境破坏"的印象。而山田超市销售的是环保的鲑鱼与虾类，照片中的为蓝色圆鲑鱼。

熟食也尽量使用山田超市的商品来烹调。另外，在Daily（日配品）中，山田超市销售的是食用牧草的牛产出的低温杀菌牛奶，而使用合成色素的点心和食品一律不在其销售之列。除此之外，山田超市还积极销售本地厂商的商品，发挥地域贡献的作用。

像这样，山田超市通过安全、放心的商品，可持续性的商品，符合道德良知的商品（Ethical），来突出其绝对优势，形成差别化。因此，电视节目上一旦介绍了某些健康食品类的商品，第二天顾客就会蜂拥而至。因为他们坚信"在山田超市一定可以买到"！

山田超市就是通过这样的独特性，实现了顾客的心理份额最大化，即使竞争对手开新店，其受到的影响也很小，或者说可以实现共存共荣。当企业进入蓝海领域后，就会处于这样的局面。

为此，我们需要对符合自己公司理念的独特商品抱有强烈的探索心。

另外，独特的商品需要配备独特的销售方式。就拿POP来说，也应该是表现出商品独特性质的POP（照片67），促销贴签（贴在商品上的标签）也不要用制造商提供的现成产品，而应该使用自己公司精心制作的原创产品，一步步从细节上打造独特性，并将其"可视化"。

综上所述，如果采购和销售这两个环节不能很好地相辅相成，超市就很难凭借独特性实现顾客的心理份额最大化。而一旦超市将两者做到相辅相成，就能通过商品来提高顾客的心理

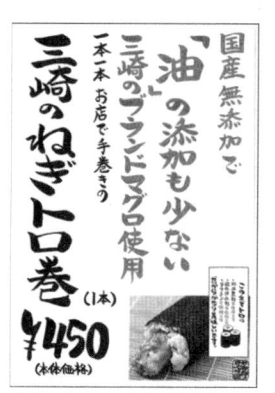

照片67　这是一种运用了故事POP和趣味名称的，能消除顾客心中的"不"和"负面想法"的商品。若不搭配这样的故事POP展开营销，即便是独特的商品也很难畅销。

份额，突出优势、实现差异化。

总的来说，这是非常具有挑战价值的一种做法。

以上就是我思考的在商品方面突出优势、实现差异化的几种方法。众所周知，超市做买卖靠的是销售商品，也正因为如此，在商品方面突出优势、实现差异化是非常重要的。

然而，要想在商品方面和别的超市有所不同，实际上是非常困难的。超市想要推出能够获得顾客心理份额的"不同"的商品，难度就更大了。

不过，在今后的时代，顾客可以通过亚马逊等电商平台，简单方便地购买商品。顾客还可以享受一键购买（购买途径最优化）、送货到家（服务最大化）的服务。这样看来，电商确实拥有实体店铺无法比拟的优势。

正因为如此，实体店如果不能在商品方面突出优势，实现差异化，市场份额就会被其他业态夺走。我认为，超市如果不从现在开始挑战实现顾客的心理份额最大化，就会有为时已晚的危险，各位读者是怎么想的呢？

最后，我想和大家分享一句坂本龙马的名言。

"比金钱更重要的，还有名誉。一个人想要在这世上成就大事，没有比名誉更重要的了。金钱这种东西，到时自然而然地就会聚集在有名誉的地方。"

从这句话我们可以看出，心理份额自古以来都占据着非常重要的地位。与商品的市场占有率最大化一样，商品的心理占有率的最大化也是非常重要的。

尤其是今后的超市需要与不同的业态进行竞争。我坚信只有在商品方面做到顾客的心理份额最大化，才是今后超市的生存之道。

经验价值

在大家越来越不爱买东西的今天，很多顾客开始追求"购物"本身的价值。超市业界的龙头老大 Life 株式会社、日本人气最高的超市 Yaoko 株式会社、因为"若无愉快体验就不能称为超市!"而备受瞩目的超市 SUMMIT 株式会社，以及关西的和平堂株式会社都注意到了这一点。为了提高"购物经验"本身的价值，他们都开始在店铺的设计、布局和道具器材等方面不惜重金，以倾力打造出卓越出色的店铺。

如今的超市不再像从前那样，将目光仅停留在"简单舒服"的装修层面，而更加注重于提高"购物"本身的价值。我认为这才是针对药妆店等那些靠低价胜出的企业的正确对策，当然也可以作为与电商进行竞争的对策。

那么，对超市而言，是否只有在硬件上砸下重金，才算是将购物体验最大化呢？事实上并非如此。

在此，我向大家介绍几种除了硬件设备之外，能够将购物体验最大化的方法。

■ 打造顾客参与型店铺 & 社区中心型店铺

购物体验中最能令顾客开心的，就是那些顾客可以亲自参与的庆典以及活动。"我想参加一下试试""我想试着制作一下""我想品尝一下"等，这类"体验"是电商无法提供的服务。

下面我来为大家介绍一个成功打造顾客参与型店铺的案例。总部位于日本爱知县丰田市的山信商店株式会社（店名为"山信超市"），每月都会举办一次"儿童店长企划"和兼职员工策划实施的"饮食教育活动"（照片68）。

照片68　照片所示的是，儿童店长们在向顾客推荐试吃商品时的情景。因为是小朋友推荐的，所以只能选择购买（哈哈），这是一个非常受顾客欢迎的企划。

无论哪种企划，都是员工们怀着"希望顾客能够充分享受购物"的想法，而用心去做的，完全不会向顾客强制推销任何商品。商品销售的场面非常火爆。

如照片 69 所示，山信超市通过集中陈列的方式，为顾客选品，提供试吃体验。为了让更多的顾客能够参与进来，由孩子们作为儿童店长，提供试吃销售服务。对于参加活动的亲子，超市事先会召开说明会，所以可以准备得十分充分。

那么，这个企划到底会聚集多少孩子呢？超市分上午、下午，一天共举办两次，每次 3 个孩子的名额，马上就招满了（照片 70）。这个"儿童店长企划"还吸引了大量的顾客，且带动了销售额，这一点是不言而喻的（图表 56）。

孩子们享受着新鲜的体验，作为父母看到孩子高兴的样子，也会非常开心，最重要的是，大家的参与令店里充满了活力。

照片69　兼职员工策划实施的每月一次的"食育之日"活动。在超市入口附近的卖场，陈列着各种符合主题的菜谱与商品。

照片70 仅一天的活动，就聚集了这么多的儿童店长。可见消费者对于食育活动的关心程度非常之高。

山信超市每月会举办一次这样的活动，在圣诞节、万圣节等节日期间也会举办相应的活动，目的是与顾客一起为店铺营造开心活跃的气氛——这些举措都能够提升超市购物经验的价值。

接下来，我为大家介绍一个成功打造社区中心型店铺的案例。位于日本中国地区的一家超市，在新建成的店铺二楼设置了"堂食区+社区交流区"，意在"将超市构建为社区的中心"。据说当超市将二层的社区交流区作为活动场地，提供给当地居民，并招募大家在此举办各种活动时，立刻就有非常多的人前来咨询。

顺便提一句，其中最受欢迎的是"手工萩饼教室"。现在会制作这种小点心的人越来越少，所以有很多人都想自己亲自动

表7-4　顾客参加活动后的山信商店销售业绩

商品	与上一周比
国王的橘子	300%
南部鸡的沙拉鸡块	914%
甜甜圈	500%
小红帽的西红柿汁	600%
妈妈的煮小沙丁鱼	122%
腌白萝卜片	500%
野菜生活的奶昔	316%
鸡蛋面包	480%
试一试寒天汁	400%
不摘叶子的苹果汁100	300%
葡萄干黄豆粉球	750%

手制作萩饼,而"手工萩饼教室"成功地挖掘出了大家的需求。

有些企业就是采取这样的战略,通过加强与当地社区的联系,将超市打造成"交流的中心",来提高购物的经验价值。超市不仅是作为销售商品的场所,更需要作为社区的中心而存在,这是今后超市的生存之道。

综上所述,今后的超市需要更宽敞的堂食区以及社区空间。比如超市最好配备可以举办各种教室和活动的设备、空间,甚至有必要设置一个厨房工作室。毕竟,进入老龄化社会后,社区会变得更加重要。我认为,超市有必要从"销售商品的场所"进化为"当地社区的中心场所"。

■打造提案型店铺

"真是没有心情购买做饭的食材",这是许多主妇的心声。和逛街买衣服不同,有很多主妇一想到要购买一日三餐的食材,就会感到莫名的沮丧。因此,帮主妇解决"不"的问题,也能提升超市购物经验的价值。

①提案型POP的必要性

在故事POP的范围内,尤其是"提案型POP",近年来在顾客中颇有人气。请大家看照片71。这些都是总部位于日本神奈川县小田原市的Yaomasa株式会社的提案型POP。

假设卖场里到处都摆放着这样的提案POP,会是什么样的情形呢?请各位读者想象一下。各位的脑海中是否已经浮现了顾客们都不由自主地掏出手机拍照的样子呢?

而且由于这样的提案型POP需要专业知识,所以其他业态很难模仿。当然,亚马逊等电商也无法提供这一服务。

正因为如此,超市有必要通过增加提案型POP,来实现购物经验价值的最大化。这种方法并不需要花钱,需要的只是知识与学习。请各位读者不要忘记,作为超市人的"骄傲","学

第 7 章 | 超市的五维定位战略法

照片71-2 "无罪恶感"是在社交网站上流传甚广的词语。超市将这个POP摆放到水果干以及坚果卖场进行宣传后,获得了非常好的效果。

照片71-1 提起蚕豆,普通做法是炖煮,但是超市推荐连皮一起烤的话口感更好。由于配置了这样的故事POP,蚕豆的销量增加了1倍多。

照片71-3 通过强调那些大家似懂非懂的内容,会引发顾客认真阅读。由此我们深刻认识到,像这样的故事POP其实担任着非常重要的角色。

377

习"以及"专业性（专业意识）"能够提高购物经验的价值。

②**样品销售的推进**

"样品销售"可能无法每天进行。

但是，对于"销售出去就能够赚钱的商品"以及"新推出的商品"，则需要进行样品销售。因为随着互联网和SNS的普及，超市如果不从"视觉"上直观地将商品展示给顾客，就很难引发顾客的购买欲望。

当然，仅靠"故事"也会有极限。像照片72一样，烤金枪鱼和夏威夷米饭的提案，仅靠"故事"明显不足。只有向顾客展示"餐桌场景"或"完成品的情景"，顾客才会产生购买的想法。为了将经验价值最大化，样品销售也是非常重要的方法。

样品销售在一些主题活动中显得更加重要。请大家看照片73。这是总部位于日本石川县七尾市的"Dontaku"株式会社，在圣诞节期间的样品销售案例。

类似这样的样品，在超市卖场中随处可见，这与购物体验的价值最大化息息相关。另外，为了能让更多的顾客在Instagram等SNS上投稿，超市还附上了"照片OK"的POP，以达到在网络上宣传扩散的效果。希望大家能够意识到，在互联网和SNS时代，这是非常重要的品牌战略之一。

第 7 章 | 超市的五维定位战略法

照片72　这是夏威夷米饭的提案。因为仅用POP来表现有些困难，所以超市用样品来进行宣传销售。

照片73　圣诞节属于一种"非日常"的节日。如何在家里打造出这种非日常的感觉，超市为大家提供了灵感。于是，大家纷纷用智能手机拍照保存、上传到了社交网站。该企划的效果绝佳。

③ "食谱提案"的进化

传统的纸质食谱提案，今后依旧占重要地位。然而，如果纸质食谱不与上述样本进行关联销售，恐怕很难引起顾客的关注。

目前较受业界瞩目的是数字标牌（Digital signage），也就是日语中所说的"电子招牌"。随着 SNS 和 Youtube 的普及，将商品以视觉和视频的形式展现，会成为必不可少的一项内容。

大家知道"DELISH KITCHEN"和"Kurashiru"吗？两者均为分享食谱视频的网站，都非常有人气。其受欢迎的秘密，就在于视频的长度。他们的视频长度从 3 秒至 1 分钟，其紧凑性是被广大观众接受的主要理由。

超市也必须利用数字标牌等工具，来发布菜谱视频。永旺等大企业已经开始着手实施，我们可以看出，这样的时代已经到来。我们有必要根据时代的发展变化，改变食谱提案的方式。

■从提供"食材"行业向提供"餐食"行业的进化

如今，顾客从电商平台可以便宜地购买"食材"，还可以享受送货到家的服务。这对于职业女性和生活无法自理、需要被照顾的人来说，是非常方便的媒介。以全国品牌的商品为中心，今后许多商品的销售渠道都将从实体店逐渐向电商平台转移。

如今，这种潮流已经势不可当。那么今后的超市会怎么样呢？生鲜食品和熟食先暂且不论，我认为杂货、零食、日用品和酒类等商品都很有可能从卖场消失。

实际上，在大家利用电商购物已成为常态的中国，我们可以看到有的超市拥有500~600坪（约1650~2000平方米）的面积，却几乎没有摆放杂货和零食商品。大家正在养成一种在超市里仅购买想亲眼确认的生鲜食品的习惯。日本也会在不久的将来迎来这股风潮吧。

到那时，卖场就会空出许多空间。再加上商户的退租或倒闭等各种原因，商场会更加空空如也。今后，可能只有体育俱乐部、健身房、热瑜伽、补习班、保育园、幼儿园等这些属于服务与健康等"体验"的业态，会作为商户进驻超市。其余的地方只能由超市进行自营。今后一定会有很多企业选择利用这些闲置的空间，提供餐饮服务，也就是所谓的"便利厨房"。

目前，电商无法销售"餐食"体验。在即将迎来超老龄化的日本，比起一个人在家里寂寞地吃饭，大家一定有想和大家聚在一起，一边聊聊天，一边吃饭的需求。

对超市来说，能够开拓"餐食"这一新市场，也是非常重要的。利用拥有食材的优势，进军餐饮业，无疑会成为对食品服务行业构成威胁般的存在。实际上，成城石井经营的餐厅

"Le Bar a Vin 52"，由于拥有食材方面的优势，与其他同档餐厅相比，价格要便宜两三成。

看到这里，可能有些读者会畏缩，"但是，我从没经营过餐厅……"

其实，即使从来没有经营过餐厅，也是有办法的。我们知道，经营方法大致分为"自营型"和"委托外包型"两种模式。以代表性的企业为例，永旺 Style、YORK–BENIMARU、Yaoko、成城石井等都属于"自营型"，阪急 OASIS、Eataly 日本、Queen's 伊势丹以及无印良品则属于"委托外包型"。

另外，总公司位于日本北海道中标津町的东武株式会社是"资本和运营分离型"。其形式是，业主（东武）投资设备，将餐厅进行委托经营，被委托经营餐厅的企业尽可能地使用东武提供的食材。

对熟食和技术有自信的企业可以选择"自营型"，没有自信的企业可以选择"委托外包型"。今后，超市必须考虑如何合理地利用空间，开展餐饮服务。

今后，日本的超市可能会像中国的超市一样，对于如何选择商品阵容，引发各路讨论。租户退租后的闲置空间也会成为亟须解决的问题。这时超市就有了"便利厨房"的选项。当然，在"饮食（外出就餐）"这一市场上，"便利厨房"会对超市的销售额和利润做出贡献。因为"食材+餐食"的融合，会最大限度地提高购物体验的价值。

例如，若在意式餐厅推出便利厨房的服务，就可以用超市销售的商品来制作菜单。顾客吃过之后如果觉得好吃，就会想"自己尝试做一下"。用餐后还可以在超市购买食材。

另外，如果顾客吃完比萨觉得很好吃，可以在超市购买那家餐厅制作的冷冻比萨。反过来，如果在超市卖场里标出"在意式餐厅可以品尝到用此牛肉烹制而成的美味烤牛肉哦"，顾客就会想去餐厅品尝，一探究竟。

如果超市能够构建出这样的相辅相成的互动关系，会扩展出巨大的商机。这是近未来战略中必不可少的战略，也是扩大新市场的机会。我们需要理解的是，打造便利厨房既与实现购物经验的价值最大化息息相关，也能够扩大新的市场。

也许有读者会有疑问："别总说近未来的战略，有没有我们现在就可以马上执行的方法呢？"当然也是有的。

前面提到的东武，每个月都会在超市的停车场举办一次"帐篷村&TOBU市集"活动。如照片74所示，像市集一样，有野外烧烤，有烤串，有刨冰，有牡蛎小屋。当然，这是得到保健所的营业许可之后举办的活动。

很多顾客为了参加这个帐篷村和TOBU市集，特意从单程100公里以上的地方赶来。我认为这是真正的"食材+餐食"的

照片74-1 超市为了实现顾客的购物经验价值最大化，也为了令顾客来店的价值最大化，会举办各种各样的活动。

照片74-2 在帐篷村，会像欧洲的市集一样，现场销售烤肉、牡蛎、烤串等小吃。

融合。虽然不是便利厨房的形式，但这样的形式同样是将购物的经验价值最大化的一种方法。

顺便说一下，东武这样的做法竟然还得到了当地小学生们的一致好评。当地的教育委员会以中标津町的小学生为对象，实施过一次调查。在"你觉得在中标津町值得骄傲的事情有什么呢？"的调查中，东武的排名上升到第2位。这可以说是全体员工日夜努力实现经验价值最大化的优秀结果。我期待全日本范围内，能够出现更多像这样的优秀超市。

如果超市能够通过打造经验价值，突出优势、实现差异化，不仅能扩大商圈，还能增加顾客的来店次数。而且最重要的是，电商无法实现这种经验价值的最大化，这也是作为超市的一大优势。

购物经验的价值最大化和与亚马逊竞争的对策息息相关。希望大家能够理解,"便利厨房"可以作为将购买价值最大化的一种方式。那么经验价值究竟是什么,以及怎样才能让经验价值突出、实现差异化,大家已经理解了吗?

虽然"经验价值"这个词听起来有些陌生,但我认为今后它会成为行业用语。相信大家已经理解了我所说的内容,像大型公司和有资本支持的企业那样,花重金在店铺设计、装修、道具器材方面,提高购物经验的价值固然十分必要,但是不投资,同样能够以经验价值为自身的优势,实现差异化。以亚马逊为首的电商企业是超市今后最强的竞争对手——作为与其对抗的策略之一,超市必须考虑将电商无法做到的经验价值实现最大化。

最后,我想和大家分享一句脸书创始人马克·扎克伯格的名言。

"在瞬息万变的时代,有一种战略注定会失败,那就是不想承担任何风险的战略。"

像便利厨房这样的新时代战略,的确会伴随着一定风险,但如果企业丝毫不肯承担风险,就无法抓住新的市场和需求。抓不住市场和需求,也就意味着企业的"死亡"。

通过五维定位战略来审视自己的公司

超市如何通过"价格(低价)""服务""购买途径""商品""经验价值",突出优势,实现差异化,相信各位读者已经有所理解。

那么,各位的企业和店铺,在哪条"道路"上突出了优势,实现了差异化呢?即使目前还没有做到这一步,各位也可以试着思考一下,自家超市能够在哪个项目上突出优势,实现差异化。因为这样做,可以成为重新认识到企业强项(闪光点)的一个契机。

请大家看表7-5。我对在日本和美国比较有代表性的企业进行了分析,展示了这些企业都是通过哪些方面来突出自身优势,实现差异化。

世界第一的零售企业沃尔玛在"商品(衣食住行,应有尽有)"上突出优势,在"价格(低价)"上进行差异化。全食超市则是在"商品"上突出优势,在"经验价值"上进行差异化。被称为"世界第一的超市"的Wegmans超市,在"经验价值"上突出优势,在"商品"上进行差异化。

第7章 | 超市的五维定位战略法

表7-5　日本和美国具有代表性的企业的五维定位战略

◎=突出优势　○=差异化

	价格（低价）	服务	购买途径（选址）	商品	经验价值
沃尔玛	○			◎	
Wegmans				○	◎
全食超市				◎	○
乔氏超市				◎	○
一元店	◎		○		
Eataly		○			◎
新季节超市		◎		○	
亚马逊	○	◎	◎	○	
LIFE公司			○		◎
Yaoko		○			◎
成城石井			○	◎	
Lopia	○			◎	
万代	◎		○		
YORK-BENIMARU		◎	○		
Every	◎				○
YAMADA STORE				◎	○
7-ELEVEn			◎	○	
Cosmos药品	◎			○	
Trial	◎			○	

※本表是我基于自身的观点做出的评价。

387

让我们再将目光转向日本，7-ELEVEn 以比超市更好的"购买途径"突出优势，在"商品"上实现差异化。被认为是"日本最强"的 Lopia 超市，在"商品"上突出优势，在"价格（低价）"上进行差异化。Yaoko 超市则是在"经验价值"上突出优势，在"服务"上进行差异化。

最后，风头正劲的亚马逊，与超市相比，在"购买途径"与"服务"上突出优势，在"价格（低价）"与"商品"方面进行差异化。看到这里，我们也能更加理解为何亚马逊效应会成为热门话题。

那么，各位读者的超市企业又是怎样的情形呢？究竟要以哪些方面来突出优势，又准备通过哪些方面来打造差异化呢？不，通过哪些方面来实现差异化呢？

如果我们不明确这一点，超市就无法在今后的时代存活下去。现在已经不是随口一说"我们的特长就是没有特长"这种话的时候。

作为企业的近未来战略——五维定位战略，是我们绝对要重视起来的定位战略。

后记

学习正确的东西,并正确实践

平成二十五年10月1日（2013年），日本施行的《消费税转嫁对策特别措施法》，允许价格表示的方法采取"外税方式"（将实际价格和消费税率分开表示的方式）。由此，许多企业实现了收益改善。然而，这并不意味着企业从此以后就可以安枕无忧了，由于日本一再提高钟点工、兼职工的最低工资标准，企业通过外税方式获得的收益也开始面临降低的风险。

照这样下去，恐怕会有很多企业在经营上陷入困境。众所周知，日本即将迎来人口减少、超老龄化的时代，也可以称之为"衰落时代"，然而激烈的竞争却从未停止，不仅是超市，有"销售药品和化妆品的超市"之称的药妆店，以及各种便利店依旧在不断地进行扩张、大量开店。

此外，还有以亚马逊为中心的电商，这些"看不见的敌人"的存在，今后他们也会慢慢地与超市抢夺食品市场。

即使在这样严峻的大环境下，我们超市也必须生存下去。就算是为了保护与传承当地的饮食文化……

"食"这个字写作"人与良"，有"令人变得更好"的意思。饮食生活的紊乱会对人的身体产生恶劣的影响。我确信，能够守护大家健康饮食生活的地方，只有超市。但如果超市照目前这样下去，在与不同业态的战斗中接连败北，那么我想许多超市企业恐怕会从这个世界上消失。因为他们除了标榜"低价销售"，对其他战略一无所知。

20世纪90年代后期，在美国，"折扣行业的雄狮"沃尔玛，以"超级中心"的形式进军了食品领域。于是，传统的超市纷纷采取"低价销售"的策略与之抗衡——是和如今的手法一样的"特价促销（High & Low）"以及"优惠券促销"。

沃尔玛却采取了与这些传统做法截然不同的战略——通过EDLP，给顾客"随时低价"的保证。因此，很多超市纷纷倒闭。

为什么那些超市会倒闭呢？是由于他们疏于采购环节的改革。是由于他们无法舍弃与生产厂商之间的回扣交易。最重要的一点，是由于他们疏于对员工的教育。

这与日本超市目前所面临的问题可以说完全相同。历史告诉我们，现在意识到这个问题并进行改革，虽然会很痛苦，但亡羊补牢，为时未晚。而如果超市依旧按兵不动，不进行彻底的改革，终会陷入困境。

希望各位读者能够勇敢地做出决断，即"破釜沉舟"。因为如果现在不这样做，很有可能会影响到企业未来的存亡。而如果本书能够成为您改革的契机与灵感，本人将感到无比荣幸。

1953年（昭和五年），增井德男先生在日本东京的青山地区开设了40坪（约130平方米）的水果店"纪之国屋"，并首次采用了自助购物的形式。"纪之国屋"由此被称为日本首家超市。那之后，已经过了约70年，超市行业是不是也该迎来新一轮的大改革了呢？

"非常强大的超市。"

"拥有其他业态无法提供的商品阵容与体验的超市。"

"拥有很多在亚马逊上无法购买到的商品。"

"成为社区中心般存在的超市。"

就像"好市多""全食超市""乔氏超市"等专业化商店的出现那样，我认为是时候出现一批这种有个性的超市了。

幸运的是，超市行业也在进行着新老交替，诞生了很多年轻有为的经营者，也就是所谓的千禧一代经营者。我相信你们能够改变日本的超市行业。

希望各位年轻有为的经营者能够将超市打造成为收益性更高的行业。希望你们能将超市打造成为受年轻人喜爱的行业。请各位记住，超市要想成功，只有通过"差异化"和"独特化"来实现。

我极其希望各位读者能够像本书中提到的"五维定位战略"那样，明确自己的企业究竟通过什么来突出优势，实现差异化，并在达到杰出的（卓越的）水平之前，决不放弃。

"成功，其实就是在成功之前一直坚持着；失败，只是在成功之前没能坚持下去而已。"这是被称为经营之神的松下幸之助的名言。希望大家能够一直坚持到成功、达到卓越的水平为止，永不言弃。

如何应对第一次产业（农业、林业、矿业、渔业）过后的老龄化问题？

如何应对本地制造商的经营者老龄化带来的停业问题？

如何应对劳动人口减少导致的人才不足？

如何应对成本通货膨胀（人工费、物流费等高涨）问题？

虽然问题堆积如山，但这也同样意味着解决了它们，我们就会进入到一个全新的蓝海领域。因此，请大家鼓起勇气，满怀希望，精神饱满地朝着解决问题一步步前进吧。

最后，我将我最喜欢的名言总结成了"商人的10条心得"。在此，我想把这10条心得送给各位亲爱的读者。

1. 人们的生活方式只有两种——实践与辩解。
2. 什么决定都不做，比错误的决定更可怕。
3. 责任高于权限。
4. 利益都是挤出来的，若放任不管，绝不会自己涌现出来。
5. 没有无能的部下，只有不会领导部下、无能的领导。
6. 顾客购买的是价值，而不是成本。
7. 用同样的商品，在同样的地方，以同样的价格、同样的销售方式，是绝不可能赚钱的。

8. 没有一定能赚钱的买卖，只是一定会有人赚到钱。

9. 没有风险就没有利益。

10. 若对公司放任不管、任其自由发展，公司就有可能倒闭，也没有任何一家公司能够独自持续地成长。公司就是如果放任不管，什么都不做，就一定会倒闭的存在。

那么为了不让公司倒闭，现在我们能够做些什么呢？

在销售额方面已经被便利店赶超的、超市行业的各位同人，大家难道不想再一次夺回"王者"的地位吗？为此，持续地"学习"是非常必要的。学习正确的东西，并正确地进行实践，是非常重要的。

当然，这里所说的"正确"并不是一成不变的，而是随着时代的变化而不断变化的。所以必须不间断地学习。当业绩变差的时候，请反思自己"没有在做正确的事情"！越是业绩不好的时候，越是要坚持学习！然后再鼓起勇气，去挑战新事物！这样就一定能够突出重围，幸存下来。

今后，只要我的生命还在继续，我就会作为"超市从业者的坚强后盾"而存在。我的人生目标是"成为一名充满激情的改革者和教育者，不断给予大家梦想、希望与勇气，用自己的生命，为世人带来幸福"。我想在超市行业实现我的人生目标。在仅有一次、不会有第二次的人生中，直到大家都能获得幸福……

最后，我要感谢"商人 NET"的同事们，他们一直怀揣着忘己利他之心，努力地工作。真的是非常优秀的同事们。你们是商人传道师的"至宝"。非常感谢。

还有在考察美国研讨会上，我的"好伙伴"，稔子 Wilson 老师。稔子老师给参加者带来的影响是无法估量的。非常感谢。

在此我还要感谢对商人传道师的理念产生共鸣，参加了我们各种研讨会的朋友们，以及在我们这里做过咨询的企业和各位员工，感谢大家一路的支持与陪伴。大家的笑容是商人传道师力量的源泉。今后也请大家多多关照。

最后，感谢所有阅读这本书的朋友。带着这份感谢，我想把这句话送给大家。

"Change People Change Future!"

对，只要我们鼓起勇气，做出改变，（公司的）未来也一定会随之改变！

商人传道师　水元仁志

关于"服务的细节丛书"介绍：

东方出版社从 2012 年开始关注餐饮、零售、酒店业等服务行业的升级转型，为此从日本陆续引进了一套"服务的细节"丛书，是东方出版社"双百工程"出版战略之一，专门为中国服务业产业升级、转型提供思想武器。

所谓"双百工程"，是指东方出版社计划用 5 年时间，陆续从日本引进并出版在制造行业独领风骚、服务业有口皆碑的系列书籍各 100 种，以服务中国的经济转型升级。我们命名为"精益制造"和"服务的细节"两大系列。

我们的出版愿景："通过东方出版社'双百工程'的陆续出版，哪怕我们学到日本经验的一半，中国产业实力都会大大增强！"

到目前为止"服务的细节"系列已经出版 115 本，涵盖零售业、餐饮业、酒店业、医疗服务业、服装业等。

更多酒店业书籍请扫二维码

了解餐饮业书籍请扫二维码

了解零售业书籍请扫二维码

"服务的细节"系列

书　名	ISBN	定　价
服务的细节:卖得好的陈列	978-7-5060-4248-2	26元
服务的细节:为何顾客会在店里生气	978-7-5060-4249-9	26元
服务的细节:完全餐饮店	978-7-5060-4270-3	32元
服务的细节:完全商品陈列115例	978-7-5060-4302-1	30元
服务的细节:让顾客爱上店铺1——东急手创馆	978-7-5060-4408-0	29元
服务的细节:如何让顾客的不满产生利润	978-7-5060-4620-6	29元
服务的细节:新川服务圣经	978-7-5060-4613-8	23元
服务的细节:让顾客爱上店铺2——三宅一生	978-7-5060-4888-0	28元
服务的细节009:摸过顾客的脚,才能卖对鞋	978-7-5060-6494-1	22元
服务的细节010:繁荣店的问卷调查术	978-7-5060-6580-1	26元
服务的细节011:菜鸟餐饮店30天繁荣记	978-7-5060-6593-1	28元
服务的细节012:最勾引顾客的招牌	978-7-5060-6592-4	36元
服务的细节013:会切西红柿,就能做餐饮	978-7-5060-6812-3	28元
服务的细节014:制造型零售业——7-ELEVEn的服务升级	978-7-5060-6995-3	38元
服务的细节015:店铺防盗	978-7-5060-7148-2	28元
服务的细节016:中小企业自媒体集客术	978-7-5060-7207-6	36元
服务的细节017:敢挑选顾客的店铺才能赚钱	978-7-5060-7213-7	32元
服务的细节018:餐饮店投诉应对术	978-7-5060-7530-5	28元
服务的细节019:大数据时代的社区小店	978-7-5060-7734-7	28元
服务的细节020:线下体验店	978-7-5060-7751-4	32元
服务的细节021:医患纠纷解决术	978-7-5060-7757-6	38元
服务的细节022:迪士尼店长心法	978-7-5060-7818-4	28元
服务的细节023:女装经营圣经	978-7-5060-7996-9	36元
服务的细节024:医师接诊艺术	978-7-5060-8156-6	36元
服务的细节025:超人气餐饮店促销大全	978-7-5060-8221-1	46.8元

书 名	ISBN	定 价
服务的细节026：服务的初心	978-7-5060-8219-8	39.8元
服务的细节027：最强导购成交术	978-7-5060-8220-4	36元
服务的细节028：帝国酒店 恰到好处的服务	978-7-5060-8228-0	33元
服务的细节029：餐饮店长如何带队伍	978-7-5060-8239-6	36元
服务的细节030：漫画餐饮店经营	978-7-5060-8401-7	36元
服务的细节031：店铺服务体验师报告	978-7-5060-8393-5	38元
服务的细节032：餐饮店超低风险运营策略	978-7-5060-8372-0	42元
服务的细节033：零售现场力	978-7-5060-8502-1	38元
服务的细节034：别人家的店为什么卖得好	978-7-5060-8669-1	38元
服务的细节035：顶级销售员做单训练	978-7-5060-8889-3	38元
服务的细节036：店长手绘 POP引流术	978-7-5060-8888-6	39.8元
服务的细节037：不懂大数据，怎么做餐饮？	978-7-5060-9026-1	38元
服务的细节038：零售店长就该这么干	978-7-5060-9049-0	38元
服务的细节039：生鲜超市工作手册蔬果篇	978-7-5060-9050-6	38元
服务的细节040：生鲜超市工作手册肉禽篇	978-7-5060-9051-3	38元
服务的细节041：生鲜超市工作手册水产篇	978-7-5060-9054-4	38元
服务的细节042：生鲜超市工作手册日配篇	978-7-5060-9052-0	38元
服务的细节043：生鲜超市工作手册之副食调料篇	978-7-5060-9056-8	48元
服务的细节044：生鲜超市工作手册之POP篇	978-7-5060-9055-1	38元
服务的细节045：日本新干线7分钟清扫奇迹	978-7-5060-9149-7	39.8元
服务的细节046：像顾客一样思考	978-7-5060-9223-4	38元
服务的细节047：好服务是设计出来的	978-7-5060-9222-7	38元
服务的细节048：让头回客成为回头客	978-7-5060-9221-0	38元
服务的细节049：餐饮连锁这样做	978-7-5060-9224-1	39元
服务的细节050：养老院长的12堂管理辅导课	978-7-5060-9241-8	39.8元
服务的细节051：大数据时代的医疗革命	978-7-5060-9242-5	38元
服务的细节052：如何战胜竞争店	978-7-5060-9243-2	38元
服务的细节053：这样打造一流卖场	978-7-5060-9336-1	38元
服务的细节054：店长促销烦恼急救箱	978-7-5060-9335-4	38元

书 名	ISBN	定 价
服务的细节055：餐饮店爆品打造与集客法则	978-7-5060-9512-9	58元
服务的细节056：赚钱美发店的经营学问	978-7-5060-9506-8	52元
服务的细节057：新零售全渠道战略	978-7-5060-9527-3	48元
服务的细节058：良医有道：成为好医生的100个指路牌	978-7-5060-9565-5	58元
服务的细节059：口腔诊所经营88法则	978-7-5060-9837-3	45元
服务的细节060：来自2万名店长的餐饮投诉应对术	978-7-5060-9455-9	48元
服务的细节061：超市经营数据分析、管理指南	978-7-5060-9990-5	60元
服务的细节062：超市管理者现场工作指南	978-7-5207-0002-3	60元
服务的细节063：超市投诉现场应对指南	978-7-5060-9991-2	60元
服务的细节064：超市现场陈列与展示指南	978-7-5207-0474-8	60元
服务的细节065：向日本超市店长学习合法经营之道	978-7-5207-0596-7	78元
服务的细节066：让食品网店销售额增加10倍的技巧	978-7-5207-0283-6	68元
服务的细节067：让顾客不请自来！卖场打造84法则	978-7-5207-0279-9	68元
服务的细节068：有趣就畅销！商品陈列99法则	978-7-5207-0293-5	68元
服务的细节069：成为区域旺店第一步——竞争店调查	978-7-5207-0278-2	68元
服务的细节070：餐饮店如何打造获利菜单	978-7-5207-0284-3	68元
服务的细节071：日本家具家居零售巨头NITORI的成功五原则	978-7-5207-0294-2	58元
服务的细节072：咖啡店卖的并不是咖啡	978-7-5207-0475-5	68元
服务的细节073：革新餐饮业态：胡椒厨房创始人的突破之道	978-7-5060-8898-5	58元
服务的细节074：餐饮店简单改换门面，就能增加新顾客	978-7-5207-0492-2	68元

书　名	ISBN	定价
服务的细节075：让POP会讲故事，商品就能卖得好	978-7-5060-8980-7	68元
服务的细节076：经营自有品牌	978-7-5207-0591-2	78元
服务的细节077：卖场数据化经营	978-7-5207-0593-6	58元
服务的细节078：超市店长工作术	978-7-5207-0592-9	58元
服务的细节079：习惯购买的力量	978-7-5207-0684-1	68元
服务的细节080：7-ELEVEn的订货力	978-7-5207-0683-4	58元
服务的细节081：与零售巨头亚马逊共生	978-7-5207-0682-7	58元
服务的细节082：下一代零售连锁的7个经营思路	978-7-5207-0681-0	68元
服务的细节083：唤起感动	978-7-5207-0680-3	58元
服务的细节084：7-ELEVEn物流秘籍	978-7-5207-0894-4	68元
服务的细节085：价格坚挺，精品超市的经营秘诀	978-7-5207-0895-1	58元
服务的细节086：超市转型：做顾客的饮食生活规划师	978-7-5207-0896-8	68元
服务的细节087：连锁店商品开发	978-7-5207-1062-6	68元
服务的细节088：顾客爱吃才畅销	978-7-5207-1057-2	58元
服务的细节089：便利店差异化经营——罗森	978-7-5207-1163-0	68元
服务的细节090：餐饮营销1：创造回头客的35个开关	978-7-5207-1259-0	68元
服务的细节091：餐饮营销2：让顾客口口相传的35个开关	978-7-5207-1260-6	68元
服务的细节092：餐饮营销3：让顾客感动的小餐饮店"纪念日营销"	978-7-5207-1261-3	68元
服务的细节093：餐饮营销4：打造顾客支持型餐饮店7步骤	978-7-5207-1262-0	68元
服务的细节094：餐饮营销5：让餐饮店坐满女顾客的色彩营销	978-7-5207-1263-7	68元
服务的细节095：餐饮创业实战1：来，开家小小餐饮店	978-7-5207-0127-3	68元

书　　名	ISBN	定　价
服务的细节096：餐饮创业实战2：小投资、低风险开店开业教科书	978-7-5207-0164-8	88元
服务的细节097：餐饮创业实战3：人气旺店是这样做成的！	978-7-5207-0126-6	68元
服务的细节098：餐饮创业实战4：三个菜品就能打造一家旺店	978-7-5207-0165-5	68元
服务的细节099：餐饮创业实战5：做好"外卖"更赚钱	978-7-5207-0166-2	68元
服务的细节100：餐饮创业实战6：喜气的店客常来，快乐的人福必至	978-7-5207-0167-9	68元
服务的细节101：丽思卡尔顿酒店的不传之秘：超越服务的瞬间	978-7-5207-1543-0	58元
服务的细节102：丽思卡尔顿酒店的不传之秘：纽带诞生的瞬间	978-7-5207-1545-4	58元
服务的细节103：丽思卡尔顿酒店的不传之秘：抓住人心的服务实践手册	978-7-5207-1546-1	58元
服务的细节104：廉价王：我的"唐吉诃德"人生	978-7-5207-1704-5	68元
服务的细节105：7-ELEVEn一号店：生意兴隆的秘密	978-7-5207-1705-2	58元
服务的细节106：餐饮连锁如何快速扩张	978-7-5207-1870-7	58元
服务的细节107：不倒闭的餐饮店	978-7-5207-1868-4	58元
服务的细节108：不可战胜的夫妻店	978-7-5207-1869-1	68元
服务的细节109：餐饮旺店就是这样"设计"出来的	978-7-5207-2126-4	68元
服务的细节110：优秀餐饮店长的11堂必修课	978-7-5207-2369-5	58元

图字：01-2021-1239 号

Super market Kinmirai Senryaku
by Hitoshi Mizumoto
Copyright © 2019 Hitoshi Mizumoto
Simplified Chinese translation copyright © 2022 Oriental Press,
All rights reserved
Simplified Chinese translation rights arranged with Hitoshi Mizumoto.
through Hanhe International (HK) Co., Ltd.

中文简体字版专有权属东方出版社

图书在版编目（CIP）数据

如何规划超市未来 /（日）水元仁志 著；姜青菊 译. —北京：东方出版社，2021.12
（服务的细节；115）
ISBN 978-7-5207-1840-0

Ⅰ.①如… Ⅱ.①水… ②姜… Ⅲ.①超市—商业经营—研究 Ⅳ.①F717.6

中国版本图书馆 CIP 数据核字（2021）第 214482 号

服务的细节 115：如何规划超市未来
(FUWU DE XIJIE 115: RUHE GUIHUA CHAOSHI WEILAI)

作　　者：	[日] 水元仁志
译　　者：	姜青菊
责任编辑：	崔雁行　高琛倩
出　　版：	东方出版社
发　　行：	人民东方出版传媒有限公司
地　　址：	北京市西城区北三环中路 6 号
邮　　编：	100120
印　　刷：	北京文昌阁彩色印刷有限责任公司
版　　次：	2021 年 12 月第 1 版
印　　次：	2021 年 12 月第 1 次印刷
开　　本：	880 毫米×1230 毫米　1/32
印　　张：	12.875
字　　数：	234 千字
书　　号：	ISBN 978-7-5207-1840-0
定　　价：	68.00 元
发行电话：	(010) 85924663　85924644　85924641

版权所有，违者必究

如有印装质量问题，我社负责调换，请拨打电话：(010) 85924602　85924603